21世纪全国普通高校城市管理系列规划教材

城市交通与组织

Urban Transportation and Organization

常春光 主　编
毕天平　董　岩 副主编

大连理工大学出版社

图书在版编目(CIP)数据

城市交通与组织 / 常春光主编. 一 大连 ：大连理工大学出版社，2012.2(2015.8 重印)
21 世纪全国普通高校城市管理系列规划教材
ISBN 978-7-5611-6744-1

Ⅰ. ①城… Ⅱ. ①常… Ⅲ. ①城市交通一交通运输管理一高等学校一教材 Ⅳ. ①F502

中国版本图书馆 CIP 数据核字(2012)第 019563 号

大连理工大学出版社出版
地址:大连市软件园路 80 号　邮政编码:116023
发行:0411-84708842　邮购:0411-84703636　传真:0411-84701466
E-mail:dutp@dutp.cn　URL:http://www.dutp.cn
大连美跃彩色印刷有限公司印刷　　大连理工大学出版社发行

幅面尺寸:180mm×255mm　印张:13.75　字数:302 千字
2012 年 2 月第 1 版　　2015 年 8 月第 2 次印刷

责任编辑:汪会武　　责任校对:齐雪帆
封面设计:波　朗

ISBN 978-7-5611-6744-1　　定　价:26.00 元

21世纪全国普通高校城市管理系列规划教材
编 委 会

丛书序

“十二五”开局之年，凝结着出版社、编委会和各位作者心血和努力的“21世纪全国普通高校城市管理系列规划教材”开始出版了。站在时代发展的重要节点，思索背景，展望发展，我们认识到，社会越发展，城市管理越重要。高等教育城市管理专业，是伴随着我国城镇化和城镇建设的快速发展，伴随着我国社会经济发展和人民物质文化生活水平的不断提高而产生的一个新兴专业，是我国高等教育大家庭的新生事物。城市，一个人类历史发展中文明和繁荣的代名词，管理城市，标志文明的进步与发展的可控和可持续。从历史到现在，人类赖以生存的城市的发展，需要消耗大量的人力、物力资源和一定的建造时间，更需要专业、优化的管理。人们有理由对城市的丰富功能和提供服务的质量要求越来越高，这必然基于更高水平的对城市的专业建设、专业监督和专业管理。2010年末，我国百万城镇人口以上的特大城市超过120个，与之相配套的市政基础设施、公用事业、交通管理、市容景观管理、生态环境管理等众多专业领域亟需大量具备综合素质的高质量人才，人才需求量主要集中在城市建设与管理部门、城市公用事业单位、城市社区组织、城市企事业单位等城市建设与管理部门。

提高高等教育人才培养质量，教材建设是一个绝对基础又十分关键的因素。经教育部批准，沈阳建筑大学管理学院于2010年开设城市管理本科专业，出版一套适合的专业教材成为了我们义不容辞的责任！本套专业教材的策划与编写，由沈阳建筑大学副校长、国家级教学名师、国务院特殊津贴获得者、辽宁省土木建筑学会副理事长刘军教授任编委会主任委员。本套教材的编写队伍以沈阳建筑大学为主，兼并组织了国内相关高校中具备多年教学与工程实践经验的专业教师和工程师参与和写作。这套系列教材以城市建设、基础设施建设和城市更新改造等城市建设与管理内容为主线展开，以既有的、成熟的知识体系为框架，结合了国内外最新的研究成果；这套教材以建筑、规划、土木、工程管理学科为基础，源于教师多年的点滴积累和心得。我们期许一套好教材的诞生和应用！

沈阳建筑大学对于城市管理领域的关注最早可追溯至1983年开设的城镇建设专业，2007年，学校被全国市长培训中心设为首个京外教学基地，2009年，经辽宁省教育厅批准，开设了工商管理(城市建设管理方向)专业；2010年，开设了城市管理本科专业。为了进一步推进城市管理领域理论知识与专业实践的进一步完善成熟，适应人才培养规模和层次的不断扩大，在大连理工大学出版社的倡导下，启动了面向一线教学的基础化、系列化、现代化的城市管理系列教材。城市管理系列教材涵盖和设计的理论体系和知识结构不仅面向城市经济和社会发展，面向政府机关、城市规划与建设部门、城市市容环境和园林绿化管理部门、城市公用事业单位、城市社区和城市企事业单位，更主张“立足工程、拓宽基础、面向实践、创新发展”的编写目标，也涵盖了比较宽广的城市建设技术和全面的管理知识。在本套教材编写的指导思想中，我们力求最大限度地汲取本学科领域的最新科研成果，强化现代城市建设管理基本理论知识的科学性、系统性和操作技术的针对性、实用性，使其成为我国高等学校城市管理专业人才培养的基础型、普及型的系列教材，为城市管理学科和专业发展培养高级管理人才做出贡献。

本套系列教材包括:《城市经济学》、《城市社会学》、《城市功能与组织》、《城市土地利用管理》、《城市规划与管理》、《城市管理信息系统》、《社区建设与管理》、《城市基础设施建设工程管理》、《城市建设史》、《城市交通与组织》、《社会调查方法》、《城市管理法学》、《旧城区改造与更新》、《城市景观设计》和《城市管理概论》等。

本系列教材的编写得到了大连理工大学出版社和沈阳建筑大学、辽宁省住房和城乡建设厅、辽宁省教育厅等主管部门及相关企业领导、专家们的大力支持，在此深表谢意。

城市管理专业在我国仍是一个崭新的学科领域，其学科内涵和理论与实践知识体系尚在不断发展之中，加之时间有限，尽管作者们做出了极大努力，但新系列教材不妥之处仍在所难免，恳请各位同行和读者提出宝贵意见。

21世纪全国普通高校城市管理系列规划教材编委会

2011年4月于沈阳建筑大学

前言

随着我国城市化进程的快速发展、社会经济活动日益频繁，城市交通愈发成为制约城市进一步发展的瓶颈。城市交通与组织的现代化程度是衡量城市发展与管理水平的重要标志。

从产业层面来看，城市交通运输业近年飞速发展，已成为国民经济的重要支柱产业，其管理水平逐渐得到人们重视；从城市管理层面来看，各种新型交通方式与传统交通方式相互交织，城市客流、货流空前复杂，为城市交通与组织带来前所未有的挑战；从城市安全层面来看，各类交通事故频发，如何实现城市交通与组织的科学化，最大限度降低城市交通事故发生的可能性，无疑是构建和谐社会的一个重要方面；从技术层面来看，如何针对城市交通这一复杂系统，利用先进的硬件设备与软件技术来实现城市交通与组织的优化具有重大的学术研究价值。

城市交通与组织是城市管理学、交通工程学、物流学、交通规划学与系统科学等相结合的综合性学科，也是一门具有重要发展前景的交叉性学科。为了满足国内城市交通管理理论研究与实践的要求和教学的需要，并考虑到我国目前尚缺少这方面的技术书籍，我们应国内城市交通管理行业人士、广大师生的要求，编写了这本教材。

本书由主编与参编人员通过长期、大量辛苦工作编写而成。编写过程中，几经修改，多次与国内外有关专家学者及实践工作者交流探讨，不断完善本书的知识结构体系。

本书可作为城市管理、物流管理、物流工程、交通运输、交通工程等专业本科教材，也可作为管理工程、工业工程以及相关专业本科教学参考书。

本书力求把与城市交通与组织相关的基本含义、基本理论、基本方法与技能融为一体，对相关知识进行全面、系统介绍。为了使广大读者更好地了解、领会和把握全书各章节的主要思想和知识点，本书各章后均附有思考题。

全书共十章，常春光、陈冬文负责编写第 1 章、第 2 章、第 3 章、第 4 章、第 5 章，毕天平、贾兆楠负责编写第 6 章、第 7 章，董岩、马翔负责编写第 8 章、第 9 章，常春光、贾兆楠负责编写第 10 章。

本书的出版得到沈阳建筑大学管理学院刘亚臣院长的指导与大力支持，在此表示衷心感谢！

本书在编写过程中参考了国内外一些已出版和发表了的著作和文献，以及有关专家学者的论述和建议，吸收和采纳了一些经典的和最新的实践及研究成果，这些都为本教材编写提供了宝贵的素材，在此对这些著作和文献的作者及相关专家学者表示衷心感谢！

城市交通与组织是一门交叉性学科，涵盖内容广泛且发展非常迅速。由于作者水平与视野有限、编写时间较紧，书中定有不足和疏漏之处，敬请广大专家和读者批评指正或提出建议，以便今后进一步完善和提高。

编　者

2011年12月于沈阳建筑大学

目录

第 1 章　概　述 / 1

1.1　城市交通与组织的相关概念 / 1

1.2　城市交通与组织的意义 / 2

1.2.1　城市交通与组织的必要性 / 2

1.2.2　城市交通与组织的现实意义 / 3

1.3　我国城市交通与组织发展阶段回顾 / 4

1.3.1　城市交通设施 / 4

1.3.2　城市交通问题演变 / 6

1.4　城市交通与组织与其他学科的关系 / 7

1.5　城市交通与组织的未来发展趋势 / 8

1.5.1　现代城市交通发展趋势 / 8

1.5.2　城市交通与组织的发展趋势 / 9

复习思考题 / 9

第 2 章　城市交通与组织的基本原理 / 10

2.1　城市交通流的相关理论 / 10

2.1.1　交通流特性参数的统计分布理论 / 10

2.1.2　排队论理论 / 11

2.1.3　跟驰理论 / 12

2.1.4　交通波理论 / 12

2.1.5　可插车间隙理论 / 12

2.2　城市交通与组织的目标 / 13

2.3　城市交通与组织的基本方式 / 14

2.3.1　城市交通与组织的基本方式分类 / 14

2.3.2　城市交通与组织方式的选择 / 15

2.4 城市交通与组织的基本内容 / 16
2.4.1 城市交通与组织的事前规划 / 16
2.4.2 城市交通与组织的事中和事后管控 / 18
复习思考题 / 20

第3章 城市交通规划 / 21
3.1 城市交通规划概述 / 21
3.1.1 城市交通规划的含义 / 21
3.1.2 城市交通规划的目的与意义 / 22
3.1.3 城市交通规划的分类 / 23
3.2 城市交通规划的指导思想、基本原则与基本出发点 / 25
3.2.1 城市交通规划的指导思想 / 25
3.2.2 城市交通规划的基本原则 / 25
3.2.3 城市交通规划的基本出发点 / 26
3.3 城市交通规划的内容 / 29
3.3.1 城市道路交通规划 / 29
3.3.2 城市公路网规划 / 30
3.4 城市交通规划的程序 / 30
3.4.1 组织准备与前提分析 / 31
3.4.2 制定目标 / 32
3.4.3 收集数据 / 32
3.4.4 分析预测 / 32
3.4.5 制订方案 / 32
3.4.6 评价选择 / 34
3.4.7 实施保证与动态调整 / 35
3.5 城市交通规划的阶段划分 / 35
3.6 城市交通规划的调查工作 / 36
3.6.1 土地利用调查 / 36
3.6.2 社会经济调查 / 37
3.6.3 起讫点调查 / 37
复习思考题 / 40

第 4 章　城市道路交通与组织 / 41
4.1　基础设施对城市道路交通与组织的影响 / 41
4.2　城市道路网布局 / 42
4.2.1　城市道路网规模 / 42
4.2.2　城市道路网结构 / 43
4.2.3　城市道路等级结构 / 44
4.2.4　城市道路及交叉口设计 / 46
4.2.5　城市道路网的布局模式 / 51
4.3　城市公路网布局 / 52
4.3.1　公路网的布局模式 / 52
4.3.2　公路的类别与等级 / 53
4.3.3　城市公路主线的几何特征 / 55
4.4　城市公共交通 / 59
4.4.1　城市公共交通的含义、运输工具与分类 / 59
4.4.2　城市公共交通的地位、作用与任务 / 62
4.4.3　城市公共交通的特性与组织原则 / 63
4.4.4　城市公共交通规划 / 65
4.4.5　城市公共交通线路的形式与技术指标 / 68
4.4.6　城市公共交通线路的调整与停车站点的布置 / 70
4.4.7　城市公共交通客运能力 / 71
4.4.8　提高城市公共汽车线路通行能力的措施 / 71
复习思考题 / 72

第 5 章　城市轨道交通与组织 / 73
5.1　城市轨道交通的分类 / 73
5.1.1　按线路敷设方式分类 / 73
5.1.2　按线路运营范围分类 / 73
5.1.3　按路权分类 / 74
5.1.4　按车辆特征分类 / 74
5.1.5　按系统运能分类 / 74
5.1.6　按基本技术特征分类 / 75
5.2　城市轨道交通线路网规划的内容与步骤 / 76
5.2.1　城市轨道交通线路网规划的内容 / 76

5.2.2 城市轨道交通线路网规划的步骤 / 79
5.3 影响城市轨道交通线路网方案设计的因素分析 / 81
5.3.1 与客流有关的主要因素 / 81
5.3.2 与轨道交通建设相关的制约因素 / 81
5.3.3 与运营有关的影响因素 / 82
5.4 城市轨道交通的线路网结构分析 / 83
5.4.1 线路网线路间的基本关系分析 / 83
5.4.2 线路网形态结构的特征分析 / 85
5.5 城市轨道交通的线路设计 / 87
5.5.1 轨道交通线路设计的阶段与特点 / 87
5.5.2 轨道交通线路走向的设计要点 / 87
5.6 城市轨道交通站点的设置 / 88
复习思考题 / 90

第6章 城市水运交通与组织 / 91
6.1 城市水运交通与组织概述 / 91
6.1.1 水运的技术经济特性 / 91
6.1.2 船舶的种类与特点 / 92
6.2 城市水运港口设施的设置 / 94
6.2.1 港口水域设施 / 94
6.2.2 港口陆上设施 / 94
6.2.3 航 标 / 95
6.3 城市水运交通调度 / 96
6.3.1 船舶运行组织 / 96
6.3.2 机动船运输组织 / 102
6.4 客运航线建立原则与配船的特点 / 104
6.5 驳船运输组织 / 105
6.5.1 驳船运输的特点 / 105
6.5.2 驳船的种类和分节船队运输 / 106
6.5.3 海上顶推运输 / 108
6.5.4 载驳船运输 / 108
复习思考题 / 109

第 7 章　城市航空交通与组织 / 110
7.1　城市航空交通与组织概述 / 110
7.1.1　航空运输的技术经济特征 / 110
7.1.2　航空运输的营运特征 / 111
7.2　民用飞机 / 111
7.2.1　民用飞机的类型 / 111
7.2.2　民用飞机的组成 / 112
7.2.3　民用飞机的主要性能 / 112
7.2.4　民用飞机的适航管理 / 113
7.3　航空港 / 114
7.4　航空交通调度 / 119
7.4.1　民用运输机飞行阶段划分及准备 / 119
7.4.2　空中交通管制 / 120
7.4.3　空域管理 / 122
7.4.4　空中交通流量管理 / 124
7.5　民用航空运输组织 / 126
7.5.1　民用航空运输生产管理 / 126
7.5.2　民用航空运输计划 / 128
7.5.3　民用航空空勤人员飞行计划 / 133
7.5.4　民用航空飞机利用计划 / 133
7.6　机场容量分析 / 134
7.6.1　机场容量 / 134
7.6.2　跑道容量 / 134
7.6.3　机位容量 / 135
复习思考题 / 136

第 8 章　城市道路交通管理设施 / 137
8.1　城市道路交通管理设施概述 / 137
8.2　道路交通标志与标线 / 137
8.2.1　道路交通标志与标线概述 / 137
8.2.2　道路交通标线的分类 / 140
8.2.3　道路交通标志设计的阶段 / 141
8.2.4　交叉口渠化 / 142

8.3 城市交通信号的设置与时间的优化 / 144
8.3.1 交通信号灯设置的目的、利弊与依据 / 144
8.3.2 交通信号控制方式的种类与功能 / 145
8.3.3 交通信号的基本参数 / 147
8.3.4 单点信号控制 / 150
8.3.5 主干路信号协调控制系统 / 152
8.3.6 区域信号控制系统 / 154
复习思考题 / 158

第 9 章 城市交通安全管理 / 159
9.1 城市交通安全管理概述 / 159
9.2 交通事故调查与处理 / 162
9.2.1 交通事故调查 / 162
9.2.2 交通事故处理 / 164
9.2.3 交通事故处理的新技术——道路交通事故智能处理系统 / 166
9.3 交通事故统计分析与管理 / 167
9.3.1 交通事故的统计分析 / 167
9.3.2 交通事故的特征 / 170
9.3.3 交通事故的管理 / 171
9.3.4 交通事故地理信息系统简介 / 172
9.4 交通事故预测及预防 / 173
9.4.1 交通事故的预测 / 173
9.4.2 交通事故成因分析 / 175
9.4.3 交通事故的预防方法 / 179
9.5 驾驶员行车安全影响因素与措施 / 181
9.6 城市道路安全保障机制设计 / 184
9.6.1 交通安全措施 / 185
9.6.2 交通安全教育 / 189
复习思考题 / 191

第 10 章 城市交通与管理现代化 / 192
10.1 城市交通现代化 / 192
10.1.1 新型公共交通系统 / 192

10.1.2 智能公共交通系统 / 193
10.2 **城市道路交通管理的现代化** / 196
10.2.1 智能交通管理系统对城市道路交通管理的影响 / 196
10.2.2 城市智能交通管理系统 / 199
复习思考题 / 201

参考文献 / 202

第1章 概 述

1.1 城市交通与组织的相关概念

1. 城市

城市是以非农产业和非农业人口聚集为主要特征的居民点，包括按国家行政建制设立的市、镇。值得注意的是，城市规划、建设与管理的本源是为人和生物的生活服务。为人服务即以人为本，为生物(动物及植物)服务即人地和谐、生态文明，这也是现代城市交通的努力方向。我国城市按照市区人口规模分为特大城市、大城市、中等城市、小城市四类，其中特大城市人口规模为大于100万人，大城市人口规模为大于50万人，中等城市人口规模为20万～50万人，小城市人口规模为小于20万人。

2. 交通

广义的交通是指各种运输和邮电通信的总称，即人和物的转运输送，以及语言、文字、符号、图像的传递。狭义的交通主要研究客、货运的“流”以及人流和车流的安全与畅通。在我国，人和车的流动与停放的安全、有序和畅通主要由公安交警部门负责，而为人和车通行服务的道路、交通和换乘设施的规划、建设和管理则由城建、市政、交通等多个部门共同负责。交通是伴随着人们的社会生产活动和社会生活活动而产生的。社会生产力越发展，社会物质生活和精神生活越丰富，交通系统就越发达。

3. 城市交通

广义的城市交通包括城市对外交通与城市内部交通。狭义的城市交通包括市内客、货运交通，主要指城市道路上的交通，有些城市还有轨道交通和水运交通。狭义的城市交通也称为城市各种用地之间人和物的流动。这些流动都是以一定的城市用地为出发点和终点，经过一定的城市用地而进行的。本书的研究对象为广义的城市交通。

城市交通是一个独具特色，组织庞大、复杂、严密而又精细，并由多种类型交通组合而成的交通系统。就其运输方式来说，有道路、铁路、水路、航空、管道运输与电梯传送带等；就其空间分布来说，有城市对外交通和城市内部交通；就其运行组织形式来说，有公共交通与个体交通；就其运输对象来说，有客运交通与货运交通。

4. 城市交通政策

城市交通政策主要包括交通投资政策、交通市场政策、交通价格政策、交通环境政策等。其中，交通投资政策关系到城市交通系统整体性能的完善；交通市场政策影响到交通市场机制的正常运转，并以宏观调控的方式作用于交通市场；合理的交通价格政策能够有效地调整交通需求，改善交通环境，使交通需求在各种交通方式中进行合理的配置；交通环境政策从能源利用、环境保护与城市交通相协调的高度引导机动车的健康发展，解决尾气、噪声和道路扬尘等环境污染问题。

5. 交通管理体制

交通管理体制是指国家有关交通管理职能部门的设置、分工及其运行方式等制度的总和，它对交通运输的发展具有重要影响。由于历史原因，我国的交通运输业分属不同的部门管辖，各部门都有各自制定的政策和法规，在它们之间存在着一些不合理甚至互相矛盾的地方：政企不分、部门分割、缺乏统一的发展规划。这样的管理体制，造成了城市规划与交通规划相分离、交通规划与交通管理相分离、市郊道路建设与城市道路建设相分离、道路建设与轨道建设相分离的局面，导致信息难以共享，工作效率低下，严重地降低了规划、建设和管理过程的科学性，对我国城市交通发展的可持续性产生了消极影响。

1.2 城市交通与组织的意义

1.2.1 城市交通与组织的必要性

改革开放30多年来，我国城市交通发展关注的重点是道路交通，期望通过道路建设，尤其是高速公路、快速路、主干路的建设，平衡道路交通供需关系。按照马斯洛关于需要的层次理论，人的需要由低到高分为生理、安全、友爱、尊重、自我实现五个层次，但目前，城市交通发展面临的问题与挑战却涉及国家安全、人民生命和人民健康。应当指出，生命诚可贵，健康更重要，交通公害和交通事故应为比交通阻塞更严重的社会问题。交通污染是无形的，其影响在短时间内看不出来，容易被人忽视，受害居民在无形中健康受到侵害。下列四点是城市交通发展首先需要考虑的问题，体现出城市交通与组织的必要性。

1. 交通阻塞影响城市运转效率

随着城市社会经济的繁荣和交通设施硬件条件的改善，居民社会交往和弹性出行次数增多，居民的日均出行次数即出行强度不断增加。城市化导致大量农村人口进入城市，使用交通设施的人口基数大大增加，城市范围扩大，居民上班、上学、生活出行的距离变长。例如，上海，1986年至2004年，居民步行平均出行距离由4.3km增加到6.8km，增加了58.1%；居民机动化方式平均出行距离由8.9km增加到11.6km，增加了30%。苏州市区，1996年至2008年，居民平均出行距离由3.64km增加到5.84km，增加了近60%。伴随着社会经济的迅猛发展，居民生活水平大幅提高，对出行质量的要求越来越高，私家车迅速普及。在城市化和机动化的双重作用下，交通阻塞成为我国城市的顽疾，尤以特大城市为甚。

以广州为例，内环快速路白天12小时的运行车公里数以年均11.1%的速度增长，各类道路的平均车速逐年下降，晚高峰旧城区主干路车速与自行车速度已相差无几。目前，快速路的通行能力基本耗尽，快速路系统的各条道路均接近饱和。

2. 交通事故威胁人民生命安全

我国每年汽车交通事故死亡人数高出发达国家许多。目前，全国平均每5～6分钟就有1人因交通事故而死亡，每天有220～250人因交通事故而死亡。2006年，全国因为火灾死亡 1 517 人，交通事故死亡人数是火灾的 59 倍。2007 年，上海平均每天至少有 3 人因交通事故死亡，10 人因交通事故受伤，交通事故死亡人数是火灾死亡人数的 23.4 倍。遗憾的是，火灾事件屡见报端，但是交通事故并未引起甚至失去了新闻媒体的关注。

目前，交通事故易发区正向大学校园、居住小区等传统安宁区域蔓延，老人、儿童、大学生等弱势群体的交通安全值得关注。

3. 交通能耗影响社会经济的健康发展

近年来，国际原油价格飞涨，国内许多城市出现"油荒"现象，大货车、小汽车因加不到燃油而阻塞道路。近五年，交通运输、仓储和邮政业油耗的年均增长率为 14%，接近于机动车的增长速度。从 1993 年开始，中国的石油出口量超过了石油进口量，成为石油净进口国。到 2008 年成为仅次于美国的世界第二大石油进口国。有关机构预测，在未来几年内，中国将超过美国成为世界第一大石油进口国。

4. 交通污染危害人民身心健康

在我国，机动车尾气已逐渐成为城市的第一大污染源。我国大城市中 60% 的一氧化碳、50% 的氮氧化物、30% 的碳氢化合物污染来源于机动车的尾气排放。其中，北京、上海、广州等大城市机动车尾气排放的一氧化碳和氮氧化物已约占城市污染排放总量的 80%。汽车尾气危害人体健康，对行人、道路两旁居民及工作人员造成的危害尤为巨大。

我国是世界三大酸雨区之一，汽车尾气排放的氮氧化物、二氧化硫对酸雨的"贡献率"正在逐年上升。以上海为例，不但中心城区空气主要污染物含量很难明显降低，而且酸雨情况更加严重，酸雨发生频率逐年提高。

交通噪声对城市声环境污染的"贡献率"为 80%。噪声不仅会影响听力与语言交流，干扰休息和睡眠，还对人的心血管系统、神经系统、内分泌系统产生不利影响，所以有人称噪声为"致命的慢性毒药"。全国省会城市近三分之一的路段噪声超标，城市交通干线的噪声超标情况较严重。近年来，随着私人小汽车和货运周转量的不断增加，尽管我国各城市采取了市区禁鸣等噪声治理措施，但是新增噪声抵消了治理效果。城市主要道路两侧的噪声污染在不断加剧，很难取得明显的治理效果。

交通震动主要是指由于大货车、火车行驶而使地面发生的震动，它会降低人体舒适性、增加疲劳感、降低工作效率、影响健康和身体素质等。

1.2.2 城市交通与组织的现实意义

在以往解决城市交通拥挤的实践中，很多城市只注重对城市硬件设施的建设，通过拓宽、改造旧路，提高现有道路的等级，或者新建道路，完善道路网布局，扩充道路容量，满足交通需求。但实践证明，这种通过扩大和改善供给以满足交通需求的方法，总是落后于城市交通需求的增加。其原因除了经济增长对交通需求的刺激远远超过交通基础设施的建设速度外，还因为道路容量增大、可达性提高后，会反过来刺激交通需求增长和出行距离延长，进而导致出行时间和空间消耗增大，出行行为改变，扩充的容量很快又达到饱和。分析我国一些城市道路出现的交通拥挤、事故增多的情况，并非都由于道路面积不够，实际上与交通设施的利用程度有很大关系。相同的道路系统，由于管理水平不同，道路服务水平相差很大。因此，城市交通管理水平的高低，是影响城市交通现状及发展的重要因素。

1. 城市交通管理对经济可持续性的影响

合理的城市交通管理机制，可以实现道路交通的合理分离和疏导，提高现有道路交通设施的使用效率，引导交通流均衡分布，改善道路交通状况，提高道路交通系统对经济发展的适应能力。

2. 城市交通管理对社会可持续性的影响

城市交通管理不但有助于协调和满足全社会的交通需求，还有利于创造出一个文明、有序、和谐、安定的社会环境。同时，交通管理还起到保障交通安全的作用。

3. 城市交通管理对环境可持续性的影响

城市交通管理通过提高现有设施的利用效率，减少交通基础设施对土地、人力和其他资源的占用量；通过对需求的管理，减少不必要的出行量；通过对车辆的管理，缓解交通拥挤状况，减轻交通对环境的污染。

城市交通管理还可以通过作用于城市交通结构，对城市交通的可持续性产生间接影响。作为"软件"措施，城市交通管理具有花钱少、见效快、效益高的特点，在提高城市交通系统可持续性的对策体系中，它是与城市结构、交通结构、交通基础设施建设这些长期策略相配套的短期策略。

1.3 我国城市交通与组织发展阶段回顾

1.3.1 城市交通设施

这里主要介绍城市道路与轨道交通。

1. 城市道路

中华人民共和国成立以来，我国城市道路交通建设有了很大的发展。回顾城市道路设施的发展，大致可以分为以下四个阶段。

(1)中华人民共和国成立初期

中华人民共和国成立后，国家对城市进行了新的建设和改造，原本破烂不堪的道路得以修整，城市开始建立较为合理的道路骨架系统，适应了我国当时的工业化改造进程。为配合重点工程项目的建设，在一些重点城市中进行了大规模的基础设施建设，道路条件明显改善。至 1957 年年底，全国城市道路长度和面积分别比 1949 年增加 64%和 71%。

(2)"文革"期间

"文革"期间，城市道路的建设资金比例下降，道路建设发展缓慢。1966～1977 年，城市道路面积年平均增长率仅为 2%。

(3)20 世纪 80 年代至 20 世纪 90 年代中期

改革开放后，我国城市化进程加速，城市建设步伐加快。在改革开放初期，受计划经济体制影响，许多城市处于积聚经济实力时期，道路建设处于新一轮快速发展的起步阶段。1993 年的统计数据表明，城市道路长度、城市道路面积、人均道路面积分别比 1978 年增加 2.9 倍、4.5 倍、0.26 倍，年均增长率分别为 9.5%、12.1%、1.6%。1978～1986 年新建的城市道路设施总量超过了 1949～1978 年的城市道路设施建设量总和。

(4)20世纪90年代中期以后

伴随着我国市场经济体制的逐步建立,我国城市化进程进一步加快,城市建设各项事业迅猛发展,城市经济实力大幅提高。许多城市开始进行大规模道路设施建设,一些城市提出“三年大变样”、“新三年大变样”的口号。国家制定了通过交通基础设施建设拉动经济增长的政策,许多城市开始建设骨架道路网络,一些特大城市开始建设环路、大型立交桥、高架道路、轨道交通。在此阶段,我国道路建设事业飞速发展。1994～2004年的10年间,城市道路长度、城市道路面积、人均道路面积分别较1993年增加1倍、1.6倍、1.7倍,年均增长率分别为7.2%、9.9%、10.4%。在快速城市化背景下,人均道路面积增长率达到两位数,表明城市道路建设步入快速发展阶段。

2. 轨道交通

轨道交通是一种利用轨道列车进行客货运输的方式。轨道交通包括地铁、轻轨、有轨电车和磁悬浮列车等。

新中国成立以来,我国城市轨道交通建设有了很大的发展。发展历程大致可以分为以下四个阶段。

(1)服务战备阶段(1949年～20世纪80年代末)

我国最初建设地铁是出于战备的需要。1965年7月1日,北京地铁一期工程开工,我国地铁建设迈出了令国人振奋的一步。一期工程是北京地铁东西走向的干线,全长30.5km。其中,运营线路全长23.6km。1969年10月基本建成通车,1971年1月15日开始试运营,1981年正式投入运营。1971年3月,北京地铁二期工程开工。二期工程是北京地铁环线的东、北、西环,线路全长16.1km。1981年12月基本建成,1984年9月19日开始试运营。1987年12月28日,北京地铁环线正式环起来运行,线路全长23.03km。

天津是继北京之后,我国内地第二个拥有地铁的城市。始建于1970年4月7日的天津地铁,也称为7047工程,是结合墙子河改造工程修建的战备通道,属天津市人防工程的一部分。天津首条地铁于1984年正式投入运营,线路总长只有7.4km。

(2)开始建设阶段(20世纪80年代末至20世纪90年代中期)

以上海地铁一号线(21km)、北京地铁复八线(13.6km)、北京地铁一号线改造(31.04km)、广州地铁一号线(18.5km)建设为标志,我国真正以交通为目的的地铁项目开始建设。

(3)调整整顿阶段(1995～1998年)

由于出现盲目建设地铁的现象,且工程造价高(约为1亿美元/千米)、大量引进设备等问题,1995年国务院办公厅发文通知,除上海地铁二号线外,所有地铁项目一律暂停审批,并要求做好发展规划和国产化工作。这期间国家没有审批城市轨道交通项目。1997年年底开始,国家发展和改革委员会研究城市轨道交通设备国产化实施方案,提出深圳地铁一号线(19.5km)、上海明珠线(24.5km)、广州地铁二号线(23km)作为国产化依托项目,于1998年批准立项,轨道交通项目又重新开始启动。

(4)蓬勃发展阶段(1999年以后)

一是随着国家积极财政政策的实施,国家在建设资金上给予有力支持;二是通过技术引进,国际先进制造企业同国内企业合作,实现了城市轨道交通车辆、设备本土化,城市轨道交通建设造价大大降低。这期间，深圳、上海、广州、重庆、武汉、南京、杭州、成都、哈尔滨等多个城市轨道交通项目开工建设，国家投入40亿元国债资金予以支持，我国轨道交通建设进入高速发展期。

截至2006年，我国先后有北京、天津、上海、广州、大连、长春、武汉、深圳、重庆、南京10个城市建成了轨道交通，共有20多条线路在运营，里程达500km。上海市与德国合作的磁悬浮示范运营线也已建成。

1.3.2 城市交通问题演变

中华人民共和国成立以来，特别是改革开放以后，我国城市交通供需关系不断发生变化。

回顾我国城市交通的发展历程，它经历了交通问题孕育、生成、发展、高涨这一逐渐演变的过程。

1. 孕育期

孕育期主要是指中华人民共和国成立初期到“文革”期间。那时的交通在我国主要是指市际的交通，对城市交通几乎没有概念。中华人民共和国成立初期，道路设施建设速度快于汽车增长速度，道路容量大于交通量，城市交通比较畅通，车速稳定。“文革”期间，城市道路建设速度大大低于城市机动车保有量年平均6%～10%的增长速度，不少大城市交通开始出现拥挤现象。但由于大批城市青年奔赴乡村边疆插队落户，没有给城市交通带来过大的压力。这给日后他们大规模返城时，由人口剧增带来的城市道路与交通工具供应不足埋下了隐患。

2. 生成期

20世纪80年代初，随着改革开放政策的实行，交通需求剧增和交通设施供应水平低下的矛盾日渐突出，揭开了我国城市交通紧张的序幕。20世纪80年代中期与80年代以前相比，城市交通没有多大区别，依然以公共汽车、自行车和步行为主，但其中自行车的数量迅速增加，自行车成为市民出行的主要交通工具。一度公交“乘车难”程度达到了高峰。因此，从理论上讲，这一阶段可视为我国城市交通问题的生成期。在此之前，无论是政府官员或普通百姓都对城市交通缺乏足够直观而清醒的认识，但到这时人们终于意识到，城市交通问题不再是一个遥远的概念，而是与每个人息息相关的切身现实。各大城市纷纷出台加强公共交通的政策法令，城市规划管理机构开始设立，城市交通管理日渐得到重视。

3. 发展期

20世纪80年代后期到90年代初，机动车增长主要是由于出租车、单位小汽车和摩托车的大幅度增加。尽管各地政府开始进行大规模的道路建设投资，但因城市车辆增长速度大大快于道路建设速度，交通拥挤开始在大城市出现，人们开始意识到公共交通的重要性，城市交通投资和城市交通规划逐步受到重视。

4. 高涨期

20世纪90年代中期以后，机动车数量增长(主要是私家车数量的迅猛增长)，轿车消费的势头之猛令人吃惊。城市车流更加集中，走不动、停不下，矛盾极其尖锐。如北京市，花了很大力气，建成了几个快速环路和一百几十座立交桥，但交通问题并没有得到根本改善，目前仍是"四肢发达、心肌梗死"，交通拥挤有增无减，事故率居高不下。其他城市如上海、广州等大城市的交通问题，更是有过之而无不及。

伴随私家车数量的快速增长，如果在道路、交通管理方面没有解决城市交通问题的根本性办法，所有大城市交通都可能遇到瘫痪的麻烦，并且这种交通日益紧张的趋势在2030年将达到顶峰。因此，从目前到2030年，是我国城市交通问题的高涨期和城市危机的爆发期。

1.4 城市交通与组织与其他学科的关系

城市交通与组织是一门典型的交叉学科，与以下几门学科关系密切。

1. 交通工程学

交通工程学是一门研究道路交通中各种交通现象的基本规律及其应用的学科，它研究道路规划、几何设计、交通管理和道路网、起点站、终点站、毗连区域用地与各种交通方式的关系，以使客货运输安全、有效、经济和方便。可以说，交通工程学是一门与城市交通与组织这一学科最为接近的学科。与交通工程学相比，城市交通与组织更倾向从管理层面或从交通组织角度来研究各种交通现象的基本规律及其应用，同时其研究的范畴也被界定在城市范围或城市群范围内。

2. 城市经济学

城市经济学是一门紧密围绕城市这一研究对象，将宏观经济学与微观经济学的基本原理引入城市管理领域所形成的学科，它为城市交通与组织提供了宏观与微观经济性考虑的重要理论依据。

3. 城市土地利用管理学

城市土地利用管理学是一门以城市为范畴，研究城市土地综合利用管理的学科，它为城市交通与组织提供了科学、有效利用土地的基本理论依据。

4. 城市社会学

城市社会学作为社会学的一门重要分支学科，以城市为范畴，研究人类社会的社会关系内在规律、社会行为规律等，为城市交通与组织方案设计与规划中的社会因素分析提供了重要的理论依据。

5. 城市规划学

城市规划学研究城市的未来发展、城市的合理布局和综合安排城市各项工程建设的综合部署，是城市建设和管理的依据。城市规划学为城市交通与组织的规划提供了重要的理论依据。

6. 概率与数理统计学

概率与数理统计学是一门研究随机现象客观规律的数学学科。内容包括随机事件与概率、随机变量及其分布、随机变量的数字特征、大数定律及中心极限定理、概率模型及其应用、数理统计的基本概念、参数估计、假设检验、方差分析与回归分析等。该学科为城市交通与组织中所必需的数据调研与数理统计分析提供了理论基础与方法论。

7. 系统工程学

系统工程学是一门高度综合性的管理工程技术学科，涉及应用数学（如最优方法、概率论、网络理论等）、基础理论（如信息论、控制论、可靠性理论等）、系统技术（如系统模拟、通信系统等）以及经济学、管理学、社会学、心理学等各种学科。其主要任务是根据系统总体协调的需要，对系统的构成要素、组织结构、信息交换和自动控制等功能进行分析优化。系统工程学为城市交通与组织中的优化设计、优化控制与管理提供了重要的理论依据与方法论。

1.5 城市交通与组织的未来发展趋势

1.5.1 现代城市交通发展趋势

现代城市的特征是高效益和高效率。效益包括经济效益、社会效益、环境效益；效率则主要是指城市的运转效率，城市交通的运转效率是其重要组成之一。现代城市交通的灵魂是速度，速度改变了人们的时间与空间观念。现代城市交通的发展是围绕着如何达到高效益和高效率而努力的。

现代城市交通发展趋势如下：

1. 交通工具的高速、大型、远程化、复杂化

目前，高速铁路车速已达350km/h，正在试验的磁悬浮列车车速将达500km/h，汽车运输也向高速（80～120km/h）、重型（8t以上）、专用化方向发展，同时平均运距不断延长（200～400km）。海轮大型化、装卸机械化、码头专业化，河运采用顶推运输的船队的运量也达万吨以上。空运飞机已达超音速，商务载重达数十吨、客座655人，可远程不着陆飞行。

2. 居民出行方式的复杂化与机动化

电动自行车、轨道交通等交通方式在一些城市出现，交通方式种类趋多，各种方式相互竞争，交通流构成趋向混杂。

小汽车逐步进入居民家庭，渐渐得到普及。若对小汽车使用不进行合理的引导，私家车将成为居民出行主要的交通工具，城市交通拥挤将日趋严重。

3. 城市内外交通的一体化

为了加强交通运输的连贯性，减少内外交通的中转，提高门-门运输的程度，城市内外交通的界线将逐步消除。如铁路交通运输，有些城市已将国有铁路、市郊铁路与市区轻轨、地铁等线路连通，高速公路在不少城市已与市区的快速道路网相衔接；水运方面，运河已引进城市港区，成为港区的组成部分。

4. 快慢交通、客货交通的分离与分流

要提高城市交通的效率，需减少交通对城市生活的干扰，创造更宜人的城市环境。现代城市趋于按不同功能和要求组织城市的各类交通，客运交通与货运交通分离或分流，人流、非机动车流、机动车流等互不干扰，成为各自独立的系统。

5. 城市交通管理水平的提高

许多城市以技术创新为手段，顺应现代交通发展趋势，加快交通信息化、智能化建设，建立起了社会化的交通服务和信息体系，智能化、人性化的交通管理体系，合理、高效的交通组织体系，完善的交通管理法制体系，严密的交通安全控制体系，有序的交通运输市场体系，使交通安全水平、全民交通安全意识、交通供给能力、交通服务质量和效率得到提高。

1.5.2　城市交通与组织的发展趋势

为了适应现代城市交通未来发展的需要，城市交通与组织的发展趋势体现在如下几个方面。

1. 城市交通与组织的高效化、大规模化与精细化

面对交通工具的高速、大型、远程化、复杂化的未来发展趋势，未来城市交通与组织将会出现高效化、大规模化与精细化的发展趋势。

2. 城市交通与组织的集成化、人性化

面对居民出行方式的复杂化与机动化的未来发展趋势，未来城市交通与组织将会出现集成化、人性化的发展趋势。

3. 城市交通与组织的多主体协同化

面对城市内外交通一体化的未来发展趋势，未来城市交通与组织将会出现多主体协同化的发展趋势。

4. 城市交通与组织的规划强度性高

面对城市交通的快慢交通、客货交通的分离与分流的未来发展趋势，未来城市交通与组织将会出现规划强度性高的发展趋势。

5. 城市交通与组织的高度信息化

面对城市交通管理水平不断提高的发展趋势，未来城市交通与组织将会出现以GPS（全球定位系统）、GIS（地理信息系统）、RFID（射频识别）等技术为依托的高度信息化的发展趋势。

复习思考题

1. 简述城市交通内涵。
2. 简述城市交通与组织的意义。
3. 城市交通与组织与其他学科的关系如何？
4. 城市交通与组织的发展趋势有哪些？

第2章 城市交通与组织的基本原理

2.1 城市交通流的相关理论

交通流理论是交通工程学的基础理论，是研究交通流变化规律的方法体系，广泛地应用于交通运输工程学的各个领域，是一门边缘学科。它通过分析的方法来阐述交通现象及其机理，探讨交通流各参数间的相互关系及变化规律，从而为交通规划、交通控制、道路设计以及智能运输系统提供理论依据和支持。

2.1.1 交通流特性参数的统计分布理论

在编制交通规划或设计道路交通设施、确定交通管理方案时，需要预测交通流的某些具体特性，使用已有的数据或假设的数据可提高预测的准确性。概率分布知识为解决这一问题提供了有效手段。

车辆的到达具有随机性，描述这种随机性的方法有两种：一种是离散型分布，研究在一定时间间隔内到达的车辆数量的波动性分布；另一种是连续型分布，研究车辆间隔时间、车速等交通流参数的统计分布。

1. 离散型分布

由于一定时间间隔内到达的车辆数量是随机的，因此在描述其统计规律时可以用离散型分布，常用的离散型分布有如下几种。

(1)泊松分布，当车流密度不大、车辆间相互影响微弱时，即车流是随机的，此时应用泊松分布能较好地拟合观测数据。

(2)二项分布，当车流比较拥挤、自由行驶机会不多时，使用二项分布拟合观测数据较好。

(3)负二项分布，当到达的车流波动性很大时，所得数据可能会具有较大的方差，此时应使用负二项分布拟合观测数据。

2. 连续型分布

(1)负指数分布，适用于车辆到达是随机的、有充分超车机会的单列车流和密度不大的多列车流的情况。通常认为当每小时每车道的不间断车流量等于或小于500辆时，用负指数分布描述车头时距是符合实际的。

(2)移位负指数分布，适合描述限制超车时单列车流的车头时距分布和低流量时多列车流的车头时距分布。

(3)韦布尔分布,适用范围较广,交通流中的车头时距分布、速度分布等一般都可用韦布尔分布来描述。实践表明,对具有连续型分布的交通流参数进行拟合,韦布尔分布常常具有与皮尔逊Ⅲ型分布、复合指数分布、对数正态分布和正态分布同样的效力。韦布尔分布的拟合步骤并不复杂,其分布函数也比较简单,这是皮尔逊Ⅲ型分布等分布所不具备的优点,这个优点给概率计算带来了很多便利。此外,韦布尔分布随机数的产生也比较简便。因此,当使用最简单的负指数分布或移位负指数分布不能拟合实测数据时,选用韦布尔分布来拟合是较好的选择之一。

(4)爱尔朗分布,是较为通用的描述车头时距分布、速度分布等交通流参数分布的概率分布模型,根据分布函数中参数的改变而有不同的分布函数。

2.1.2 排队论理论

排队论也称随机服务系统,是研究"服务"系统因"需求"拥挤而产生等待行列即排队现象以及合理协调"需求"与"服务"关系的一种数学理论,是运筹学的一个重要分支。排队论的内容十分丰富,应用也十分广泛。

1. 排队与排队系统

排队仅指等待服务的车辆,不包括正在被服务的车辆;排队系统既包括等待服务的车辆,又包括正在被服务的车辆。

2. 排队系统的三个组成部分

(1)输入过程

输入过程指各种类型的车辆到达的规律,常见的输入过程有:

①定长输入,车辆均匀到达,车头时距相同;

②泊松输入,车辆到达时车头时距服从负指数分布,单位时间内车头到达数量服从泊松分布,此类输入过程最易处理,应用最为广泛;

③爱尔朗输入,车辆到达时车头时距符合爱尔朗分布。

(2)排队规则

排队规则指到达的车辆接受服务的次序,包括:

①损失制,车辆到达时,若所有服务台均被占用,则该车辆不排队等待;

②等待制,车辆到达时,若所有服务台均被占用,该车辆排队等待服务,服务规则有先到先服务和优先服务等多种;

③混合制,车辆排队长度受限制,队长小于一定值,则排队等待,否则不排队等待。

(3)服务方式

服务方式指同一时刻有多少服务台可接待车辆,每一车辆服务多长时间。每次服务可以接待单个车辆,也可以接待成批车辆,服务时间的分布常有以下几种。

①定长分布服务,各车辆的服务时间相等;

②负指数分布服务,各车辆的服务时间相互独立,服从相同的负指数分布;

③爱尔朗分布服务,各车辆的服务时间相互独立,服从相同的爱尔朗分布。

2.1.3 跟驰理论

跟驰理论是运用动力学方法，研究在无法超车的单列车道上在车辆列队行驶过程中后车跟随前车行驶状态的一种理论，该理论运用数学模型表达跟驰过程中发生的各种状态。跟驰理论研究的一个主要目的是试图通过观察各个车辆逐一跟驰的方式来了解单列车道交通流的特性。跟驰模型有很多种，包括线性跟驰模型和非线性跟驰模型两大类。线性跟驰模型相对较简单，应用也相对较多。

(1)线性跟驰模型，跟驰车辆的加速度与两车相对速度呈线性关系。线性跟驰模型的特点是应用简便，但它存在明显的缺点：跟驰车辆的加速度仅为两车相对速度的函数，而与车间距离、车速等因素无关。

(2)非线性跟驰模型，针对线性跟驰模型的不足，有关研究人员作了进一步的研究，认为灵敏度系数并不是常量，而是与车间距离、车速有一定关系的变量，由此得到了一系列非线性跟驰模型。

2.1.4 交通波理论

交通波理论运用流体力学的基本原理，模拟流体的连续性方程，建立车流连续性方程，把车流密度的变化比拟成水波的起伏而抽象为车流波。当车流密度因道路或交通状况的改变而发生变化时，则在车流中产生车流波的传播。通过分析车流波的传播速度以寻求车流流量和密度、速度之间的关系，此理论也称为流体力学模拟理论。该理论是一种宏观的模型，它假定车流中各单个车辆的行驶状态与它前面的车流完全一样，但这是与实际不相符的。尽管如此，该理论在分析瓶颈路段的车辆拥挤等问题时仍有其独到之处。

该理论的主要内容包括车流连续方程的建立、交通波模型的建立、模型的进一步推导、停车波的建立、启动波的建立。

2.1.5 可插车间隙理论

平面交叉口(简称为交叉口)把道路相互连接起来，形成路网。交叉口分为有交通信号控制的交叉口(简称为信号交叉口)和无交通信号控制的交叉口(简称为无信号交叉口)两类，无信号交叉口是最普通的交叉口。在交通控制中，无信号交叉口的作用相当重要，它是信号交叉口理论的基础。无信号交叉口理论中应用最广泛而且相对成熟的是可插车间隙理论。

次要车流中所有驾驶员在相似位置所能够接受的最小间隙称为临界间隙。根据驾驶员通常的行为模式，只有在主要车流的车辆间隙至少等于临界间隙时，次要车流的驾驶员才能进入交叉口。可插车间隙理论称在较长时间间隙中进入交叉口的次要车流车辆间的车头时距为跟随时间，可插车间隙的道路参数主要是指临界间隙和跟随时间，这两个参数主要受主干路车流的影响，同时也受驾驶员操作的影响。

2.2　城市交通与组织的目标

交通的中心问题是研究如何发挥包括道路在内的各种交通设施的效能,使车辆能够安全、迅速、顺畅、方便和有秩序地通行。交通组织按照既定的交通法规的规定和要求,运用各种手段、方法和工具合理地限制和科学地组织、指挥交通;运用管理人员或控制设备对交通实体进行准确的调度,使其安全通畅地通行。

交通组织的目的在于认识并遵循道路交通所固有的客观规律,运用科学的交通管理原则、方法和手段不断提高管理效益,争取最高的系统安全性、最少的延误、最短的运行时间、最大的通行能力、最小的营运费用和最低的交通公害,从而取得良好的经济效益、社会效益和环境效益。

由于城市交通与经济发展、居民生活之间的密切关系,城市交通的建设不仅要尽量满足经济发展和生活质量提高的需求,还要充分发挥交通对于经济发展、城市化和居民生活方式的引导作用,变追随型发展为引导型发展。

20 世纪 70 年代以前,人们通常把"满足居民的各种交通需求"作为城市交通系统建设的唯一目标。此后,随着"可持续发展"概念对社会各个领域广泛而深刻的影响,人们的城市观念和发展观念也发生了深刻变化,表现出对人和社会的全面关注,特别是对持续性、有效性、科学性的重点关注,对城市交通系统的发展目标也有了新的认识。人们认识到,在很好地满足城市经济发展和居民生活的正常交通需求的前提下,城市交通系统还要通过全面的、完备的、科学的方案规划和方案实施,达到资源的有效利用及环境系统的动态平衡。也就是说,我们要建立的是可持续发展的交通运输系统。

为建设可持续发展的交通运输系统,可以把城市交通与组织的目标归纳成三个方面,即交通功能目标、环境保护目标和资源利用目标。交通功能目标是城市交通系统的基本目标,主要包括舒适性、安全性、高效性和可达性等;环境保护目标要求城市交通行为应尽量减小对空气、声环境、生态及其他人类生活环境要素的负面影响;资源利用目标要求城市交通系统能够有效地利用土地、人力、能源等资源。图 2-1 显示了城市交通与组织的目标。

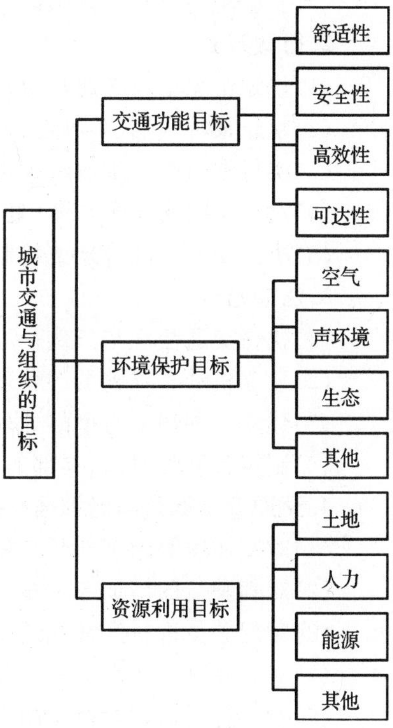

图 2-1　城市交通与组织的目标

若将上述目标用更为明确的形式表达,则可得到以下五个量化目标。

(1)最小交通需求:通过科学的城市布局和规划,使得维持城市与社会的运行和发展所需的交通需求最小(或较小)。

(2)最佳服务水平:城市交通系统(包括管理制度)能够使各种交通需求得到最大限度的满足。

(3)最小资源占用:城市单位产值的交通能耗最低(或较低),城市交通系统的建设、维护、使用和管理对土地、人力、能源等占用最小(或较低)。

(4)最小环境影响:城市交通对人的生存环境和活动的影响及干扰最小(或较小)。

(5)最低运营费用:城市交通系统的建设、维护和管理费用最低(或较低)。

上述五个量化目标之间具有复杂的相互关系,有的相互一致,有的则不一致甚至相互矛盾。城市交通发展的最终目标是找到一个相对平衡点,使各目标的总体水平达到最优,其目的是建立起一个可持续发展的交通运输系统。

2.3 城市交通与组织的基本方式

2.3.1 城市交通与组织的基本方式分类

城市交通与组织的范围广、内容多,具有社会科学和自然科学双重属性,可分为下列五个基本方式。

1. 技术方式

(1)各种技术规章的执行及监督;

(2)交通标志、道路标线的设置、管理与维护;

(3)信号灯及专用通信设施的设计、安装、管理与维护;

(4)建立各种专用车道与交通组织方法;

(5)安全防护及照明设施的安装与管理。

2. 行政方式

(1)规划组织单向交通与建立合理的管理体制;

(2)禁止某种车辆、某种运行方式;

(3)实行错时上下班或组织可逆性行车;

(4)对于某些交通参与者(老人、儿童、残疾人)予以特殊照顾;

(5)决定交叉口的管理或控制方式。

3. 法规方式

(1)执行交通法规与条例;

(2)建立机动车驾驶员的管理制度;

(3)建立各种违章与事故处理规则并监督实施;

(4)制定各种临时的、局部的交通管理措施。

4. 交通安全教育与培训考核方式

(1)对交通民警的培训与考核;

(2)对驾驶员的培训与考核;

(3)对驾驶员进行经常性的安全教育;

(4)对人民群众特别是青少年进行交通法规与安全教育;

(5)对各种交通违章对象的教育与处罚。

5. 交通控制方式

在一般道路上,平面交叉口占绝大多数,立体交叉口只是少数。平面交叉口犹如瓶颈,成为道路的咽喉要道,它关系到车流的速度与畅通问题。人们对平面交叉口的要求是既要安全又要通畅,因此采取从时间上把平面交叉口的交通冲突点分开的办法,按不同的道路性质、等级与交通情况采取不同的管制措施,使车辆能安全、高效地通过。现在常用的平面交叉口的交通管制有以下几种方式。

(1)交通信号控制

按控制的范围可将交通信号控制分为以下三种基本类型:

①点控制:指个别独立交叉口的信号灯控制,此法可分为单点定时信号控制和感应式控制两种,感应式控制又可分为全感应式控制和半感应式控制。

②线控制:指对一条主干路相邻交叉口的信号灯实行协调自动控制,亦称绿波通行带控制或绿波控制。

③面控制:指将城市中某区域的所有交叉口的交通信号灯,用计算机实行统一协调的自动控制。

(2)停车控制

车流进入或通过交叉口时,必须先停车,而后根据车流情况进入或通过,一般又分为:

①多路停车法:在交叉口所有引道入口的右方设立停车标志,让所有到达交叉口的车辆必须先停车而后等待出现空当再通过,此法又称为全向停车法或四路停车法,多为临时措施。

②二路停车法:在次要道路进入交叉口的引道上设立停车标志,使次要道路的来车必须先停车,等候出现间隙再通过,此法亦称单向停车法或两路停车法。

(3)让路控制

在次要路口或车辆较少的引道入口处设让路标志,使驾驶员放慢车速,看清相交道路有无来车,估计有适当间隙可以通过时再加速行驶。

(4)自行调节控制

采用中央岛(让各路进入车辆按逆时针方向统一通过的环形交叉口)的交通管制方式。

(5)不设管制

交通量很小的交叉口一般不设管制,如居民区内部的交叉口等。

2.3.2 城市交通与组织方式的选择

技术方式、行政方式、法规方式、交通安全教育与培训考核方式的选择通常根据城市交通状况的实际情况进行选择,这里重点介绍交通控制方式的选择要点。

1. 影响方式选择的因素

交通控制方式的选择是一个涉及多种因素的问题,如设施、营运的经济性,相交道路的性质、等级、车流量大小、组成、方向分布,设计车速、安全保障,行人、自行车数量以及环境与当地自然条件等,但主要影响因素是设计小时交通量、相交道路性质、安全保障与不同控制方式可能提供的通行能力及可能取得的最小延误。

我国目前对这些问题的研究还很不深入,只能借鉴国外的成果与国内局部地区的经验,建议用下列指标作为选择方式的参数。

(1)按相交道路的性质、类型选择

根据快速路、主干路、次干路及支路相互交叉情况进行选择,不同类型交叉口的管制方式可参考表2-1进行。

表2-1　按相交道路性质选择管制方式

序号	交叉口类型	可能的管制方式
1	快速路与次干路	信号
2	快速路与支路	二路停车或信号
3	主干路与主干路	信号
4	主干路与次干路	信号或二路停车
5	主干路与支路	二路停车
6	次干路与次干路	信号、多路停车、二路停车或让路
7	次干路与支路	二路停车或让路
8	多于四条道路交叉口或畸形交叉口	环形交叉或信号
9	支路与支路	二路停车、让路或不设管制

(2)按交通量和事故情况选择

按交叉口交通量的大小和事故情况进行选择(表2-2)。交通量以小汽车计,若为其他车型,则需换算为小汽车。

表2-2　按交通量和事故情况选择管制方式

项目			管制方式				
			不设管制	让路	二路停车	多路停车	交通信号
交通量	主干路(辆/小时)					300	
	次干路(辆/小时)					200	
	合计	(辆/小时)	100	100～300	300	500	
		(辆/天)	≤1 000	<3 000	≥3 000	500	
每年直角碰撞(或人身伤害)事故次数			<3	≥3	≥3	≥5	≥5

2. 其他因素

自行车与行人流量特别大,有需要时可以安装行人过街定时信号灯。当主、次干路车流量高峰小时特别集中、间隙特别小时,则应安装车辆感应式自动控制信号灯,以便在高峰时能自动调整主、次干路信号灯间隙,使次干路来车有可能进入或通过交叉口。

2.4　城市交通与组织的基本内容

2.4.1 城市交通与组织的事前规划

1. 建立合理的城市交通结构

从对各种交通方式的比较分析来看,城市公共交通系统无疑在运输能力、能源消耗、环境污染等各方面都比其他个体交通方式更符合可持续发展的要求。世界各国在普遍经历了城市交通拥挤的痛苦阶段后,纷纷得到了同样的结论,即必须建立"以城市轨道交通为骨干、以常规公共交通为主体、多种交通方式互相补充的现代化城市综合交通运输系统”,以缓解日趋紧张的交通压力,提高城市交通运输效率,实现交通运输的可持续发展。从我国目前各大城市的交通结构看,普遍存在常规公共交通系统发展不足、快速轨道交通系统发展滞后、自行车交通分担率过高、小汽车发展势头强劲的不协调现象。

为了建立合理的城市交通结构,充分适应大城市由经济发展带来的巨大交通需求,必须首先加快建设城市公共交通系统。尤其是城市轨道交通系统的建设,能够满足大量日常通勤交通,缓解道路交通拥挤。在建设公共交通系统的过程中,要充分认识到每种交通方式各自的适用条件和服务范围,既要充分发挥各种交通方式的优点,又要使其合理分工,以发挥整个交通系统的优势,取得合理的经济、社会和环境效益。

2. 建设和完善城市道路网络,提高道路交通容量

建设和完善城市道路网络,是从硬件的角度优化现有的道路设施结构,消除因道路网络结构不合理带来的道路通行能力浪费。城市道路网络是城市交通的直接载体和生产设施,它不仅为城市交通需求提供必需的物理通道,还是城市功能赖以发挥的媒介。完善的城市道路网络将城市的中心区与副中心区有机连接起来,为城市各个功能区之间的人员、物资和信息交互创造了前提条件。因此,建设和完善城市道路网络,明确不同等级道路的功能分工,调整城市道路网络的功能结构,是消除交通硬件设施的不合理因素、提高可达性和道路交通容量的重要措施。

对城市道路网络的建设和完善应从以下方面展开:

(1)建设城乡快速路网;

(2)完善主干路和次干路,使快速路、主干路和次干路比例协调;

(3)调整道路网上不同道路的功能,建立合理的道路功能结构;

(4)打通断头路;

(5)提高支路利用率;

(6)坚决取缔违章占道行为。

3. 整合城市综合交通规划

交通规划是龙头,是决定一个交通运输系统好坏的关键,除应进一步提高对交通规划重要性与迫切性的认识、强化交通规划的法定地位以外,还必须强化和解决如下问题。

(1)制定整合的城市综合交通规划

众所周知,城市交通系统是一个巨大的复杂系统,只有制定整合的城市综合交通规划,才能实现规划的目的,使交通资源得到最合理的配置,避免决策失误和浪费,建立起真正的可持续发展的交通运输系统。

所谓整合的城市综合交通规划,就是同时考虑城市轨道交通、城市公共交通、城市道路网的整合交通网络规划,由地铁车站、公交枢纽、出租车车站、自行车停车场以及行人组成的整合交通枢纽规划,以及地铁、市郊铁路、公共汽车联运、一票制、换乘的效率化措施等整合运营管理机制。

(2)综合交通规划中进一步强化战略规划与近期规划

综合交通规划要回答的根本问题,一是从长远看,要对未来发展做透彻分析,预测交通需求的特点和变化趋势,避免大的决策失误和对需求变化的措手不及,在长期的发展过程中，始终保持交通供求关系的动态平衡；二是从解决当前问题的角度看，要对当前状态做透彻分析，合理安排项目的优先顺序，将近期项目及其实施规划做到位，具有较强的针对性和可实施性。

也就是说，应该进一步强化城市综合交通规划内容中的战略规划和近期规划，以保证规划的前瞻性和实用性。

(3)交通规划基础数据和信息的积累与共享

交通规划基础数据和信息是交通规划的基础，也是制定交通规划的基本前提。建立常规的交通调查制度和交通规划，管理基础数据库；建立基础数据共享制度，制定相应的保障措施，以便使宝贵的数据资源能够最大限度地发挥作用。

(4)注意交通建设规划与交通管理规划的协调

交通设施建设如果没有充分考虑交通需求特性和交通组织，就无法使交通设施发挥最大作用和避免决策失误与浪费。交通建设规划与交通管理规划的协调，或者说交通管理者、交通参与者对规划过程的参与，对于科学制定交通规划具有重要意义。以城市道路网规划为例，其建设规划是道路交通组织规划的基础和前提，而任一交通组织方案所对应的交通流状态和城市道路网的负荷状况，则是评价和完善城市道路网的重要依据，二者应该具有协调与反馈的工作机制。

2.4.2 城市交通与组织的事中和事后管控

1. 建立一体化的城市交通管理体制

建立一体化的城市交通管理体制，是保证城市交通运输系统顺利运转所需外部环境的重要措施。城市交通系统内各种交通方式的有机衔接、城市“公交优先”政策的实施、城市交通与城市间交通的联系，都需要一个统一的城市交通管理体制和相应的政策保障。我国现行交通行政管理体制(包括城市交通与城市间交通)存在的主要问题是各种运输方式条块分割，各级政府交通运输主管部门直接管理交通运输企业，政企不分，权力过于集中，企业缺乏生机和活力。因此，城市交通管理体制的改革，首先，要政企分开；其次，要根据新形势、新情况调整行政机关内部机构设置，加强法规调控、制定和监督职能，完善市场秩序，规范市场行为，逐步实现法制化；第三，前两步的改革为城市交通的统一管理打下了基础，应在此基础上成立统一的城市交通管理部门，对城市交通系统实行集中、统一管理，保证城市交通系统的可持续发展。

城市交通系统是城市重要的基础设施，其规划和管理属于政府行为，制定交通政策是政府调整城市交通发展的重要手段。

要建立可持续发展的城市交通系统，需要在交通投资政策、市场政策、价格政策、交通环境政策、车辆管理政策以及交通发展政策等方面加强建设。包括改革交通投资体制，拓宽集资渠道；完善投资效益评估制度；建立完善的交通运输市场体系，开放交通运输市场，实现市场主体多元化；制定合理的道路使用价格，征收拥挤费、停车费、燃油税等；在城市和道路规划时考虑交通对环境的影响；加强对车辆质量的管理，提高汽车性能，完善老龄车和高污染车的报废制度；实施公共交通优先发展政策等。

2. 实现城市交通管理的科学化与现代化

城市交通基础设施的使用效率，是提高城市交通供给能力的最直接手段，它能够在不增加城市交通基础设施建设压力的前提下，最大限度地利用现有交通资源，实现在同等投入下的最大产出。可以说，提高城市交通基础设施的使用效率，是实现我国城市交通可持续发展的最基本和最直接的途径。

提高城市交通基础设施的使用效率，离不开科学合理的交通管理手段。对交通管理的讨论不能孤立进行，必须与当前的城市交通政策和交通科技进步紧密联系。因此，实现城市交通管理的科学化和现代化，是一个巨大的系统工程，具体应包括以下措施。

(1)成立统一的城市交通管理机构，加强对整个城市交通系统的协调和管理；

(2)优先发展公共交通，提高单幅路面客流通过量；

(3)建立智能化的城市交通管理系统；

(4)完善交通标志、标线和信号控制等交通工程设施，实现对交通流的时空分离，减少冲突点，提高城市交通系统的通行能力；

(5)加强交叉口的交通组织和优化，改造畸形交叉口，消除路网瓶颈；

(6)加强行人步道系统和非机动车道路系统的规划与建设，实现人车分离，提高机动车道路的通行能力，改善整个城市交通系统的安全状况；

(7)因地制宜地利用老城区的道路系统，组织新城区的交通，缓解整个市区的交通压力；

(8)加强停车规范与停车管理；

(9)完善交通管理法规，加强交通安全保障体系(体制、政策、规划、措施)。

3. 积极发展高新技术

高新技术将为未来的城市交通运输带来全新的变革。为了迎接这样一个运输革命的新时代，需要城市交通领域的研究开发人员和工作者有层次、有步骤地开发出实用性强、先进可靠的智能交通技术，并逐步加以转化应用，创造出一个全新、高效的城市交通系统。

在汽车技术领域，应继续加强对低能耗和低污染排放的汽车的研究、汽车安全技术研究和自动驾驶研究，将传统汽车技术改进与新型汽车研制相结合。

在城市交通路网领域，应坚持以提高路网通行能力和利用效率为原则，以实现合理交通结构为中心，在智能化交通管理与控制、交通信息服务、公共交通、物流交通、汽车控制系统、营运车辆调度管理系统等领域有步骤、有重点地开展研究。

高新技术的研究和应用同样需要体制和政策方面的保障，以创造良好的开发环境和条件，具体应从以下几方面进行。

(1)组织专门力量，进行与城市交通系统有关的高新技术研究，加强对关键技术的攻坚工作；

(2)分系统建设智能化城市交通系统的各个子系统，在技术指导、资金扶持和人员培训等方面对相关部门予以支持和优惠；

(3)抓紧制定国家智能化城市交通系统的各类规范和标准，以确保不同城市之间的信息交互，避免重复建设等浪费；

(4)制定相关鼓励政策，促进高新技术成果向实际应用的转化。

复习思考题

1. 排队系统的组成部分包括哪些？
2. 如何理解跟驰理论？
3. 如何理解交通波理论？
4. 如何应用可插车间隙理论？
5. 城市交通与组织的基本方式包括哪些？

第3章 城市交通规划

3.1 城市交通规划概述

3.1.1 城市交通规划的含义

交通运输业是联系生产、分配、交换和消费的纽带，是国民经济的基础产业和先导产业。为使交通运输能够满足城乡经济发展和人民生活需要，必须制定全面的交通运输业发展规划。为使我国建立起高速、安全、快捷、舒适、可持续发展的交通环境和适应国民经济发展需要的综合交通体系，必须做好不同层次的交通规划，尤其要加强区域交通规划、城市综合交通规划和交通管理规划的制定与实施。

所谓"规划"，是指确定目标与设计达到该目标的策略或行动的过程，而"交通规划"就是研究一个能使人与货物运送安全、高效、经济并使人的出行舒适、方便且环境不受干扰的交通系统，是确定交通目标与设计达到该目标的策略和行动的过程。城市交通规划是指经过调查分析，预测未来的城市交通需求，制定城市交通发展战略，规划城市交通网络并加以实施的全过程。交通规划涉及社会、自然、经济、人们的习惯、国家有关政策及土地使用规划等多方面的因素，是一项十分复杂、综合性很强的研究工作。

城市交通规划是经过交通现状调查，预测未来在人口增长、社会经济发展和土地利用等条件下对交通的需求，制定出相应的交通网络形式，并对拟订的方案进行评价，对选用的方案编制实施建议、进度安排和经费预算的工作过程。随着我国社会主义建设事业的发展，特别是改革开放以来，人们对交通运输事业重要性的认识不断加强和深化。但由于我国还是一个发展中国家，国民经济的总体水平还相对比较落后，国家不可能在短时间内拿出大量资金来解决长期积累的交通建设问题。因此，依靠现代科技来解决交通规划问题，使有限的资金得到更有效的利用，具有非常重要的现实意义。

广义的交通运输规划包括交通运输基础设施建设发展的规划、交通运输组织管理的规划、生产经营的规划等。狭义的交通运输规划主要是指交通运输基础设施建设发展的规划。

所谓交通运输规划(狭义)，通常是指根据历史和当前的交通供需状况与对地区的人口、经济和土地利用之间的相互关系的分析研究，分析和预测地区未来在不同的人口、土地利用和经济发展情形下对交通运输发展的需求，确定未来交通运输设施发展建设的规模、结构、布局等方案，并对不同方案进行评价比较，确定推荐方案，同时提出建设实施方案(包括建设项目时序、投资估算、配套措施等)的一个完整的过程。

3.1.2 城市交通规划的目的与意义

1. 城市交通规划的目的

为使交通运输满足国民经济发展和人民生活需要，必须为交通发展制定出全面的规划。道路交通规划是综合交通规划的一个组成部分，在综合交通规划的基础上进行，并为区域或城市道路的投资、建设提供科学的决策依据。

城市交通规划的目的就是要设计一个合理的交通系统，以便为未来与社会经济发展相适应的各种用地模式服务。

从行政管理和技术管理的角度着手，紧密依托城市总体规划、城市交通规划、城市用地规划，科学、系统、全面地掌握城市交通各项基础情况，找出影响城市交通的各项因素，全面认识城市交通问题演变的内在规律，了解城市交通基础设施建设的动态，预测和把握未来可能出现的城市交通问题。特别是在交通供给相对不足的情况下，通过对交通管理的充分挖潜，合理引导和控制交通需求，缓解城市交通拥挤堵塞的局面。明确今后交通管理的发展方向，规划长远，决策当前，防患于未然。对城市开发改造、道路规划建设提出明确要求，合理渠化交通流，适应混合交通的特点，充分发挥各类道路的交通功能，综合协调道路—交通流—管理者三者之间的关系，建立交通事故预防、监测和事故现场勘察处理、紧急救援等一整套的技术保障和社会保障体系，控制道路交通事故尤其是特大交通事故的发生。建立交通管理安全技术的专职研究和应用研发，积极研究、开发、推广、应用交通安全技术，完善交通管理法规和配套措施，制定宣传教育计划和执行保障体系，提高交通管理的法制化和科学化水平，努力形成秩序良好、安全畅通的城市交通环境。

城市交通规划的具体目的包括：

(1)充分发挥交通管理效能，近期以综合治理交通秩序、合理组织与渠化交通、缓解城市交通拥挤堵塞为重点，远期实现创设与城市社会经济发展水平相一致，安全、畅通、秩序良好、环境污染小的城市交通环境。

(2)加强交通需求管理，合理控制城市交通总量，积极促进城市形成以社会化公共运输为主体、多种交通运输方式相协调的城市交通结构。

(3)科学组织，合理限制，均衡调控，充分挖掘道路交叉口、路段、网络的交通容量潜力，提高道路通行能力和服务水平。

(4)力求各类交通设施规范、齐全，布置合理，具备先进的交通管理、控制、指挥手段。

(5)制定科学、实用、完善的交通管理政策、法规和执行、保障体系，加强宣传、教育、培训，提高全体交通参与者及交通管理者的现代化交通意识和遵守交通法规的自觉性。

城市交通系统属于社会开放系统，变化情形多，涉及范围广。城市交通规划的制定和实施需要广泛协调、组织、监督、检查，非一个部门或个别专业人员所能完成。因此，制定城市交通规划，必须总揽全局，由具有相对稳定性和权威性的领导班子和工作机构进行。领导班子是在政府领导下，由政府各相关部门如建设、规划、交通、公安、法制和教育等部门及部分社会知名人士、专家组成。根据城市交通管理的具体特点，制定规划的工作机构应由两部分组成：一是有关的专业科研单位和相关人士，组织开展首次城市交通规划工作；二是由公安交通管理部门有关人员组成常设机构，特别是在首次城市交通规划工作完成后，常设机构要根据规划的总体目标，结合日常工作内容进行调整，制定相应的年度、季度交通管理计划和决策方案，保证管理规划的连续性、时效性。

2. 城市交通规划的意义

交通规划是建立完善的交通系统的重要手段，是解决城市或地区交通问题的根本措施，是获得交通运输工作最佳效益的有效方法。交通规划的具体意义可以归纳成如下几点。

(1)交通规划是建立完善的综合运输系统的重要方式

交通规划能够协调各种运输方式之间的关系，明确各种交通方式的任务和要求，使各种交通方式密切配合，相互补充，共同完成运输任务，这样就可以消除过去单一、孤立的道路规划和铁道规划中的某些缺陷，例如，仅注重路网的形式，不重视各种运输方式间的内在联系等。

(2)交通规划是解决目前道路交通问题的根本措施

交通问题是一个整体性、综合性的问题，单从增加道路建设投资或提高交通管理水平某一个方面是不能从根本上解决问题的，必须要与经济发展规划相适应，从人、车、路、环境诸方面综合考虑，促进工业、农业、商业、文化设施以及人口分布的合理布局，制定一个全面的、有科学依据的交通规划才是根本解决措施。

(3)交通规划是获得交通运输最佳效益的有效途径

道路建设投资的大小、汽车运输方式的路线选择、车辆运营成本的高低以及交通管理水平的高低等都与交通规划密切相关，只有制定合理的交通规划，才能形成安全、畅通的交通运输网络，以利用最短的距离、最少的时间和费用，完成预定的运输任务和获得最优的交通运输效果。

(4)交通规划是实现城市交通现代化的重要环节

交通规划是实现城市交通科学化、管理现代化，充分利用现有道路交通设施的重要环节。交通供需矛盾的长期性和城市空间的有限性决定了我们不但要规划建设好交通基础设施，而且还要使现有设施发挥最大效益。因此，从供求两个方面采取措施，通过加强交通管理提高道路通行能力，是缓解我国城市交通拥挤的重要环节。

3.1.3 城市交通规划的分类

1. 按交通规划研究的地区范围

按交通规划研究的地区范围不同，可以将交通规划分为国家级交通运输规划、区域性交通运输规划和城市交通规划。

国家级交通运输规划要对全国的综合运输网络，包括铁路、公路、内河、海运、航空、管道等运输基础设施布局和建设作出总体安排，有时还涉及国际运输通道规划(如欧亚大陆桥)。

区域性交通运输规划包括大区域的运输网络规划(如长江三角洲地区综合运输规划)、省域运输网络规划、地区或市域运输网络规划、县域的运输网络规划等。

在国家级和区域性运输网络规划中，城市一般只作为一个节点来考虑。城市本身的交通系统建设和发展需要通过城市交通规划来专门研究。城市交通规划可分为全市性交通规划和地区性交通规划(如市中心区或商业区交通规划、居住区交通规划、新开发区交通规划、火车站地区交通规划、航空港地区交通规划等)。

2. 按交通规划的时限

按交通规划的时限可将交通规划分为远景或远期战略规划、中长期规划、近期建设规划等。远景或远期战略规划,一般根据区域或城市的长远社会经济发展战略目标来研究、确定区域或城市交通运输的长远发展战略目标和主干交通网络的总体布局。通常远期规划期限为20~30年,远景规划要展望到30~50年甚至更长的发展时期。远景或远期战略规划既具有战略性、宏观性、指导性,同时又要保持充分的弹性,以适应长远发展的不确定性。

中长期规划,要在相对明确、可实现的社会经济发展目标和方针指导下,对区域或城市交通运输网络系统的规模、结构、布局、标准等作出系统的安排或明确的规定,指导交通运输设施的建设。中长期规划的期限一般为10~20年。

近期建设规划,是在远景或远期战略规划,特别是中长期规划的指导下,对1~5年内实施建设的交通运输设施项目、时序、规划、资金乃至初步方案等作出统筹安排,同时明确实施过程中的配套政策。

3. 按交通规划涉及的对象和内容

按交通规划涉及的对象和内容可以把交通规划分为综合性交通规划和专项交通规划。综合性交通规划,指铁路网规划、公路网规划、水运网规划、航空港布局及航空线路规划等。专项交通规划包括城市道路网规划、快速轨道线路网规划、公交线路网规划、停车设施规划、加油站规划、客货运交通枢纽规划等。

4. 按城市交通规划的层次、年限与范围

参照城市社会经济发展、城市总体规划、城市交通规划,根据城市公安交通管理的特点,可以将城市交通管理规划划分为以下几个层次:

(1)城市交通管理战略规划。期限控制在10~20年。通常人口在100万人以上的城市才考虑编制此规划,其他城市可根据本地具体情况决定是否编制城市交通管理战略规划。主要内容为确定城市的交通管理发展目标、水平,确定城市交通远期方式、结构、总量及控制策略,先进管理技术的引进和应用,交通引导、智能交通系统的建设等。

(2)城市交通综合管理规划。可分为两个部分考虑:一是中长期规划,时间为10~20年;二是近期建设规划,时间为1~5年。主要有城市市内交通规划,城市出入境交通规划,城市交通结构控制规划,城市道路使用功能规划,交通需求控制规划,交通运行组织规划,城市中心区交通规划,城市交通点、线、面系统控制方式,宣传、教育、培训计划,法规制定等。

(3)城市交通专项管理规划。时间为1~10年,例如,城市交通流组织方案的确定,重要路段、交叉口的渠化和治理,城市静态交通设施的布置,专项管理法规的制定,城市交通综合治理和交通拥挤缓解方案的设计等。

根据城市交通问题的发生、发展及影响因素,将城市交通管理规划的工作范围定为城市规划区,即城市市区、郊区以及城市行政区辖内交叉口和路段。

根据交通管理工作的特点,无论哪一层次的管理规划,每年都要根据实际情况对年度计划进行调整。

3.2 城市交通规划的指导思想、基本原则与基本出发点

3.2.1 城市交通规划的指导思想

编制城市交通规划，必须以国家、城市现行的政策、法规和规范为依据，与城市的社会经济发展战略相适应；与城市总体规划、城市用地规划相协调；按照具体城市的交通特点以及现实状况准确定位，在不同的发展阶段建立相对应的管理体系；良性循环，减少盲目性、随意性，既不盲目追求过高标准，又要有超前意识。

尽可能借鉴城市总体规划及建设的基础资料和成果，与城市交通规划及建设的现行标准和准则接轨，通过社会行政管理、技术管理、工程措施，解决城市交通所面临的实际问题。

3.2.2 城市交通规划的基本原则

城市交通规划的落脚点是路网规划。制订一个科学、合理、可行的路网规划方案要比单纯的交通分析和预测复杂得多。研究制订路网规划方案以及相应的交通对策，需要考虑的因素很多，其实施结果对规划区域内的社会经济发展、土地利用开发、人民生活改善以及运输系统本身的效益都具有深远的影响。城市交通系统是城市的大动脉和骨架，为了更好地适应城市的社会经济发展，促进城市发展目标的实现，城市综合性交通规划和各类交通专项规划一般需要遵循以下原则。

1. 有明确的目标和必要的前提

在交通规划开始时，要对区域内的土地利用性质、社会经济特征、国民经济发展计划、区域内的总体规划有很好的理解和掌握，在此基础上，提出区域内交通规划明确的战略目标。

2. 全局性和前瞻性

现代交通是一个复杂的大系统，必须从全局和整体出发，将区域内外的交通运输、各种交通方式视为一个相互联系的有机整体，进行全面的综合分析，从整体上、系统上进行宏观控制和规划，实现系统的综合效益。必须站在战略的高度，具有发展的眼光，与城市社会经济发展规划、城市总体规划、城市交通规划、城市用地规划、城市综合运输规划和区域交通规划相匹配。理念超前，引进先进规划理念和交通分析模型，吸取国内外城市交通发展的经验教训。

3. 有工程经济观点

在制定道路网规划和交通对策时，在不影响交通规划战略目标的前提下，应认真考虑如何充分利用现有基础设施，做到少花钱，多办事。

4. 领导班子与专门机构相结合

要有稳定和有实效的领导班子和专门机构对规划方案进行论证、调整与完善。今天的交通问题已成为一个涉及各行各业和千家万户的社会问题。在制定交通规划的全过程中，离不开各方面的支持和协助。因此，所制订的交通规划方案及对策也应接受社会各方面的审议和评判。

5. 坚持系统工程观点

坚持系统工程观点，围绕城市系统整体布局开展工作，致力于政府各部门的协调配合。遵循当前服从长远、局部服从整体、治标服从治本的原则。优化整合，以相关规范为准绳，整合和深化既有相关规划成果，加强不同交通系统间的对接。

6. 以人为本

以人为本，着重从提高城市环境质量和居民生活质量、增强城市活力和竞争力等方面着手。交通发展战略和交通设施规划应重点考虑广大人民群众的利益，重点规划步行、自行车、常规公交、轨道交通等绿色交通方式，而不是规划小汽车。

7. 可持续性

按照规划城市的社会经济发展要求，确定交通设施规划标准，提出近期建设与远期规划方案，预留城市交通设施发展用地。以制定交通规划为契机，全面调查、掌握、预测影响城市交通的各项因素。既立足当前，提高道路通行能力和道路标志、标线拥有率，着重解决城市交通拥挤堵塞问题；又着眼长远，明确交通管理的发展方向，提高交通管理水平，努力使其与城市社会经济发展水平相一致，创设交通流均衡、安全畅通、环境污染小的城市交通环境。

8. 定性与定量相结合

注重定性分析与定量分析相结合，对规划方案进行合理的评估和优选。

9. 可操作性

实事求是，针对城市的社会经济和交通实际状况，围绕城市发展目标，制定交通战略和规划方案，力求战略的实用性和方案的可操作性，注意战略研究与设施规划并重。

3.2.3 城市交通规划的基本出发点

由于汽车的大量普及，现代城市交通面临着交通拥堵、事故频发、环境恶化、公共交通企业不景气等一系列问题。为解决这些问题、创造更好的城市环境，有关专家对城市交通规划提出了各种各样的观点。随着时代的发展，以下所述的一些观点逐渐成为城市交通规划的基本出发点。

1. 构成具有层次序列的道路网

过去，城市道路通常以格子形、放射环形等形式构成四通八达的路网。但是随着机动车的增加，城市中心地带逐渐产生了交通集中、住宅区内规划道路的过境交通过多等问题。为促进道路与城市环境协调发展，明确构成道路网的各条道路分工以及统一规划利用路网与地区土地是非常重要的。美国在市区道路网规划中根据高速道路、干线道路、集散道路、局部道路的不同功能赋之以明确的特性分工。这一思路中因明确提出了道路划分层次序列的概念，并将排除地区内环境交通作为基本原则而引人注目，但由于集散道路的连续性高，从局部道路与干线道路的衔接情况来看，实际上还会有相当的交通通过集散道路进入局部道路，因而仍存在不够完善之处。

在路网建设方面，要处理好路网的连通结构、功能结构和不同层次道路的比例关系。

2. 关于人车分离或人车共存的思考

“人车分离”是20世纪50年代世界共识的观点，即步行者与机动车在交通上分离，即在制定道路规划时，为确保交通的安全与舒适，应设法使步行者使用的道路与机动车道路完全分离。这种采取物理措施彻底进行人车分离的方法能够保证从日趋活跃的机动车交通中分离出安全舒适的步行空间，也避免了非机动车和行人对机动车的干扰，因而成为新城市或新住宅区开发规划的一条基本方针。此外，为增加城市中心地带的活动空间，它也被应用于中心商务区的再开发规划。

步行者与机动车间的交通分离需要大量的资金和空间，其分离程度通常受到经济及物理条件的限制，尤其是在建成市街地区难以实行。针对这一问题，20 世纪 70 年代提出的本艾尔夫观点主张在以步行为主的地方，要求机动车车速减慢至步行速度，以这种方式实现“人车共存”。这一柔性措施被广泛应用于建成市街地区，尤其是住宅区内。为限制机动车车速，除依靠交通法规进行管理外，有时也采用缩减车道宽度、设置曲折车道等物理措施。

3. 考虑不同交通方式分组比例的交通规划

“交通方式分组比例”的概念于 20 世纪 60 年代逐渐发展成熟。随着私人汽车的迅速普及，人们逐渐认识到，仅依靠私人汽车来充当城市交通需求的主体，显然是城市道路条件所不允许的。城市交通不仅要依靠个体运输工具如私人汽车，更需要依靠公共汽车、铁道等大运量运输的方式。为确保城市交通顺畅，应当依据不同的场合、目的、时间，使各种交通方式的利用达到适当的平衡。如何确定何种状态能够达到平衡成为交通方式分组比例观点的核心问题。

交通方式分组比例观点在 20 世纪 50 年代后期被实际应用到美国芝加哥都市圈交通规划(CATS)中，此后，这种方法不但应用于整个美国，而且也影响到欧洲各国及日本，成为被广泛采用的基本方法。基于以往考虑各种交通方式在所有交通方式中所占比例的思路，近来又逐步发展成集成模型的思考方法，它着眼于考虑在不同的时间、目的、场合下，每个交通参与者会如何选择交通方式的问题，是很有发展前途的理论体系和模型构造方法。

4. 公共交通系统的改善

从物理的、环境的角度考虑城市交通发展前景时，基于交通方式分组比例这一观念，应当明确从硬件、软件两个方面努力改善目前公共交通企业不景气的状况是非常重要的。为此，必须建立起由轨道交通系统及辅助的公共汽车系统共同构成的高服务水准的公共交通系统，使之能够与小汽车交通既相互竞争又相互促进。对于公共汽车等交通方式应在政策上予以优先通行权，使之成为快速、准时、舒适的交通方式，同时应设法使各公共交通方式间换乘方便，增加公共交通与私人小汽车、自行车间的换乘途径。利用上述措施可以提高公共交通系统被使用的可能性，对不使用私人小汽车的人而言提高了交通权利的公平性。

从长远角度考虑，对于大都市以及地方中心都市来说，在各城区开发相协调的前提下，在交通需求量大的地区建设轨道交通系统是一个重要课题。与此同时，应充分重视通过规划引导多中心分散形式的土地利用形态的形成。

从现代化程度较高的国家的例子来看，面对公共交通衰退的状况，20 世纪 50 年代以来许多国家开始大力推行扶持公共交通政策。例如，英国为使公共交通系统机制健全而实行了企业化。但在现代化进程中由于未引入财务核算制度造成了赤字。为保证城市社会化的发展，对于公共交通系统不能因赤字而废除，而是要投入税金使之建设、维护、运营下去；日本对公共交通系统的发展非常重视，很多城市设置了公共汽车专用车道。科学规划公交路线和提高公共汽车经营管理水平是我国面临的极为重要的课题。

5. 新交通系统的开发

从20世纪70年代开始，新交通系统的研制与开发一直是引人注目的课题，人们设法通过技术革新使原有的公共运输系统更节约能源，降低成本。近来对新交通系统进行研究开发的重点进一步转向使之成为有助于缓和环境恶化并有高度可靠性、安全性、能提供优质服务的现代化交通工具上。此外，新交通系统还被视为在飞机、铁道、公共汽车、步行等原有交通方式间具有调和补充作用的部分，日本对新交通系统的开发主要就是把它作为介于铁道交通与公共汽车之间的一种中间轨道系统来进行的。我国对轻轨交通的发展极为重视，"七五"期间将其列为国家重点科技攻关项目，并出版了城市轻轨交通工程设计指南。各种新交通系统必将活跃在城市交通的舞台上。

6. 城市环境与交通的协调一致

对于汽车时代，必须设法使交通可达性与居住环境充分协调统一。应当注意的是，二者之间的关系并非对等可逆，如果居住环境被严重破坏，交通条件就肯定不会得到改善；但如果牺牲一部分交通可达性，就可以使居住环境得到大幅度改善。因此可参考前面提到的观点，在将道路划分层次等级使用的同时，为保护居住地区的环境，把由一类干线道路和二类地区道路围成的区域指定为居住环境区，禁止与该地区无关的过境交通从这里经过，仅允许该地区相关交通经由曲折形式的局部道路及衔接道路低速行驶至目的地，并且该地区的交通规划应作为地区交通规划加以制定。

7. 交通规划的制定与推行

交通规划是针对机动车交通带来的环境恶化问题提出的，采取一定的管理措施有助于抑制环境恶化；另一方面可以更加有效地发挥公共交通方式的作用以缓解交通拥挤。交通规划是缓解交通拥挤，充分利用现有交通设施的有效对策。最初的交通规划来源于"交通管理"这一概念，其主旨在于合理运用软件措施，从保护居民生活、居住环境的角度出发，对机动车交通以及公共交通进行有效的管理。例如，从总体上控制机动车交通的总量规制法、对交通拥挤地区过往车辆进行收费管理的道路收费法、为提高乘车密度而制定共乘制度的多人共乘法等。

近年来，由于交通规划的内容扩展为多种运输方式，包括路面电车、轨道交通，交通规划也相应地改称为运输管理规划。

8. 重视生活环境质量

进入20世纪80年代后，人们对环境质量即生活环境质量的要求进一步提高。生活环境质量是舒适、吸引人、顺畅、心情愉快等概念的统称，英国城市规划专家威廉·福尔福德认为"生活环境质量不指某一种性质，它是多种价值的综合体现"。它包括建筑的美感、有亲切感的历史文化风光以及某种情况下有效用的东西，即希望得到的东西(如住所、温暖、光明、新鲜的空气、家庭服务等)出现在预期的地点。它是一种总体的舒适感受，不是因其可以换算为货币价值即可以数量化而受到重视，而是因其反映了居民生活中最根本的价值。

9. 干线交通规划与小区交通规划的平衡

以往,进行定量化计算的交通规划主要是干线交通规划,机动车交通的种种危害也主要发生在干线道路上,但随着机动车数量的急速增加,小区内道路涌入了大量的机动车,如前所述的许多小区交通问题也逐渐凸显。尤其是小区内过境交通过多,引起人与车之间的冲突,严重影响小区居住环境。

怎样才能既处理好机动车交通又保证步行者的安全、舒适,并且确保居住环境的质量呢?必须从不同于干线交通规划的角度出发,针对小区交通的特点进行规划设计并付诸实施。小区交通规划的最初形式包括近邻住区论、布凯南的居住环境区域、步行者分区、分区交通等。日本在20世纪70年代曾使用过交通规制的形式,20世纪80年代开始对干线道路所围区域及铁道站周围地区实行小区交通规划,并有广泛应用的趋势。

10. 土地利用规划与交通规划的综合化

在考虑交通规划问题时,不但要处理目前的交通问题,还要寻求根本的改善措施,为此,应把强化土地利用规划管理作为重要课题。交通与人们的居住、工作、休息等活动密切相关。人们的居住空间、工作空间、休息空间的配置及人口密度等这些土地利用规划的内容也与交通规划有着直接关系。应当依据土地利用的理想状态相应地确定交通需求。例如,建筑物容积率的理想值就与交通发生、交通集中量密切相关。可以通过土地利用规划的实施严格控制土地的使用方法,进而控制交通发生与交通集中量,在控制管理交通需要方面,必须更加重视对这一课题的研究。因此,在制定交通规划时,与土地利用规划相结合进行一体化的综合处理是非常重要的。

3.3 城市交通规划的内容

在进行具体规划时,由于公路和城市道路的性质、功能不同,所处的环境差异很大,因此公路和城市道路的规划也各不相同。

3.3.1 城市道路交通规划

城市道路交通规划的任务是了解城市区域内现有的交通形态和土地利用情况,研究目前的交通路线及设施是否合理,应如何进行改进,以适应未来发展的需要,或引导城市道路交通的发展走向计划的目标。

城市道路交通规划的内容主要由三个部分组成,即交通模拟和交通需求、交通评价及交通网设计。城市道路交通规划的具体工作内容如下:

(1)经济调查和分析:包括与交通有关的社会经济统计资料、历年客货运输资料,以及各个交通分区的实际用地资料和规划用地资料,对这些资料进行系统的调查、整理和分析。

(2)交通现状调查:对规划区域内各类交通现状进行调查,包括各种运输方式已形成的运输网轮廓及其相互间的联系情况;各种运输工具的数量、装载质量、平均速度、吨位利用系数和行程利用系数;各种运输工具受季节限制的情况;现有道路及正在修建中的道路分布状况、技术等级、交通流量和交通拥挤情况;铁路及车站的技术现状和发展情况;航道及码头港口现状和发展情况；航线及机场现状和发展情况。

(3)根据以上各项调查资料，建立交通需求模型和交通评价模型，对交通现状系统进行综合交通评价，并对未来各个时期的交通需求进行预测。

(4)根据对交通现状的综合交通评价和交通需求预测资料，提出近期的交通治理方案和交通系统规划方案，包括道路网、旅客运输系统、货物流通系统、停放车辆系统以及交通管理方案。

(5)在对上述方案进行综合评价的基础上，确定道路网的布局，包括道路网的形式和指标，各条道路的等级和功能，各个交叉口的类型及有关技术参数。

(6)建立交通数据库，不断进行交通信息反馈，修订交通模型、交通预测数据和规划方案，使规划保持连续性并不断完善。

3.3.2 城市公路网规划

公路网规划一般可分为全国公路网规划和地区公路网规划，两者是全局与局部的关系。全国公路网规划指导地区公路网规划，地区公路网规划补充全国公路网规划。

地区交通规划是地区建设发展的基本内容之一，而地区公路网规划则是地区交通规划的重要组成部分。

地区公路网规划的基本内容有：

(1)客、货运资料的搜集与分析；

(2)未来交通量的预测；

(3)公路与土地利用的经济分析；

(4)沿路土地利用导致运量变化的调查分析；

(5)现有公路的调查分析；

(6)拟建主要交叉口类型(平面交叉或立体交叉)的选择与分析；

(7)出入车道控制及交通用地分析；

(8)路线服务设施的发展规划；

(9)公路与铁路交叉口分析；

(10)高速公路规划；

(11)公路对环境的影响等。

3.4 城市交通规划的程序

编制城市交通规划是一项复杂的系统工程，涉及面非常广泛。既要掌握国家和地区社会经济发展政策，又要对地区的社会经济、人口、土地、资源和交通供需状况等作广泛调查研究，还要对上述要素进行系统的、深入细致的分析预测，对规划方案作审慎的设计和评价。根据系统工程的原理，编制城市交通规划的过程一般如图 3-1 所示。

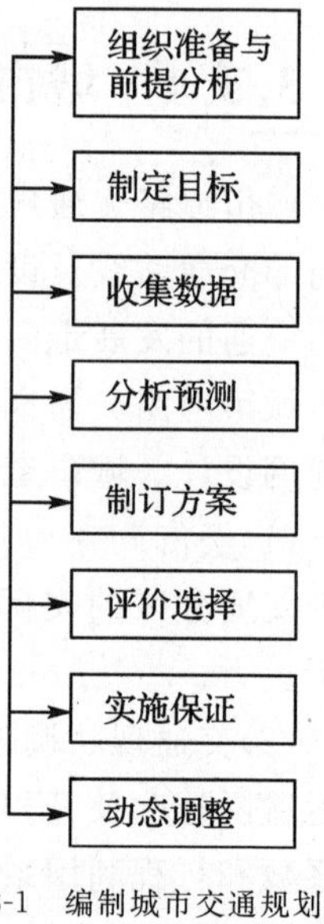

图 3-1 编制城市交通规划过程

3.4.1 组织准备与前提分析

1. 组织准备

进行城市交通规划的第一步是要做好组织准备工作。制定整个交通规划的工作计划，提出规划工作的任务；明确有一定权威性的负责单位；建立技术小组或咨询机构，与政府决策人员建立正常的工作关系，并与其他有关部门取得联系和协作，必要时还要吸收社会各阶层人士参加审议。

一般来讲，制定系统规划时，政府要责成本级交通主管部门牵头成立交通规划组织机构。

2. 前提分析

(1)规划年限

城市交通规划的年限一般同城市总体规划的年限一致。从城市交通规划的时间跨度来划分规划年限可以分为近期规划(基年后 3～5 年)、远期规划(基年后 15～20 年)和战略规划(基年后 30～50 年)。

一般将规划编制的起始年称为基年。若规划已编制多年，则规划编制起始年的调查数据需要更新，对应于最新城市交通调整数据的年份为基年。

对于城市交通的专项规划，如公共交通规划、停车规划等，规划年限一般应与城市交通规划年限一致。但对于轨道交通规划，应考虑未来 30～50 年的交通需求。

(2)设计年限

不同类别的交通设施，设计年限是不一致的，应以相关规范要求为准。

例如，地铁的设计年限分为初期、近期和远期。初期按建成通车后第 3 年要求进行设计；近期按建成通车后第 10 年要求进行设计；远期按建成通车后第 25 年要求进行设计。地铁主体结构工程的设计使用年限为 100 年。

再如，高速公路和具有干线功能的一级公路的设计交通量应按 20 年预测；具有集散功能的一级公路以及二、三级公路的设计交通量应按 15 年预测；四级公路可根据实际情况预测交通量。设计交通量预测的起始年应为该项目可行性研究报告中的计划通车年。

(3)规划(设计)范围

城市交通规划(设计)范围一般应与城市总体规划所确定的范围相一致，一般分为两个层次：第一层次——重点规划范围，一般与城市总体规划范围相同；第二层次——城市对外交通规划(设计)范围，一般与市(县、镇)域规划范围相同，超出了城市总体规划范围。

对于城市交通的专项规划(设计)，如某条道路红线规划、公共交通规划等，规划(设计)范围应根据具体研究对象确定。

(4)规划依据

城市交通规划的依据一般包括三个方面：一为相关城市规划成果，包括城市总体规划、相关专业规划等；二为相关法律法规，如《中华人民共和国城乡规划法》、《城市道路交通规划设计规范》、《城市道路设计规范》等；三为相关文献资料，如规划城市(镇)的统计年鉴、城市年鉴等。

3.4.2 制定目标

为使城市交通规划方向明确，在规划编制之初要制定交通规划的工作目标和规划方案以及需要达到的交通系统发展目标。交通规划的工作目标就是最终提交的规划的成果内容、要求、形式、数量，包括文本、图表等。规划方案所要体现或达到的交通系统发展总体目标是：

(1)使旅客和货物具有适当的可动性；

(2)达到环境平衡。

对于第一个总目标，可以分解为如下子目标：

①出行时间最短；

②出行费用最少；

③提供充分的系统容量；

④保障充分的系统安全性；

⑤提供充分的系统可信度。

对于第二个总目标，可以分解为如下子目标：

①提供区域内生产、就业、教育等方面交通的可达性分布；

②促进土地利用和运输设施按期望的方向组织；

③减少社会纠纷，促进地区社会经济、交通的可持续发展；

④减少空气和噪声污染。

3.4.3 收集数据

城市交通规划的综合性要求大量收集各方面的数据。收集数据的目的是弄清区域内的道路交通特性，为编制规划提供必要的信息。

调查的规模和深度主要取决于所作研究要达到的目标，因此，在调查之前，首先要明确调查的目的和要求。

3.4.4 分析预测

调查为进行规划奠定了基础。以系统定量分析为基本手段的现代交通规划必须借助计算机来完成。在利用计算机进行交通规划分析预测时，需要输入如下基本资料：

(1)区域内的人口、土地利用和社会经济预测资料；

(2)交通预测资料；

(3)区域内的道路网现状。

在分析预测阶段，要对调查所取得的数据进行分析，并研究预测未来交通需求的技术(模型)。利用这些技术和模型对所研究区域未来若干年内的交通需求进行预测。

3.4.5 制订方案

根据对区域内土地利用、社会经济、交通需求的预测及道路网质量的评价，提出规划区域内道路网改建、新建、调整、补充等一系列方案。

利用系统分析法，根据现状分析和交通需求预测提出若干可行的方案。

在许多工程分析中采用的传统分析方法是把系统的某一部分与系统分离，然后再单独对这部分进行分析。这种方法可以用于分析城市交通系统因发生微小变化而产生的影响。例如，交叉口的单点定周期交通信号的配时问题仅仅考虑了该交叉口的交通情况，而通常不考虑对相邻交叉口交通变化的影响，同样在分析停车规则、交叉口设计以及运输系统的其他变化时，也仅仅考虑了最直接的环境因素。如果一个策略或设计的影响范围较小，那么这种传统的分析方法是可以采用的；然而，如果所分析部分的变化较大时，这种变化不仅会影响正在变化的部分，而且还会波及系统的其他部分。

为了说明和理解这种波及效果，首先要考虑分析城市干路上的拥挤路段。为了缓解道路拥挤，可拓宽道路，因此建设部门要考虑拓宽这段道路所需的成本和可取得的效益。在原有交通流量条件下，假若拓宽后的路面能使交通流运行通畅、延误时间缩短，就认为拓宽部分是满足要求的话，那么由于没有考虑到该路段的改善给相邻路段乃至整个道路网带来的变化，则按这种方式计算的工程效益就可能导致错误。

例如，以前不走这条道路的车辆，在道路改建后就可能改走这条道路。一方面，交通流量的增加可能会引起更严重的交通阻塞，使得改建道路后的交通状况并未有很大的改善，甚至比改建前更加拥挤，因而也就达不到预期的目的。而且，由于进入和离开拓宽路段车辆数量的增加，与之相连接的一些路段也会引起阻塞。另一方面，在与拓宽路段平行的道路上，由于交通流量的减少，交通条件会随之得到改善。这样，在系统其他路段运行的车辆的驾驶员由于意识到交通流量的这种变化而相应地调整其行驶路径，那么每条路段上交通条件的改变必然会引起交通状况的进一步变化，其结果会造成更多路段上交通条件的变化。

经过一段时间，这种波动情况将逐渐减缓，最终系统会在新的平衡点上达到稳定状态，但是这种状态与以前相比或许并没有明显的改善。

上面的例子说明道路网的改变会导致交通流量的变化，而交通控制策略的改变或者新的交通设施的建设也对交通流量会产生同样的影响。但是，交通系统的变化仅对交通流模式产生间接影响。直接决定交通流模式的是城市区域内总的出行行为，这些出行行为产生了对交通的需求。例如，一个新开辟的商业区对交通流的影响。商业区所吸引的购物者中一部分是新出现的，另一部分是从其他地方转移过来的。这样，与新商业区相连的街道会产生交通阻塞现象，迫使那些仅打算通过该区域的出行者改变其路径，变更其交通工具或者调整其出行时间。这些变化将改变整个系统的交通流模式和拥挤情况，从而进一步影响人们的出行决策。其他商业区的情况也将随之发生一些变化，比如其车流量可能会下降，但是，经过一段时间后，会出现新的平衡点。当达到平衡点时，整个运输网中的出行频数、出行终点、交通方式以及路径的选择都将保持稳定。

从上述分析中可以看出，与一定交通状态相对应的平衡交通流模式包含了城市交通网络中各个部分的交通流量水平和交通阻塞状况，平衡交通流模式与受该交通状态影响的出行者之间有直接关系。

换句话说，只有通过同时分析城市交通网络的所有要素，才能求得每种交通状态所对应的平衡交通流模式。这就是说，我们对城市交通必须进行系统分析。

所谓系统分析，就是为了使系统的目标能最好地实现而对系统构成进行的分析。具体地说，系统分析是从系统长远和总体的最优出发，在选定系统目标和评价准则的基础上，分析组成系统各个层次的分系统的功能和相互关系，以及系统与环境的相互影响；在调查研究、收集资料和系统思维推理的基础上，产生对系统的输入、输出及转换过程的种种假设；在确定和不确定的条件下利用定性和定量方法，探讨若干可能代替的方案，建立模型或用模拟方法分析对比各个方案，同时研究探讨各个方案可能产生的效果和综合资源配备的最佳方案所需的信息和资料。如前所述，城市交通系统是极为复杂的系统，因此，城市交通问题必须采用系统分析的方法来解决。

3.4.6 评价选择

对于提出的不同规划方案进行技术、经济评价，找出既优化、现实，又能满足未来交通需求的推荐规划方案。

实际工作中常遇到这样的情况，一个或多个交通规划方案在提交讨论时，会引起较大的争论，出现这一现象的原因就在于缺少客观的评价标准。这里着重介绍国内长期忽视的经济评价标准，即费用-效益经济分析。

1. 费用

实现一个规划所需的费用可以分为购地费、建筑费，以及施工时临时增加的旅行（绕道）费用等。

多数规模庞大的交通规划项目，在实施期间，通常会对交通造成显著干扰。其中由交通阻滞导致的时间损失，相对来说比较容易估算，而由于噪声、灰尘和对景观的干扰所多付出的费用却很难计量。

另外，必要时在实现规划所需费用中还加上养护方面的费用。如果采用将养护费用折算到各年度金额的方式，则可将未来的养护费用列入当年的年度开支；若需要的是一个笼统的经济估价，则对所有的养护费用给出一个固定的年度开支即可。

2. 效益

需要强调的是，效益应着眼于整体、长远和公众的社会效益。因此，效益完整的提法应是“社会-经济效益”。

一个方案能够在改善居民环境、发展公用事业、节约外汇、降低物价、增加外汇储备以及地方材料的利用等方面作出贡献，这就是社会效益。

在谈论效益问题时，必须同维持现状、什么也不干作比较。有这样两种可能：一种是，维持现状可能比投资修建一条新道路或改建道路网系统对环境的损害更大；另一种是，改变现状能促进发展，但如果环境被严重污染，景观也被破坏殆尽，公众就会认为“也许还是老样子好些”。

新系统的实施带来旅程的缩短、时间的节约、油耗的减少、舒适度的提高、运营利润的上升等等，这些是人们熟知的社会-经济效益。

交通事故费用的节省，在评价效益中占有明显的地位。尤其是在改善或新建道路方案中，这一点更为重要。节省的人身伤亡事故费用，可用道路改善前和改善后人身伤亡事故的减少来计算。对于未致伤亡的事故以及因事故所受的精神损失，要作出较为确切的得失比较就困难得多了。

前已提及，一个新的城市交通系统，常常因为拓宽车行道而增加了道路的面积，以致增加了养护费用。但另一方面，由于在城市交通系统中，设施费用在投资总额中占有很大的比重，所以更新设施有可能带来降低养护总费用的好处。

3. 评价

要对一个城市交通规划方案进行全面而系统的定性定量分析，判断已确定的规划方案是否与社会经济发展的要求相适应，其必要条件是，社会和经济都能得到"正"的效益，即效益/费用>1.0。

衡量一个城市交通规划方案的优劣不能仅考虑经济指标，还应考虑政治因素、历史因素、技术因素等。应该指出的是，至今尚未有一套足以使上述全部因素都能定量化的指标。因此，确定规划方案时，应根据综合评价结果，选择一个最佳方案或几个较佳方案供决策者作为决策的依据。

3.4.7 实施保证与动态调整

城市交通规划的实施需要从政策、资金等各方面给予保证。将不同的规划方案输入计算机，把规划年的交通量分配到这些道路网上。

城市交通规划是一项十分严肃的工作，必须遵循相应的原则，按照相关的政策、规定和标准、规范进行。请有关部门、专家进行充分论证，集思广益，避免交通管理政策、措施出台的盲目性、随意性，必要时还应该采取试行的办法，在一定时间范围内经反馈、补充、修改、调整后出台城市交通规划。制定城市交通规划应该是一个动态过程，这意味着当前对未来所作的任何一个方案都不是十全十美、完全有效的。因此，在规划方案实施以后，必须对交通系统进行持续的监督检验，不断更新现有的数据文件，修改规划方案。因此，真正的城市交通规划必定是个协调的、综合的、连续的过程。

3.5 城市交通规划的阶段划分

城市交通规划程序贯穿于城市交通规划的整个过程，一般可分为五个阶段(图3-2)。

第一阶段为交通调查阶段，完成交通现状调查、基础资料收集、现有规划资料收集以及国内外城市交通资料收集等工作。

第二阶段为问题诊断阶段，完成对综合交通系统现状的质量评价和问题诊断，以及对现有道路、交通等规划方案的评价。

第三阶段为远景战略与远期规划阶段，制定城市综合交通发展战略，并以战略为基础制定城市综合交通规划网络，完成交通预期测试与方案评价。

第四阶段为近期规划阶段，依据交通发展战略和远期规划方案，针对交通现状问题，制订近期交通综合治理方案。

第五阶段为方案完善阶段，汇报、修改、完善方案，展现规划成果。

城市交通规划工作一般由五部分组成，其中包括：城市交通调查；现状分析与问题诊断；交通发展战略规划；远期交通发展规划；近期交通综合治理规划。

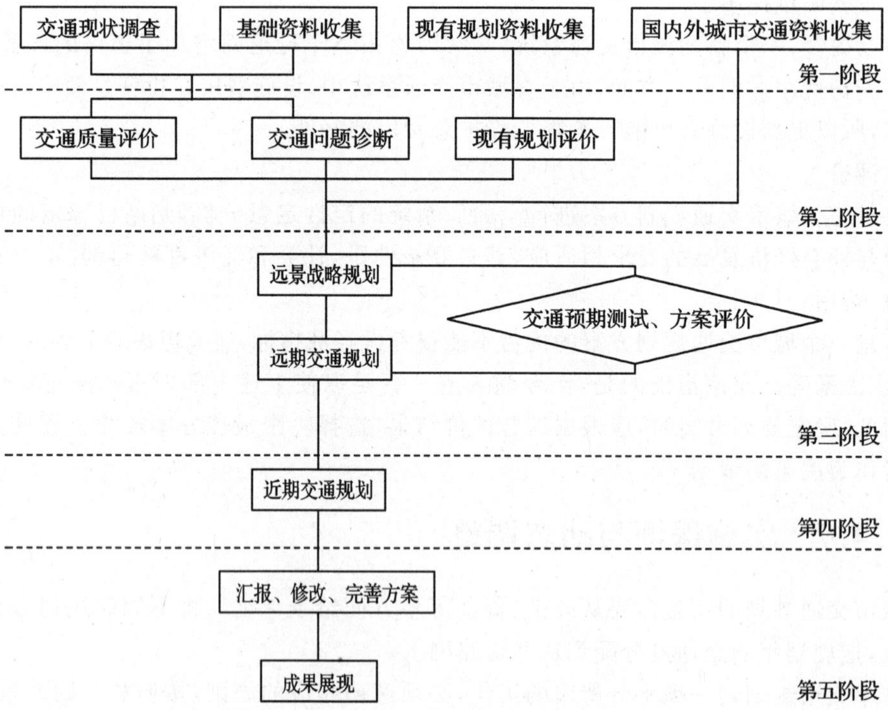

图 3-2 城市交通规划的阶段

3.6 城市交通规划的调查工作

土地利用、社会经济和起讫点是交通运输系统分析中的三要素。对交通规划而言，三者的现状和预测资料缺一不可，但从某种意义上说，土地利用更是交通规划的基础。

3.6.1 土地利用调查

土地利用现状的调查资料包括地区功能(居民区、工业区、商业区等)、建筑物类型(住宅、工厂、学校、公园、商店等)和一系列的定量指标，如人口数、职工数、家庭收入、机动车拥有量、交通分区的面积等。

土地利用和社会经济与起讫点之间有着密切的关系，所以在土地利用调查中，除了掌握其本身的情况以外，还要注意掌握有关的动态信息，具体指土地利用功能与运输网的协调及矛盾；交通发生与吸引中心的分布，以及交通分区的划分对交通的影响，即可达性、交通发生和吸引、交通分布等。

可达性，一是指交通对象到达目的地的方便程度，它能反映土地利用的布局使相互间的联系是否便利；二是指土地利用与运输网的相互影响程度，它是反映和衡量土地利用和交通系统的性能指标。

交通发生和吸引是指在单位时间内某地产生的交通量。它反映了在指定的时间段内(通常为日或小时)，某地发生、吸引的交通量，是土地利用类型、规模、强度的函数。

交通分布是指区域与区域之间的交通量，是土地利用规模以及区间距离的函数。

土地利用调查的规模依交通规划的等级和范围而定。

3.6.2 社会经济调查

社会经济调查是根据交通规划的需要，对所研究区域内的社会经济状况作全面的了解，收集各方面的基础资料。按其性质可分为综合社会经济调查和对特定道路或大型构造物的个别社会经济调查。

综合社会经济调查是对某一区域内主要客货运形成点的直接、详细的调查，以取得交通规划所需的基础资料。个别社会经济调查是对拟新建或改建的某一交通路线（航线、铁路或公路）或大型构造物的社会经济调查，其目的在于确定客货运量的大小，决定交通路线的方向、技术等级和标准，明确施工程序以及论证投资效果等。这里我们主要讨论综合社会经济调查，个别社会经济调查也可参照此进行。

综合社会经济调查的内容主要包括：

(1)行政区划、分区规划、隶属关系、管辖范围、影响区域等；

(2)人口（总数、分布、构成、增长等）；

(3)土地利用（土地特征、建筑物构成、开发程度、客货运发生量等）；

(4)国民经济发展水平（国民收入、工农业总产值、生产和基建投资等）；

(5)产业情况（产业结构、布局、资源、运量等）；

(6)客货运量（运输量、运输周转量、各种运输方式所占的比重等）；

(7)资金来源（国家投资、银行贷款、社会集资等）；

(8)社会价值（时间价值、劳动力价值等）。

综合社会经济调查通常分为三个阶段：准备阶段、调查阶段、整理汇总阶段。

(1)准备阶段

收集汇总调查区域内各种已有的社会经济统计资料，拟定调查提纲、表格，制订工作计划。

(2)调查阶段

按工作计划和调查提纲进行实地采访调查并将数据资料登记到表格上。

(3)整理汇总阶段

将调查得到的数据资料进行归类整理，推算规划年限所需的各种数据，如人口数、国民经济发展水平、客货运量、交通设施和交通工具的需求量等。

3.6.3 起讫点调查

起讫点调查，又称 OD(Origin Destination)调查，是对某一出行起点或讫点交通单元（行人、车辆、货物）的流量流向及其路线的调查。

对出行起讫点的调查，能够为道路交通规划提供基础数据，在交通规划中占有极为重要的地位。

1. 基本概念

(1)相关出行概念

①出行：汽车、行人或货物从出发地向目的地的移动，分别称为车辆出行、居民出行，简称出行。

②出行端点：出行端点是出行的出发地点和目的地点的总称。出行端点可分为起点和讫点，或分为发生和吸引，二者意义不同。起讫点以出行的方向来定义，起点即出行出发点，讫点即出行到达点；发生和吸引以出行端点的土地利用来定义，出行的两个端点中有一端是住宅区，则住宅区这端为出行发生，另一端则为出行吸引。若出行的两个端点均为非住宅区，则出行起点为发生，讫点为吸引。

每次出行必有而且仅有两个出行端点，出行端点的总数为出行次数的两倍。一个交通小区的出行次数通常指小区的出行总数。

③境内出行（境内交通）：境内出行指起讫点均在调查区域内的出行。

④过境出行（过境交通）：过境出行指起讫点均在调查区域外的出行。

⑤境间出行：境间出行指起讫点中只有一个端点在调查区域内的出行。

⑥区内出行：区内出行指起讫点均在同一小区内的出行。

⑦区间出行：区间出行指起讫点分别位于不同小区的出行。

⑧小区形心：小区形心是小区内所有出行端点的集中点，它是该小区交通流的中心点，但不是该小区的几何中心点。

（2）相关线概念

①期望线（愿望线）：期望线是小区形心间的连接线，反映人们期望的区间距离最短的路线，它与实际出行路线无关。

②主流倾向线（综合期望线）：主流倾向线由若干条流向相近的期望线合并汇总而成，目的是简化期望线图，突出交通流的主要流向。

③调查境界线：调查境界线是位于调查区域外围的一条假想线，要求该线包围全部调查区域，并使其穿过的道路条数尽量少，有时还分设内、外两条调查境界线，内境界线一般包围城市的中心商业区。

④分隔核查线：分隔核查线是为校核起讫点调查结果的精确度，在调查区域内天然或人工设定的调查线。该线穿过调查区，将调查区分为几个部分，在穿过该线的所有道路断面上进行交通流量观测，将通过该线的实测交通流量同起讫点调查中所得的交通流量进行比较。

（3）OD 调查表

OD 调查表是进行起讫点调查的重要工具，虽然该方法设计思路较简单，但通过该调查表可获得交通单元（行人、车辆、货物）的流量流向及其路线分析所必需的基本数据。

2. 调查的内容

起讫点调查就是调查客、货交通流的生成，即出行的发生、吸引及出行方式和出行分布。

（1）客流起讫点调查：出行目的、居民出行方式、出行时间、出行距离、出行的起讫点。

（2）货流起讫点调查：货源点与吸引点的分布，货物的分类、数量、比重及货运方式的分配，车辆使用情况等。

3. 起讫点调查的步骤

起讫点调查的步骤可以概括为划分交通小区—抽样—制表—培训—宣传—实际调查几个环节。即首先根据所要研究的交通规划问题的范围，划分不同的交通小区；运用统计学中的抽样调查方法，对调查的总体（如被调查的各类交通单元的总体、被调查的交通小区中不同区域的总体、被调查的不同时间段的总体等）进行抽样，选取样本；绘制起讫点调查表；对调查人员进行关于起讫点调查基本方法的培训；通过多种方式宣传起讫点调查的意义与基本内容；进行实际调查，填写起讫点调查表。

4. 起讫点调查结果的整理和分析

（1）OD 调查表

车流、人流、货流的出行可分为区内流动、区间流动和通过小区的过境流动三类。

由调查得出的流量（或运量）、流向、经过路线以及起点和讫点要用图表形式明确表达出来，从中可以掌握区域内与区域间的交通情况。

从表 3-1、3-2 中可以看出，在 OD 矩形调查表中，起讫点流量的数字是分开表示的，而在 OD 三角形调查表中，起讫点流量的数字是合在一起表示的，要在 OD 三角形调查表中得到大概的单向流量，数值应除以 2。两种 OD 调查表的对角线上的数值均表示区域内的出行情况。

（2）期望线图

由于区域之间常有几条路线是相通的，因而通过 OD 调查表很难准确掌握各区域之间的交通流量。按照人们总是愿意选择最短和最畅通路线的特点，在城市地图上或城市规划图上用宽度与交通流量成一定比例的粗直线，将各区域的形心连接起来，即按 OD 调查表所求得的数值绘成期望线图。

表 3-1　　OD 矩形调查表

D（讫点） / O（起点）	1	2	3	…	n	$\sum_{j=1}^{n} f_{ij}$
1	f_{11}	f_{12}	f_{13}	…	f_{1n}	O_1
2	f_{21}	f_{22}	f_{23}	…	f_{2n}	O_2
3	f_{31}	f_{32}	f_{33}	…	f_{3n}	O_3
…	…	…	…	…	…	…
m	f_{m1}	f_{m2}	f_{m3}	…	f_{mn}	O_m
$\sum_{i=1}^{m} f_{ij}$	D_1	D_2	D_3	…	D_n	

注：①f_{ij} 为区域 i 到 j 的交通流量；O_j（$j=1,2,\cdots,n$）为区域 i 的交通流出量；D_i（$i=1,2,\cdots,m$）为区域 j 的交通流入量。

②此表为 OD 矩形调查表的粗略表达形式。

表 3-2　　OD 三角形调查表

D（讫点）/O（终点） / O（起点）/D（终点）	1	2	3	…	n
1	f_{11}				
2	f_{21}	f_{22}			
3	f_{31}	f_{32}	f_{33}		
…	…	…	…	…	
m	f_{m1}	f_{m2}	f_{m3}	…	f_{mn}

(3)交通发生统计图

在地图上将区域内总的起点和讫点的出行量,绘成柱状或扇形统计图,它可以清楚地表示区域内交通的发生量和吸引量。

(4)交通流量等值线图

将期望线图上小区形心之间的直线改绘成与道路走向相同的折线,折线的粗细表示汇集于该路段上的交通流量大小,即交通流量等值线图,它可将出行量更清楚地表示出来。

(5)出行特征资料

影响起讫点出行量的因素有很多,如出行距离、出行时段、出行方式等,在客流中还与年龄、性别有关。根据调查资料,可以整理出多种不同因素与起讫点出行量两两相关的分布曲线,其中起讫点出行量可用频率表示,也可用实际数字表示。

复习思考题

1. 如何理解城市交通规划的目的与意义?
2. 城市交通规划的分类包括哪些?
3. 如何理解城市交通规划的基本原则与出发点?
4. 城市道路交通规划的内容包括哪些?
5. 城市公路网规划的基本内容包括哪些?

第4章 城市道路交通与组织

4.1 基础设施对城市道路交通与组织的影响

城市道路是城市交通的直接载体，为城市交通需求提供必需的通行能力，是城市功能赖以发挥不可或缺的载体，也是城市的骨架、建筑物的依托。城市道路还往往是城市发展的轴线。在以水运为主体交通方式的时代，城市用地往往沿江河发展，继而沿铁路车站向外发展。如今，汽车成为城市交通方式的主体，城市用地进一步沿道路、公路发展。城市道路的规划和建设情况，影响到城市总体布局的演变。此外，城市机动化的发展，特别是小汽车出行量的增加，使停车成为城市交通基础设施需要满足的另一项重要需求。停车设施不完善，会干扰动态交通，造成不必要的延误，降低可达性，影响城市总体发展。

因而，建设层次序列清晰、连通关系合理、功能结构恰当、各种交通设施完备的城市交通基础设施，不仅为城市交通提供良好的硬件设施，提高交通可达性和道路交通容量，也为城市的整体发展提供良好的基础。

城市交通基础设施包括城市道路网、停车设施和交通枢纽。城市交通基础设施构成了城市交通系统的运载子系统。城市交通基础设施的规划、建设和维护状况对城市的可持续发展具有深远影响。

1. 城市道路网对城市交通可持续性的影响

道路网规模是城市道路网的重要特性，常用指标有道路网密度、人均道路面积等。在正常状况下，道路越密集，交通供给越充足，步行距离和绕行距离越短，可达性越强，越有利于交通的疏散。但当道路网密度大到一定程度时，频繁出现的交叉口会使交通运行速度降低，并使交通冲突点增多。因而，交通可持续性要求将道路网规模维持在一个合理的范围内。

城市道路网的结构特征对城市交通可持续性的影响是不可忽视的。一个与城市的规模、地理特征和产业布局相适应的道路网结构，将在经济发展、社会稳定和环境保护等方面发挥广泛的作用。

道路等级结构同样对城市交通可持续性具有重要影响。为了使所有出行者都能在最短的时间内到达目的地，道路需要既“通”又“达”，“通”指车辆等在道路上能以较快的速度行驶，干扰小，延误时间短；“达”指从出行起讫点到道路网的距离短，实现“门到门”交通。但对某一条具体路段而言，“通”和“达”是相互矛盾的，“达”意味着频繁发生停车、上下乘客、装卸货物和行人穿行，这必然会干扰交通使之难以畅通。为了兼顾交通的畅通性和可达性，应采用道路分等级的方法，将城市道路分为快速路、主干路、次干路和支路四级，车速按道路等级依次降低，这样不但可使出行效率得到较大的提高，而且也可以将对市区居住环境的污染尽可能减小。

2. 城市停车设施对城市交通可持续性的影响

停车是私人交通出行的必然需求。停车属于静态需求，但“静”的解决程度往往影响到“动”的发展。在目的地找不到停车泊位的车辆有两种选择：一种是绕行较长的距离停车，不但损失个人的时间，还造成不必要的路面交通量；另一种是路面停车，不但极大地干扰路面交通，还容易导致交通事故的发生。因而，停车泊位的总体规模、空间分布和利用效率，会引起动态交通的连锁反应，影响城市交通的可持续性。此外，停车泊位利用不当也是对城市空间的一种浪费。

3. 城市交通枢纽对城市交通可持续性的影响

在一次交通出行的行程时间中，既包括行驶过程中消耗的时间，又包括交通工具之间的换乘时间。换乘时间占整个行程时间的比例是相当大的。苏联的有关研究资料表明：在地铁换乘站每缩短 10 米的步行距离，可节省 1 分钟的出行时间，而用此时间乘地铁，则能行驶 1 千米的路程。因此，合理规划和布置各种交通方式之间的连接点，建设疏散能力强大的交通枢纽，保证各种交通方式的密切配合和相互协调，对于改善城市交通状况、提高城市交通的可持续性具有重要意义。

4.2 城市道路网布局

由于城市道路既是城市交通的直接载体，又是城市发展的轴线，道路网一旦形成，将随着历史的发展一直延续下去，即使遇到灾害或战争的破坏，在恢复和重建城市时，也不会有很大的变化。因此，规划和建设一个合理的城市道路网，对城市交通系统质量和城市用地布局质量具有极其重要的意义。

城市道路网布局可分为四个方面：道路网规模、道路网结构、道路等级结构、道路及交叉口设计。

4.2.1 城市道路网规模

城市人口密度的提高和私家车出行比重的上升，给城市道路交通提出了日益增长的需求。但是，城市的土地面积是有限的，城市道路在城市土地中所占的比例不可能无条件增加，这就提出了城市道路网规模的问题。与城市道路网规模相关的主要指标包括道路面积率、人均道路面积、道路网密度等。

1. 道路面积率

道路面积占城市用地面积的比率称为道路面积率，它是反映道路间距和道路宽度的综合指标。这里指的道路面积包括道路、广场和公共停车场的面积，不包括居住用地中的道路面积。根据对世界各大城市道路面积率资料的分析，为了满足城市的交通需求，城市的道路面积率为 20%左右较合适。例如，华盛顿和纽约曼哈顿的道路面积率分别为 43%和 35%；又如，东京和上海浦西旧区的道路面积率分别为 13%和 12%，这说明道路很不够用，只有通过修建高架桥来增加道路面积率；再如，伦敦、巴黎、柏林、北京的道路面积率分别为23%、25%、26%和25%，上海浦东规划道路面积率为20%，这些都是比较适宜的。

2. 人均道路面积

城市人口所占的人均道路面积宜为7～15m²，其中道路用地面积宜为6～13.5m²/人，广场面积宜为0.2～0.5m²/人，公共停车场面积宜为0.8～1.0m²/人。

3. 道路网密度

道路网密度是指单位城市用地面积内平均所具有的道路长度。道路网密度太小，交通可达性差；道路网密度过大则浪费建设投资，也影响道路的通行能力。同时，道路网密度还要兼顾生产、生活等各方面的要求。从公共交通客运网的规划要求及考虑街坊规划的经济性等着眼，一般认为干路的适当距离为700～1 100m，干路道路网密度为1.8～2.8km/km²。但实际上，道路的分布要受地形、桥梁位置和建筑布局等条件的限制，因此各城市的道路网密度差异很大。同一城市不同地区的道路网密度也不相同。另外，为了利于行人行走及车辆行驶，道路间距以300～800m为宜。一般情况下，城市中心区交通量最大，市区中部次之，边缘地区交通量较少。因此，中心区道路网密度应当最大，市区中部次之，边缘地区最小，即中心区道路间距为300～400m，道路网密度为5～6km/km²；市区中部道路间距为500m左右，道路网密度为4km/km²左右；边缘地区道路间距为600～800m，道路网密度为3km/km²左右。根据城市建设的经验，特大城市的道路网密度以4～6km/km²为宜，如北京中心区规划道路网密度为4km/km²，上海浦东新区道路网密度为6km/km²。

4.2.2 城市道路网结构

城市道路网有以下几种基本结构：放射式、放射-环式、棋盘式、棋盘-对角线式、三角式、六角形式、自由式、综合式。

从交通可达性的角度出发，上述道路网结构有以下特点：

(1)放射式道路网能保证城市边缘地区与市中心联系的方便，但是靠近城市边缘的各地区之间交通联系困难，不可避免地造成市中心交通枢纽的超载，因而这种道路网结构适合于交通量不大的小城市。

(2)放射-环式道路网通常适于大城市使用，在城市发展的历史过程中，由汇集到市中心交通枢纽的城外道路组成放射干路，城市边缘地区之间的交通量则部分地分流到环形道路上。但由于放射干路承担的交通量通常比环形道路大很多，因此市中心交通枢纽的交通量通常仍然过多。莫斯科市的道路网是典型的放射-环式道路网结构。

(3)棋盘式道路网没有明显的市中心交通枢纽，在横纵两个方向均有多条平行道路，大多数交通出行者有较多的可选路径，这有助于交通量均匀分布到各条道路上，整个系统的通行能力大。但缺点是沿对角线方向没有便捷的交通联系。纽约中心区道路网是典型的棋盘式道路网结构。

(4)棋盘-对角线式道路网保留了棋盘式道路网的所有优点，同时克服了它的缺点。底特律市道路网采用了棋盘-对角线式道路网结构。

(5)三角式道路网的应用最广泛，由于在道路交叉点形成锐角，对布置建筑和组织交通都比较方便。在伦敦、巴黎和其他一些城市的旧城区会遇到这种结构。

(6)六角形式道路网旨在避免复杂的交通枢纽和高速路的长直路段,适合居住区、疗养区等地方的街道使用。

(7)采用自由式道路网的街道通常狭窄而弯曲,有很多交叉点,不能满足现代交通的要求,但是由于修筑方便,适合小城镇和疗养城市的需要。

(8)综合式道路网是在大城市中最常见到的一种道路网结构,北京、上海、合肥等城市的干路道路网均属于这种结构。这种结构如果规划合理,既可表现出前述几种结构的优势,又能避免它们的缺点,被公认为是一种比较合理的结构。

一般来说,如果非直线系数小于1.15,属于优良的结构;1.15～1.25的为中等;大于1.25的则属不佳。目前大多数国家的多数大城市和部分中等城市都乐于采用此种结构的道路网。

4.2.3 城市道路等级结构

1. 城市道路的类别

城市道路有多种类别,在为生产、生活服务方面所起的作用各有特点,因此,一般应根据道路在城市中的地位、功能及其交通特征进行分类。确定道路类别的基本因素是交通性质、交通量和行车速度。对于公路来说,由于交通性质、交通工具比较单一,多以公路在国民经济中的重要性、交通量和行车速度来进行分类;而城市道路由于城市结构组成与交通运输方式的错综复杂,难以用单一的指标进行分类。因此,城市道路的分类不仅要综合考虑各基本因素,还应结合城市性质、规模及现状来合理划分。

在我国《城市道路设计规范》(CJJ37－90)中,以道路在城市道路网中的地位和交通功能为基础,同时也考虑对沿线建筑物的服务功能,将城市道路分为四类:快速路、主干路、次干路及支路。中等城市可只采用其中的三类,即主干路、次干路和支路;小城市中由于人们的出行方式主要是步行和骑自行车,对道路交通和道路网的要求不同于大城市,因此只将道路分为干路、支路两类。在各类道路中,快速路和主干路构成城市道路网的骨架,是客货运汽车的重要交通走廊。

(1)快速路

快速路是为城市中大量、长距离、快速交通服务的。快速路在对向车行道之间应设中间分隔带,其进出口应采用全部控制或部分控制。

快速路两侧不应设置吸引车流、人流的公共建筑物的进出口,对一般建筑物的进出口也应加以控制。

快速路是为车速快、行程长的汽车交通连续通行而设置的重要交通干路,一般在大城市、带形城市或组团式城市中设置,它应与城市出入口道路和市际高速公路有便捷的联系。人口在200万以上的特大城市,或长度超过30km的带形城市,需要设置快速路;在大城市外围的卫星城镇与市中心区或远距离的卫星城镇之间宜设置快速路;当25万～30万人口的居住区间距大于10km时,也可设置快速路。

快速路主要为城市远距离交通服务,具有较高的车速和较大的通行能力。

快速路的主要技术要求为:

①只准汽车行驶,禁止行人和非机动车进入;

②每个行车方向至少有两条机动车道，中间设置宽度不小于 1m 的中央分隔带；

③大部分交叉口采用立体交叉(人行横道亦应设立体交叉)；

④控制快速路的出入口，车辆只能在指定地点进出；

⑤计算行车速度为 80km/h 或 60km/h。

不具备上述要求的道路为常规道路。由于我国许多特大城市的快速路多沿原有道路选线，两侧有成片建筑，所以仍要在快速路的两侧设地方性车道(供进出车辆单向行驶，又称辅助道路、服务性道路)和设有分隔带的非机动车道及人行道，但只能右转出入，在指定的路口才允许左转。

(2)主干路

主干路是连接城市各主要分区的干线道路，以交通功能为主。由快速路和主干路组成的道路网骨架，应便捷地联系城市各主要功能区、交通源和集散点，其布局应与主要交通流的流量流向一致。自行车交通量大时，宜采用机动车与非机动车分隔形式，如三幅路或四幅路。

主干路两侧不应设置吸引大量车流、人流的公共建筑物的进出口。

主干路联系城市的主要工业区、居住区、港口、车站等客货运中心，承担城市的主要客货运交通，是城市内部的交通大动脉。主干路一般设 6 条车道，或设 4 条机动车道加 2 条非机动车道，机动车道与非机动车道之间有隔离带。主干路一般不设立体交叉，而是采用扩宽交叉口引道的办法来提高通行能力。个别交通量特别大的主干路交叉口，也可设置立体交叉。主干路沿线不宜设置吸引大量人流的公共建筑(特别是在交叉口附近)，必须设置时，建筑物应后退，让出停车和人流疏散场地；不宜形成商业街，街坊出入口应尽量设在侧面支路上。

(3)次干路

次干路是城市中数量较多的一般交通性道路，是城市主干路与支路间车流、人流的主要集散道路，兼有服务功能。

次干路与主干路组成城市干路网，起联系各部分和集散交通的作用。次干路一般不设立体交叉，部分交叉口可以扩大，并加以渠化，一般可设 4 条车道，也可不设单独的非机动车道。次干路兼有服务功能，允许两侧布置吸引人流的公共建筑，但应设停车场。

(4)支路

支路是连接次干路与街坊路的道路，用来解决局部地区交通，以服务功能为主。支路是次干路与居住区、工业区、市中心、商业区、市政公用设施用地和交通设施用地内部道路的连接道路。次干路和支路的布置，应有效地起到集散和连接的作用，它们是对交通走廊的补充，以通行公共汽车交通、自行车交通、城市分区内部交通为主。

支路是一个地区内(如居住区内)的道路，是地区道路通向干路的道路。部分支路用于补充干路网的不足，可以设置公共交通路线，也可以作为自行车专用道使用。支路上不宜通行过境交通，只允许通行为本地区服务的交通。

此外，根据城市的不同情况，还可规划自行车专用道、有轨电车专用道、商业步行街、货运道路等专用道路。商业步行街的两侧有大量的文化商业设施，其道路仅为公共交通和行人服务，一般不负担过境交通。这类道路仅为沿街单位运输服务，白天禁止货运，个别路段在有地铁或就近有足够的平行公共交通路线时，可辟成步行街。这些专用道路属于次干路或支路。

2. 城市道路的等级

我国幅员辽阔，人口众多，城市星罗棋布。各个城市在人口数量、地理位置、政治经济发展、人口密度、土地开发利用、历史演变、交通状况等方面各具特点，对城市道路交通的要求也就有所不同。

城市规模的大小是按城市人口规模来划分的。我国按市区人口和近郊区（不包括所属县）的非农业人口总数，把城市划分为四类：特大城市，人口为100万以上；大城市，人口为50万～100万；中等城市，人口为20万～50万；小城市，人口为20万以下。

除快速路外，每类道路按照所在城市的规模、设计交通量、地形等分为Ⅰ、Ⅱ、Ⅲ级。特大城市及大城市应采用各类道路中的Ⅰ级标准；中等城市应采用Ⅱ级标准；小城市应采用Ⅲ级标准。各类各级城市道路的主要技术指标见表4-1。

表4-1　各类各级城市道路的主要技术指标

项目 类别	级别	计算行车速度（km/h）	双向机动车道数（条）	机场车道宽度（m）	分隔带设置	横断面采用形式
快速路		60～80	≥4	3.75～4	必须设	双、四幅路
主干路	Ⅰ	50～60	≥4	3.75	应设	单、双、三、四幅路
	Ⅱ	40～50	3～4	3.5～3.75	应设	单、双、三幅路
	Ⅲ	30～40	2～4	3.5～3.75	可设	单、双、三幅路
次干路	Ⅰ	40～50	2～4	3.5～3.75	可设	单、双、三幅路
	Ⅱ	30～40	2～4	3.5～3.75	不设	单幅路
	Ⅲ	20～30	2	3.5	不设	单幅路
支路	Ⅰ	30～40	2	3.5	不设	单幅路
	Ⅱ	20～30	2	3.25～3.5	不设	单幅路
	Ⅲ	20	2	3.0～3.5	不设	单幅路

4.2.4　城市道路及交叉口设计

1. 城市道路及交叉口设计考虑的因素

（1）对具体道路的设计

对具体道路的设计应从以下方面考虑：

①横断面设置

按照车行道上分隔带的设置情况，可以把城市道路分为双幅路、三幅路、四幅路和单幅路。四幅路是一种适合我国城市交通现状的横断面形式，但建设投资高，对于道路宽度要求高。四幅路在交通安全、行车速度、绿化遮阴、减少噪声和照明等方面强于单幅路和双幅路，适用于快速路与近郊区的过境道路。

建设投资上，在相同的通行能力下，单幅路占用土地最少，投资也最少。一般来说，多幅路适用于路幅宽度较宽、非机动车多、交通量大的道路；单幅路适用于路幅宽度较窄、交通量不大、汇合行驶四车道已能满足、非机动车不多的情况，主要适用于次干路和支路。

机动车道和非机动车道的宽度需要根据交通量的估算情况确定。

②平面线形和纵断面线形

道路平面线形的设计，影响到机动车道路行驶的稳定性、乘客舒适程度、车辆燃料消耗和轮胎磨损情况、行车视距等。设计内容包括：选定合适的圆曲线半径，计算缓和曲线形状，解决曲线与曲线以及曲线与直线之间的衔接，设置超高、加宽和缓和路段，计算行车视距并排除可能存在的障碍物。

道路纵断面线形的设计，影响到行车安全、乘客舒适程度、计算行车速度，因此要求设计坡度平缓，坡段较少，起伏不宜频繁，在转坡处以较大半径的竖曲线衔接；为了提高路基稳定性，减小沉降，要力求设计线与地面线相接近；此外，要保证与相交道路、广场、街坊和沿路建筑物的出入口有平顺衔接，保证道路两侧的街坊以及道路上地面水的顺利排泄。

③道路路面

道路路面要满足强度、稳定性、平整度、抗滑性、少尘性和不透水性的要求，为此，需要合理拟定路面结构、设计路面厚度和材料组成。

④排水设施

设置城市道路排水设施的目的是防止道路和相邻街坊积存雨水或地下水，维护沿道路两侧建筑物的基础和地下空间的正常使用，保持车辆和行人的正常通行，改善城市卫生条件，减轻城市道路养护管理工作，保证路基稳定。城市道路排水一般采用管渠形式，排水设计包括结构、雨水口和连接管的布设。

⑤道路公用设施

道路公用设施包括交通管理设施、公共交通停靠站、停车场、加油站、道路照明设施等。

(2)对交叉口的设计

对交叉口的设计应从以下方面考虑：

①选择合适的交叉口形式，避免畸形交叉口。

②确定交叉口各组成部分的几何尺寸，包括交叉口转弯半径道数和宽度。

③为保证行车视距，确定视觉三角形的范围。

④做好竖向设计，妥善布置排水设施。

⑤设置必要的交通设施。

⑥做好交叉口的渠化设计和标志标线设计。

⑦做好交叉口的相位相序设计。

2. 平面交叉口的设计

道路与道路相交的部位称为道路交叉口。根据相交道路的主线标高是否相等，可以把交叉口分为平面交叉口和立体交叉口两大类。

(1)平面交叉口的形式

当相交道路的主线标高相等时，称为平面交叉口。平面交叉口的形式有：

①三路交叉的 T 字形(图 4-1(a))和 Y 字形(图 4-1(b))。

②四路交叉的十字形(图 4-1(c))和 X 字形(图 4-1(d))。

③错位交叉(图 4-1(e))。

④多路交叉(图 4-1(f))。

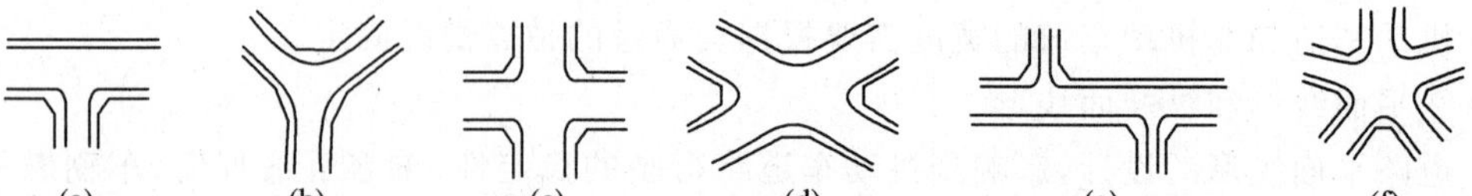

图 4-1 平面交叉口的形式

(2)平面交叉口的交错点及减少冲突点的措施

根据车辆行驶方向的不同,交错点有以下三种:

①分流点:来自同一方向的车辆向不同方向行驶时的分岔点。

②交汇点:来自不同方向的车辆向同一方向行驶时的汇合点。

③冲突点:来自不同方向的车辆向不同方向行驶时的交叉点。

在这三种交错点中,以冲突点最为危险,交汇点其次。冲突点包括直行与直行的冲突点、直行与左转的冲突点以及左转与左转的冲突点。冲突点的数量随着交叉口道路条数的增加而迅速增加。如图 4-2 所示,三叉口只有 3 个冲突点(图 4-2(a)),四叉口有 16 个冲突点(图 4-2(b)),而五叉口则有 50 个冲突点(图 4-2(c))。

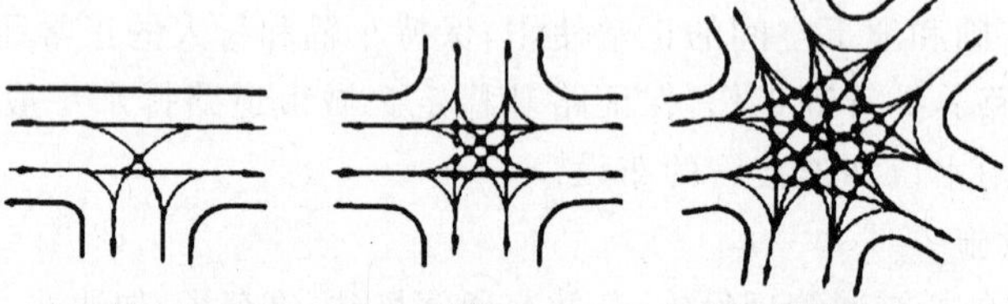

图 4-2 没有交通管制的交叉口的冲突点

为了减少甚至消灭冲突点,可采用以下三种途径:

①在交叉口实行交通管制。即用交通信号灯或由交警手势指挥,控制来自不同方向的左转车和直行车,使它们在时间上错开通行,这样就能大大减少冲突点的个数(表 4-2)。

②对交叉口实行渠化交通。即在交叉口布设交通岛、分隔带或划上分道线,使车辆按规定的车道行驶,尽可能地将冲突点转变为交汇点。

③改用立体交叉口。即将不同方向道路的主线标高错开,一上一下,互不干扰,这可以从根本上消灭冲突点。

表 4-2　　交叉口的交错点

交通点类型	无信号控制			有信号控制		
	相交道路的条数			相交道路的条数		
	3 条	4 条	5 条	3 条	4 条	5 条
△分叉点	3	8	10	2 或 1	4	4
□汇合点	3	8	10	2 或 1	4	6
○左转车流冲突点	3	12	45	1 或 0	2	4
○直行车流冲突点	0	4	5	0 或 0	0	0
交错点总数	9	32	70	5 或 2	10	14

(3)平面交叉口的交通组织方式及调整

①左转车辆的交通组织

平面交叉口左转车辆是产生冲突点及影响直行车通行能力的主要因素，因此合理组织左转车辆的行驶路线是提高平面交叉口通行能力、保证交通安全的关键所在。平面交叉口左转车辆的交通组织有以下几种途径。

a.信号灯(色灯)管制。在设置定周期自动信号灯的交叉口，实行绿灯信号伺机右转。在有条件的地方，应把左转信号灯与直行信号灯分开，以便消灭冲突点。

b.环形交通。在四幅路以上的平面交叉口中央设置交通岛，使进入平面交叉口的车辆不受信号灯控制而一律绕中心岛单向行驶，使所有的冲突点转变为交汇点。

c.变左转为右转。这里可分两种情况：街坊绕行交叉和远引式交叉。

②渠化交通

在道路上划分车道线或用分隔带、交通岛来分隔车道，使不同方向的车辆顺着规定的车道行驶，称为渠化交通。这样做可以达到以下目的：

a.使行人和驾驶员容易辨明相互通行的方向，以利于有秩序地通过。

b.控制车辆的行驶方向，使斜交对冲的车流变为直角或同方向的锐角交织，变冲突点为交汇点。

c.利用交通岛限制车道宽度，控制车速，防止超车，并在其上设置交通标志。同时，交通岛还可用作行人过街时避车用的安全岛。

d.拓宽交叉口。为了提高通行能力，划分左转、直行及右转车道，这往往需要增加交叉口附近的车道数，为此可在交叉口的一定范围内拓宽道路，使每个方向增加1～2个车道。

③调整交通组织

当交通量过大、道路系统改建很困难时，可以采取调整交通路线、控制车辆行驶、组织单向交通等措施。例如，在混合交通量很大的路段，白天禁止兽力车、载货车行驶，甚至可以把局部繁华地段改成步行街。又如，封闭某些小的支路，以减少交叉口的数量，保证干路畅通。

3.立体交叉口的设计

当相交道路的主线标高不相等时，称为立体交叉口。由于立体交叉口在空间上相互错开，交叉口没有冲突点，行车畅通无阻，大大提高了交叉口的通行能力，这就是高速公路沿线全部采用立体交叉口的主要原因。不过立体交叉口与平面交叉口相比，占地面积大，建筑成本高。

(1)立体交叉口的分类

立体交叉口根据有无匝道连接上下道路，可分为分离式立体交叉口和互通式立体交叉口两种。

①分离式立体交叉口

分离式立体交叉口只能供车辆直行，不能在交叉口转弯到另一条道路上去，它既可以用于道路间交叉，也可广泛用于道路与铁路、管线等的交叉。

②互通式立体交叉口

互通式立体交叉口除跨线桥外，还用匝道将上下道路连通，使车辆从一条道路转弯行驶到另一条道路上去。

如图4-3所示，互通式立体交叉口的组成包括跨线桥(上跨或下穿)、右转匝道、左转匝道、定向式穿线匝道、减速车道、加速车道等。

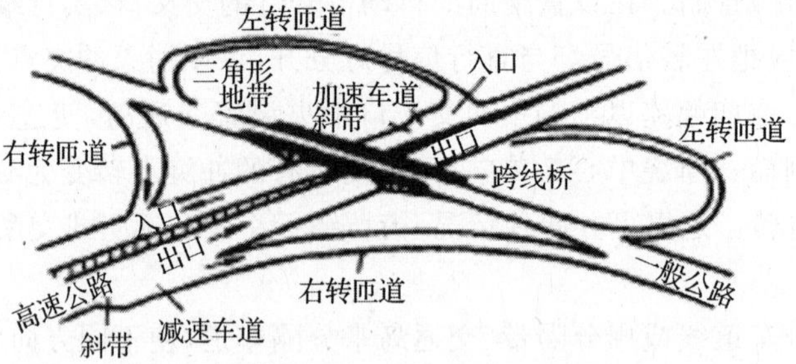

图4-3　互通式立体交叉的组成

其中，定向式穿线匝道又称直接式或左出左进式匝道，左转车辆直接从左侧驶出，左转弯到另一主线行车道的左侧驶入，如图4-4所示。定向式穿线匝道的优点是匝道长度短，可降低营运费用；没有反向迂回绕行，自然顺畅；可适应较高的车速。缺点是跨线构造物较多；正线双向行车之间需有足够间距；存在左出和左进的问题。

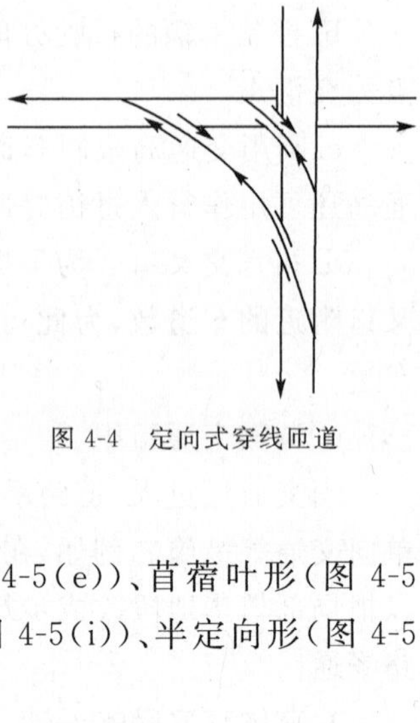
图4-4　定向式穿线匝道

(2)互通式立体交叉的基本形式

互通式立体交叉的三路连接有三种基本形式：喇叭形(图4-5(a)和(b))、半定向形(图4-5(c))、全定向形(图4-5(d))。

互通式立体交叉的四路连接有六种基本形式：菱形(图4-5(e))、苜蓿叶形(图4-5(f))、半苜蓿叶形(图4-5(g))、环形(图4-5(h))、全定向形(图4-5(i))、半定向形(图4-5(j))。

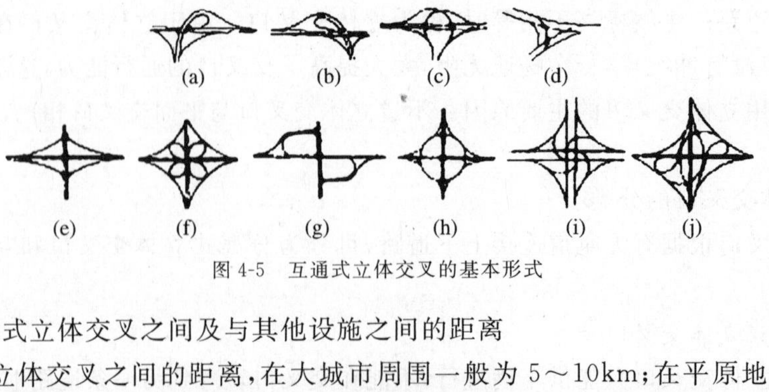

图4-5　互通式立体交叉的基本形式

(3)互通式立体交叉之间及与其他设施之间的距离

互通式立体交叉之间的距离，在大城市周围一般为5～10km；在平原地区的小城市一般为5～25km。为了满足公路维修、救援等需要，即使在人口稀少的山区，互通式立体交叉的最大间距一般也不大于 30km。

由于互通式立体交叉连接的为高速公路或城市的快速路、主干路，行车速度高，因此互通式立体交叉之间的距离不能太小。互通式立体交叉之间的最小距离应能保证前一立体交叉从匝道驶入的交汇点到下一立体交叉驶向匝道的分流点之间交织行驶的需要，以及为向驾驶员及时提供情报而需在到达互通式立体交叉(或其他设施)之前设置一系列前置标志所需的距离，最小间距见表 4-3。

表 4-3　　互通式立体交叉相互间及同其他设施的间距表

<table>
<tr><th rowspan="2">间距类型</th><th colspan="2">最小间距(km)</th><th rowspan="2">间距类型</th><th colspan="2">最小间距(km)</th></tr>
<tr><th>一般值</th><th>低限值</th><th>一般值</th><th>低限值</th></tr>
<tr><td>互通式立体交叉相互之间</td><td rowspan="2">5</td><td rowspan="2">3</td><td>互通式立体交叉与公共汽车停靠站</td><td rowspan="2">4</td><td rowspan="2">1.5</td></tr>
<tr><td>互通式立体交叉与停车场或服务区</td><td>互通式立体交叉与隧道</td></tr>
</table>

4. 提高交叉口通行能力的措施

以减轻、缓解交叉口拥挤为主要目的的交叉口优化，首先要知道该交叉口能够处理多大的交通量，这里将处理交通量的能力称为交通容量。交通容量因道路的幅宽、车道的使用方法、信号控制方法等不同而不同，如果到达交叉口的交通量超过交通容量，则会发生交通拥挤现象。因此，要从各个角度探讨研究在现有条件下增大交通容量的方法。

(1)交叉口的面积在保证需求的条件下要尽量小。

(2)将左、右转交通和直行交通分离。

(3)注意交叉口的几何结构与交通控制方法的匹配。

(4)注意相位数不可增加过多。

(5)进口道的车道数一般应小于或等于出口道的车道数。

(6)因在交叉口进口道有左转交通，因而要尽可能设置左转专用相位和左转专用车道。

(7)信号周期长度不要设计过长。

(8)在设计信号相位方案时，要考虑到确保交通流的连续性，并且使驾驶员容易看懂。

(9)人行横道尽量与车行道成直角设置。

(10)设置与车行道相分离的人行道。

4.2.5　城市道路网的布局模式

典型的城市道路网布局有棋盘形(方格形)、带形、放射形、放射环形等。我国古代城市道路网布局以棋盘形最常见，近现代城市发展了许多其他形式的道路网布局，这些道路网布局的特点和性能见表 4-4。

表 4-4　　典型的城市道路网布局的特点与性能

图　示	特点与性能
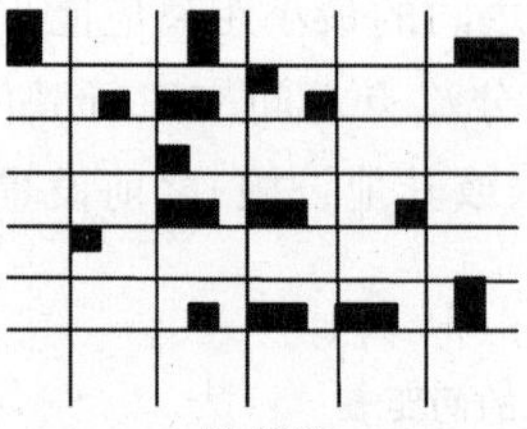 棋盘形	布局严整、简洁，有利于建筑布置，方向性好，道路网上交通分布均匀，交叉口交通组织容易，但非直线性系数大，通达性差，过境交通不易分流，不利于城市进一步扩展。
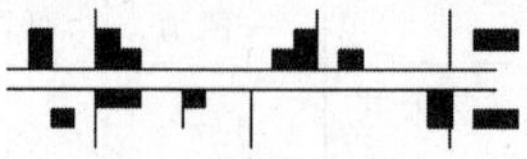 带形	建筑物沿交通轴线两侧铺开，公共交通布置在干路范围内，横向(或纵向)靠步行或非机动车联系，有利于公共交通布线和组织，但容易造成纵向(或横向)主干路交通压力过大，不易形成市中心。
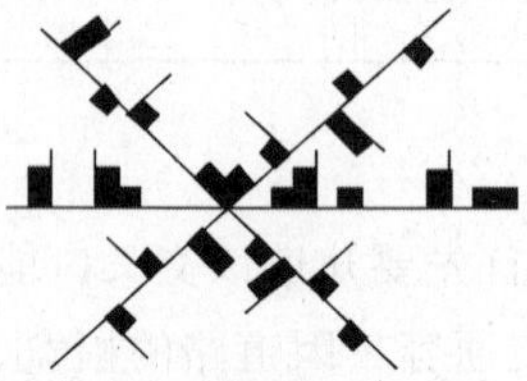 放射形	交通干线以市中心为星形向外辐射，城市沿对外交通干线两侧发展，具有带形布局的优点，同时缩短了边缘区到中心区的距离。缺点是中心区交通压力过大，边缘区相互交通联系不便，过境交通无法分流。
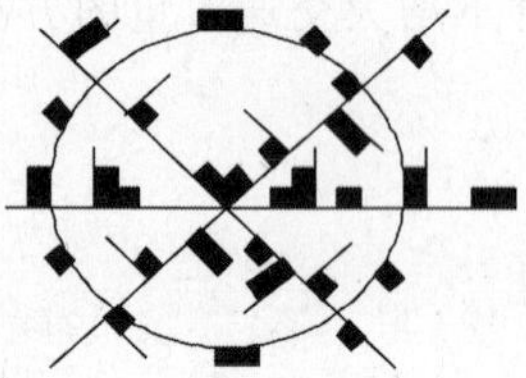 放射环形	这种布局具有通达性好、非直线性系数小、有利于城市扩展和过境交通分流等优点，一般适用于大城市，但不宜将过多的放射线引向市中心，造成市中心交通过分集中，交通压力大且对布置建筑物不利。

4.3　城市公路网布局

公路的规划、设计不能仅仅局限于一个点、一条线，而应从整个公路网系统着眼。公路网布局的合理与否对整个运输系统效率的高低有很大影响，良好的公路网布局可以大大提高运输系统的效率，增加公路网的可达性，节约投资，节省运输时间和运输费用，取得良好的经济效益、社会效益与环境效益。

对于不同的区域、不同的城市，公路网布局模式是不同的，要根据所在区域的自然、社会、经济等情况来确定恰当的公路网布局模式。

4.3.1　公路网的布局模式

典型的公路网布局模式有放射形、三角形、并列形、树杈形等。这些布局的特点与性能见表 4-5。

表 4-5　典型的公路网布局的特点与性能

图式	特点与性能
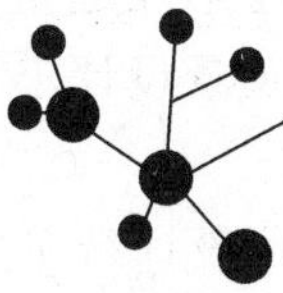 放射形	放射形公路网一般用于中心城市与外围郊区、周围城镇间的交通联系，对于发挥大城市的经济、政治、科技、文化中心作用，促进中心城市政治、经济、科技、文化对周围地区的辐射和影响有重要作用。
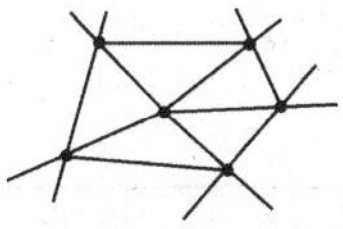 三角形	三角形公路网一般用于相当重要的城市间的直达交通联系。这种布局模式通达性好，运输效率高，但建设量大。
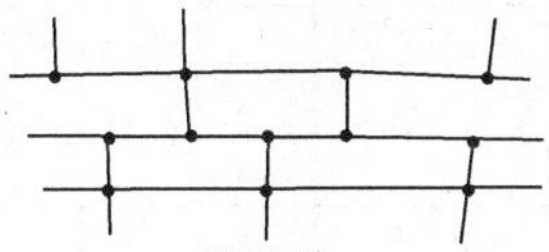 并列形	平行的几条干路分别联系着一系列城镇，而处于两条线上的城镇之间缺少便捷的交通联系，是一种不完善的公路网布局模式。
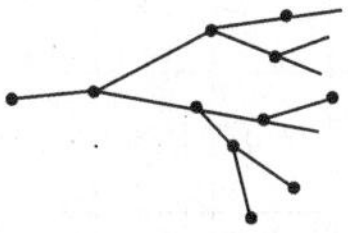 树杈形	树杈形公路网一般是公路网中的最后一级，是从干线公路上分出来的支线公路，将乡镇、自然村寨与市、县政府连接起来。

4.3.2　公路的类别与等级

在公路网中，由于每条公路在国民经济中的作用不同，自然条件的复杂程度不同，车辆种类和速度以及运量不同，其技术完善程度和管理方法也就不同。从规划、设计和管理的要求出发，需要对公路网中的公路进行分类与分级。

1. 公路的技术等级

在交通部《公路工程技术标准》(JTJ001－97)中，把公路按其交通量、任务及性质分为高速公路、一级公路、二级公路、三级公路、四级公路五个等级，在各等级中又根据地形规定了不同的计算行车速度及其相应的工程技术标准。

高速公路为专供汽车分向、分车道行驶并全部控制出入的干线公路，一般分为四车道、六车道和八车道高速公路。四车道高速公路一般能适应按各种车辆折合成小客车的远景设计年限，年平均昼夜交通量为 25 000～55 000 辆；六车道高速公路一般能适应按各种车辆折合成小客车的远景设计年限，年平均昼夜交通量为 45 000～80 000 辆；八车道高速公路一般能适应按各种车辆折合成小客车的远景设计年限，年平均昼夜交通量为 60 000～100 000 辆。

其他公路为除高速公路以外的干线公路、集散公路、地方公路，分为四个等级。

一级公路为供汽车分向、分车道行驶的公路，一般能适应按各种车辆折合成小客车的远景设计年限，年平均昼夜交通量为15 000～30 000辆；二级公路一般能适应按各种车辆折合成中型载货汽车的远景设计年限，年平均昼夜交通量为3 000～7 500辆；三级公路一般能适应按各种车辆折合成中型载货汽车的远景设计年限，年平均昼夜交通量为1 000～4 000辆；四级公路一般能适应按各种车辆折合成中型载货汽车的远景设计年限，年平均昼夜交通量为双车道1 500辆以下、单车道200辆以下。

各级公路的主要技术指标见表4-6。表中的计算行车速度亦称设计行车速度，它是指在通常的道路、交通与气候条件下，在保证一定舒适度的情况下，车辆能够安全行驶的最高车速。计算行车速度是确定公路几何线形设计的主要依据。

表4-6　各级公路主要技术指标汇总

公路等级		高速公路						一级公路		二级公路		三级公路		四级公路	
计算行车速度(km/h)		120			100	80	60	100	60	80	40	60	30	40	20
车道数		8	6	4	4	4	4	4	4	2	2	2	2	1或2	
一侧路基宽度(m)	土路肩	0.75			0.75	0.75 (0.50)		0.75	0.50	1.50	0.75	0.75	0.75	0.50或1.50	
	右侧硬路肩	3.00			3.50	3.00 (2.75)	2.75 (2.50)	3.00 (2.75)	2.50 (1.50)	2.50 (1.50)					
	右侧路缘带	0.50			0.50	0.50	0.50	0.50	0.50						
	行车道	4 (3.75)	3 (3.75)	2 (3.75)	2 (3.75)	2 (3.75)	2 (3.50)	2 (3.75)	2 (3.50)	9.00 (14.0)	7.0	7.0	6.0	3.50或6.00	
	左侧路缘带	0.75 (0.50)			0.75 (0.50)	0.50 (0.25)	0.50 (0.25)	0.50 (0.25)	0.50 (0.25)						
中央分隔带宽度(m)		3.00 (2.00)			2.00 (1.50)	1.50	1.50	2.00 (1.50)	1.50						
路基总宽度(m)	一般值	42.50	35.00	27.50	26.00	24.50	22.50	25.50	22.50	12.00	8.50	8.50	7.50	6.50	
	变化值	40.50 — 43.00	33.00 — 35.50	25.50 — 28.00	24.50	23.00	20.00	24.00	20.00	17.00				4.50或7.00	
最小平曲线半径(m)	极限最小半径	650			400	250	125	400	125	250	60	125	30	60	15
	一般最小半径	1 000			700	400	200	700	200	400	100	200	65	100	30
	不设超高的最小半径	5 500			4 000	2 500	1 500	4 000	1 500	2 500	600	1 500	350	600	150
行车视距(m)	停车视距	210			160	110	75	160	75	110	40	75	30	40	20
	超车视距									550 (350)	200 (150)	350 (250)	150 (100)	200 (150)	100 (70)
最小缓和曲线长度(m)		100			85	70	50	85	50	70	35	50	25	35	20
最大纵坡(%)		3			4	5	5	4	6	5	7	6	8	6	9
车辆荷载		汽车—超20级						汽车—超20级 汽车—20级		汽车—20级		汽车—20级		汽车—10级	
		挂车—120						挂车—120 挂车—100		挂车—100		挂车—100		履带—50	

注：表中所列数值及变化值应按有关条文选用。右侧路缘带包含在右侧硬路肩内，路基总宽度不计右侧路缘带宽度。

2. 公路的行政等级

《中华人民共和国公路管理条例实施细则》规定：公路分为国家干线公路（简称国道），省、自治区、直辖市干线公路（简称省道），县公路（简称县道），乡公路（简称乡道）和专用公路五个行政等级。

国道是指具有全国性政治、经济意义的主要干线公路，包括重要的国际公路，国防公路，连接首都与各省、自治区首府和直辖市的公路，连接各大经济中心、港站、枢纽、商品生产基地和战略要地的公路。

省道是指具有全省（自治区、直辖市）性政治、经济意义，连接省内中心城市和主要经济区的公路，以及不属于国道的省际重要公路。

县道是指具有全县（旗、县级市）性政治、经济意义，连接县城和县内主要乡（镇）、主要商品生产和集散地的公路，以及不属于国道、省道的县际公路。

乡道是指主要为乡（镇）内经济、文化、行政服务的公路，以及不属于县道的乡与乡之间及乡与外部联络的公路。

专用公路是指专供或主要供厂矿、林区、油田、农场、旅游区、军事要地等与外部联络的公路。

显然，公路的技术等级与行政等级之间既有联系也有区别。

4.3.3 城市公路主线的几何特征

公路是建筑在大地表面上供各种车辆行驶的空间线状结构物。它的组成包括几何线形、路基路面、桥梁隧道、排水系统、防护工程、附属设施等。

除交叉口以外的公路路段（亦称主线）的几何线形分为平面线形、纵断面线形、横断面线形三方面进行设计。

1. 平面线形

将公路的中心线投影在大地水平面上所得线形称为平面线形，它由直线和曲线组成，这里的曲线包括圆曲线及缓和曲线。

（1）直线

两点之间用直线连接时，距离最短，视线最好，这是直线的优点。但是，直线过长不利于行车安全，驾驶员容易思想麻痹，产生单调疲劳，而且容易出现超速行驶，所以对直线长度应有所限制。一般规定，公路上直线的最长距离 S_{max} 为

$$S_{max} = 20v \tag{4-1}$$

式中，v 为计算行车速度（km/h）。

例如，高速路，v=100km/h，则 $S_{max}=20\times100=2\ 400$km

考虑到直线不容易与周围地形相配合，所以在现代高等级公路设计中，直线部分所占的比例越来越少。据统计，为达到最佳的视觉效果，国外高速公路中直线只占 30%左右，其余都是平顺圆滑、与周围环境相协调的空间曲线。

（2）圆曲线

平面曲线中最简单的是圆曲线，设其半径为 R，弧长为 S，则其曲线的转角 α（等于其中心角）为

$$\alpha = S/R \tag{4-2}$$

显然，半径越小，曲率越大，方向变化越快，车辆越可能产生横向失稳。

为了确保行车安全及乘客的舒适性，圆曲线半径不能太小，所以在《公路工程技术标准》(JTJ001－97)中对最小半径作了规定。根据车辆在弯道上横向受力的平衡条件，可得最小半径为

$$R_{\min} = v^2/127(\mu + i) \tag{4-3}$$

式中，v 为计算行车速度(km/h)；μ 为横向力系数；i 为路面外侧超高的横向坡度。

考虑到乘客的舒适性要求，横向力系数 $\mu \leqslant 0.15$，并且 μ 越小转弯时越平稳舒适。针对各级公路不同的计算行车速度，选取相应的 μ 和 i 代入式(4-3)，便得到各级公路相应的圆曲线最小半径。

《公路工程技术标准》(JTJ001－97)规定，高速公路极限最小半径为 650m。

(3)缓和曲线

在直线与圆曲线之间还应插入缓和曲线，这是因为：

①直线段曲率为零，曲率半径为无穷大，而圆曲线的曲率半径 R 为常数。从直线到圆曲线(或者相反)需要有一段曲率和曲率半径逐渐变化的路段，使离心力逐渐变化，满足舒适性的要求。

②从直线到圆曲线(或者相反)，车辆前轮需要转过相当的角度，此时驾驶员转动方向盘需要逐步进行，与此相对应的车轮轨迹的曲率是逐渐变化的。

③在圆曲线上，路面需要横向外侧超高，但直线段不需要超高，因此在直线与圆曲线之间需要有超高的过渡段。

以上三点都说明在直线和圆曲线之间需要有一段过渡曲线，这就是缓和曲线。平面曲线的基本形式如图 4-6 所示。

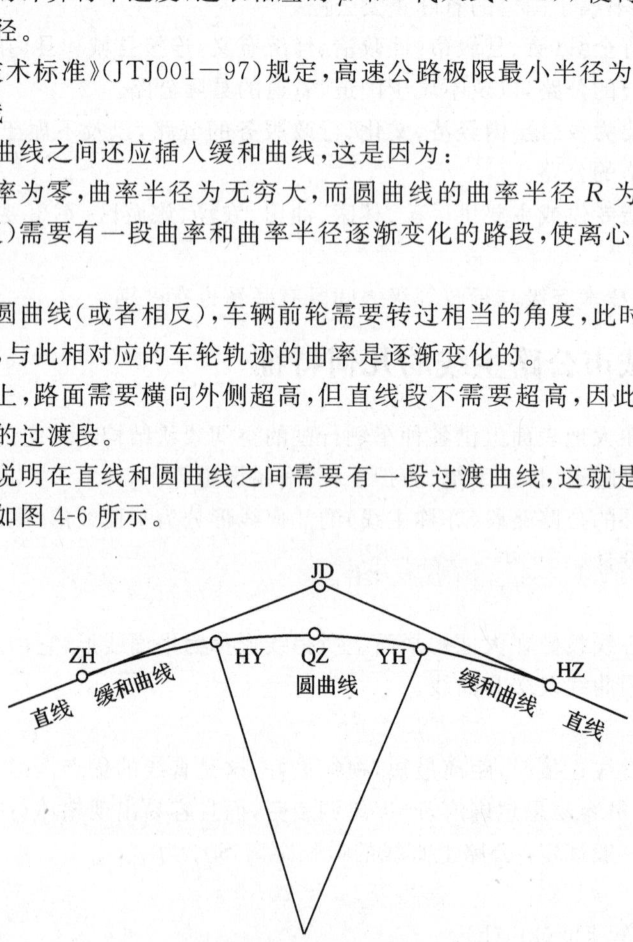

图 4-6　平面曲线的基本形式

《公路工程技术标准》(JTJ001－97)规定各级公路的缓和曲线一律采用回旋线，因为它比较简单、实用。

如果圆曲线的半径很大，超过《公路工程技术标准》(JTJ001－97)规定的不设超高的最小半径时，可以不需要缓和曲线。

2. 纵断面线形

沿公路中线作竖直剖面，并将此空间曲面展成平面，便得到公路的纵断面。纵断面由

直线和曲线(称为竖曲线)组成。

(1)最大纵坡度

纵断面上直线的斜率称为纵坡度 i,即

$$i = h/d \tag{4-4}$$

式中,h 为两点间高度差;d 为两点间水平距离。

纵坡度大一些,能缩短山区路线,减少工程量。但是,纵坡度太大会影响车辆的加速性能及爬坡能力,且下坡时制动距离不能保证,甚至会产生侧滑现象,所以对于纵坡度必须加以限制。各级公路的最大纵坡度见表 4-3。

对于纵坡长度也要有一定限制,既不能太长,也不能太短。《公路工程技术标准》(JTJ001—97)中对各级公路的最大坡长和最小坡长都有具体规定。当二、三、四级公路连续纵坡大于 5%时,应在最大坡长处设置缓和坡段。缓和坡段的坡度应不大于 30%,长度不小于 100m,四级公路可减至 60m。

(2)竖曲线

在纵坡变化的地方不能突然俯仰,必须逐步过渡,这就需要设置竖曲线。竖曲线一般采用圆曲线,也可采用抛物线。

竖曲线的最小半径主要取决于停车视距的需要。

3. 横断面线形

公路横断面(图 4-7)由车行道、路肩、中间分隔带、边坡、边沟等组成。对于高速公路和一级公路,还设有变速车道、爬坡车道、紧急停车带及路上设施等。二、三级公路只有双车道,不能分道单向行驶,中间不设分隔带。四级公路为单车道,当路基宽度只有 4.5 m 时需要设置错车道。

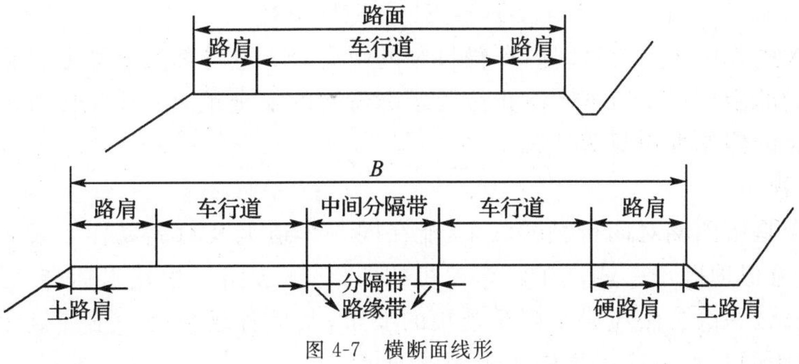

图 4-7 横断面线形

(1)车行道、路面及路基宽度

车行道宽度 b 等于车道的宽度乘以车道数。车道的宽度根据车速不同分为两种情况,当计算行车速度 $v>60$km/h 时,车道宽度采用 3.5～3.75m;当 $v\leqslant60$km/h 时,车道宽度采用 3.0～3.5m。

路面宽度为车行道、路缘带、硬路肩及变速车道、爬坡车道、紧急停车带等宽度之和,但对二级以下的一般公路,路面宽度仅为车行道宽度。

一般公路的路基宽度等于车行道与两侧路肩宽度之和,但对高速公路和一级公路,路基宽度还应包括中间分隔带、变速车道、爬坡车道、紧急停车带的宽度等。

(2)弯道的外侧超高

直线路段为了横向排水,将路面铺筑成中间高、两侧低,以形成路拱。向两侧倾斜的路拱坡度一般为1%~2%。当车辆行驶在弯道路段时,如果路面仍然向两侧倾斜,弯道外侧的路面向外倾斜,则重力横向分力的方向与离心力方向一致,这会加大侧翻与侧滑的危险性。为了利用重力的横向分力抵消离心力的作用,弯道上的路面需整体向内侧倾斜,这就是外侧超高。外侧超高横坡度的大小主要取决于计算行车速度和弯道的曲率半径,这三者的关系应满足式(4-5)。

超高横坡度 i 为

$$i = v^2/127R - \mu \tag{4-5}$$

式中,v 为计算行车速度(km/h);R 为弯道的曲率半径(m);μ 为横向力系数,$\mu \leqslant 0.15$。

由于车辆行驶速度并不一定等于计算行车速度,甚至有时在弯道上临时停车,因此超高横坡度不能太大。《公路工程技术标准》(JTJ001－97)规定:积雪、冰冻地区的超高横坡度不超过6%;其他地区高速公路和一级公路的超高横坡度不超过10%;其他各级公路的超高横坡度不超过8%。

(3)弯道的内侧加宽

弯道路段不仅需要外侧超高,而且需要内侧加宽,这是因为前轮能转向而后轮不能转向,前、后轮在弯道上的轨迹不重合,所需宽度比直线行驶时要宽一些。

4. 行车视距

行车视距包括停车视距、会车视距及超车视距,其中主要的是停车视距。

(1)停车视距

当驾驶员突然发现前方路上有障碍不能绕过时,安全地停止在障碍物前所需的距离,称为停车视距。停车视距(ST)由三部分组成,即

$$ST = S1 + S2 + S3 \tag{4-6}$$

式中,$S1$ 为驾驶员知觉反应时间内车辆行驶的距离;$S2$ 为驾驶员开始制动到完全停车过程中车辆行驶的距离;$S3$ 为车辆停止位置距障碍物的安全距离,通常取5m左右。

各级公路的停车视距见表4-3。

(2)会车视距

会车视距是指两辆对向行驶的汽车,能在同一车道上及时制动而不发生碰撞所需的最小距离,它近似地等于一辆汽车停车视距的两倍。《公路工程技术标准》(JTJ001－97)规定:高速公路、一级公路应满足停车视距的要求;其他各级公路一般应满足会车视距的要求,会车视距的长度不应小于停车视距的两倍。

(3)超车视距

超车视距是指为了超越前车,借用对向车道而不致与对向来车相撞所需的最小距离。《公路工程技术标准》(JTJ001－97)规定:对向行驶的双车道公路,应根据需要并结合地形,在适当的距离内设置具有超车视距的路段。高速公路和一级公路由于单向行驶,所以不存在超车视距问题,其他各级公路的超车视距见表4-3。

5. 平面视距

车辆在平曲线或交叉口转弯时,曲线内侧的树木、建筑物及路堑、边坡等可能会妨碍驾驶员所需的视距称为平面视距。

4.4 城市公共交通

4.4.1 城市公共交通的含义、运输工具与分类

1. 城市公共交通的含义

城市公共交通，指在城市及其所辖区域范围内供公众出行乘用的各种客运交通方式的总称，包括公共汽车、电车、出租汽车、轮渡、地铁、轻轨以及缆车等。它是城市客运交通系统的主体，是对国民经济和社会发展具有全局性、先导性影响的基础产业；是在建设有中国特色社会主义的整个改革开放进程中，国家在基本建设领域重点支持发展的基础产业之一。

城市公共交通的运营服务方式从总体上可分为三种类型：

(1)定线定站服务

在定线定站服务方式下，车辆(渡轮)按固定线路运行(航行)，沿线设有固定的站点，行车班次(或航行时刻)按调度计划执行。按行驶方式不同，在线路上的车辆可分为全程车、区间车、站站停靠的慢车、跨站停靠的大站快车等。

(2)定线不定站服务

在定线不定站服务方式下，车辆按固定线路运行，但不设固定站点或仅设临时性站点，乘客可以在沿线任意地点要求上下车，乘坐比较方便。目前在各个城市中发展很快的小型公共汽车多数属于这一类。

(3)不定线不定站服务

不定线不定站服务主要指出租汽车服务，其运行线路与乘客上下车地点均不固定，除电话叫车、营业站点叫车外，还可在街道上扬手招车。

2. 城市公共交通的运输工具

(1)公共汽车

公共汽车又称"巴士"(Bus)，这个名称最早出现于19世纪巴黎的公共马车事业中，源于拉丁语"奥姆尼巴士"(Omni-bus)，是"为了大家"的意思。1827年，法国巴黎一家浴室的老板用公共汽车接送顾客，最初的公共汽车像长长的箱子，是用马拉的。1831年，英国人沃尔特·汉考克制造出了世界上第一辆装有发动机的公共汽车。这辆公共汽车以蒸汽机为动力装置，可载客10人，被命名为"婴儿号"，并在伦敦到特拉福特之间试运营。不久，以汽油发动机为动力装置的公共汽车代替了以蒸汽机为动力装置的公共汽车。最早制造出汽油发动机公共汽车的是德国的奔驰汽车公司，长途公共汽车则源于美国。1910～1925年，美国开辟了许多长途公共汽车路线，以连接没有铁路的地区。早期的公共汽车一般可载客20余人，环境比较舒适。现在绝大部分公共汽车仍以柴油发动机为动力。近年，有些国家开始研制使用石油气、天然气甚至电力驱动的公共汽车。目前，公共汽车仍然是城市最主要的公共交通方式之一。

(2)有轨电车

1881年5月16日，世界上第一辆有轨电车诞生了，是维尔纳·冯·西门子于1881

年在德国柏林制造的。有轨电车的平稳性远远高于公共汽车，是一种依赖固定轨道行驶的道路公共交通工具。但其行使线路固定，缺少灵活性，很难适应临时交通运输的需求。

(3)无轨电车

无轨电车是一种通常由接触网供电、电动机驱动，不依赖固定轨道行驶的道路公共交通工具。在有些地方，无轨电车属于轨道交通的范畴。

1882年4月29日至6月13日，德国发明家西门子在柏林市郊公开展示了他发明的世界首辆无轨电车。随后，有关无轨电车的实验研究在欧洲和美国开始进行。1901年7月10日，世界首个载客的无轨电车系统在德国开通运营。虽然该系统仅运营到1904年，但其使用的由两条架空平行接触线和一对靠弹簧支撑的集电杆组成的装置，奠定了现代无轨电车电流授受系统的基础。无轨电车的车身和底盘与普通客车相同，但车顶需要安装一对集电杆，用于从接触网的一对触线受电并形成电流通路。一般来说，无轨电车的集电杆脱线则会失去动力；而装备有动力蓄电池、超级电容器或柴油发电机的双动力无轨电车，则可在没有接触网的路段实现离线行驶。

中国在20世纪初引入无轨电车，1914年上海的英商最先在租界内营运。20世纪30年代，无轨电车在世界范围内得到了广泛应用，英国制造了双层无轨电车；40年代，意大利生产了通道式无轨电车，或称铰接式无轨电车，它是用二节或三节车厢以活络方式连接且车厢相通的无轨电车，这种无轨电车的长度通常为13～16米；50年代中期，世界上约有500个城市拥有无轨电车；60年代，随着汽车的普及和燃油公共汽车的发展，无轨电车与有轨电车在西欧部分国家及北美洲国家逐渐减少；70年代初，由于能源短缺和汽车公害造成的严重社会问题，无轨电车重新受到部分国家和地区的重视。

在经历了发展的高潮和曲折之后，目前世界上有40多个国家使用无轨电车，300多个无轨电车运营系统仍在运营。其中，拥有无轨电车最多的三个城市分别为俄罗斯的莫斯科、圣彼得堡和白俄罗斯的明斯克。中国仍有10个城市拥有无轨电车。

(4)地下铁道

英国首都伦敦的地下铁道(地铁)是世界上最早修建的地下铁道。

1843年，英国人皮尔逊为伦敦市设计了世界上最早的城市地铁系统，由于种种原因，10年后，英国议会才批准在法林顿和主教路之间修建一条不足6千米长的地铁。经过近10年的建设，地铁初具规模。1863年1月10日，“大都会地区铁路”正式开始运营，世界公认的第一条地铁——伦敦大都会铁路——开通。开通后的第一年这条铁路运送了950万人次的旅客。由于当时电力尚未普及，使用的是蒸汽机车作为牵引，再加上排风不畅，乘客常常感到烟熏气闷，有的人甚至昏倒在地铁里。后来，人们针对存在的问题对地铁进行了改造：在隧道的顶部开凿了一些孔道，使烟雾有了出口，这样一来，隧道内的空气不再那么污浊。可是，孔道中冒出的滚滚浓烟往往又把行驶在马路上的马匹惊吓得狂奔乱跳，引起车祸。尽管如此，伦敦市民甚至皇亲显贵们都争相乘坐这种地下列车。因为在拥挤不堪的伦敦地面街道上乘坐公共马车，其条件和速度远不如乘坐地铁。1890年，世界上出现了电力机车之后，地铁才步入了它发展的黄金时代。1896年，布达佩斯修建了欧洲最早的电气化地铁，解决了地铁通道的空气污染问题。从此，地铁开始在全世界各大城市推广使用。

(5)出租车

据史料记载，最早在1588年出现了承揽出租业务的四轮马车。1620年，伦敦出现了第一家四轮马车出租车队，尽管整个车队只有四辆马车，但是车夫们穿着统一定做的制服行驶于街道上，还是引来了众人的关注，从此这一行业开始迅猛发展起来。1654年，英国议会颁布了管理出租马车的法令，并给出租马车车主发放营业许可证。

1886年，卡尔·本茨发明了以汽油发动机为动力装置的三轮汽车，这一年被称为汽车元年。1897年，世界上第一家出租汽车公司在德国斯图加特成立。

1948年，卡宝迪斯公司与另两家公司联合生产了自主品牌FX3型出租汽车，它是现在伦敦"黑出租车"的原型。由于它外形美观，符合低调内敛又不可一世的英国绅士风格，所以一经使用便迅速风靡伦敦。10年间，共有7 000多辆投放市场，其中大部分奔驰在伦敦的大街小巷。

1958年，新款出租汽车FX4问世。1973年，卡宝迪斯公司被锰铜控股公司接管。后来，英国几大著名汽车公司不断整合重组，终于在2010年打造出一个全球化品牌——伦敦出租汽车公司。虽然名为伦敦出租汽车公司，但其注册和生产的大本营却在考文垂的好利黑德街。这家公司目前拥有7家全资经销商及60多个遍布英国的服务网点，每年生产2 700多辆出租汽车。其经典造型始终不变，但增加了银色等其他颜色的车辆，甚为美观。

目前，由于出租汽车在时间、线路等方面具有其他交通工具不可替代的灵活性，因此，出租汽车在各国已经成为一种重要的城市公共交通工具之一。

(6)快速有轨电车

快速有轨电车最早出现于20世纪70年代，由于小汽车数量激增，城市交通阻塞，环境污染严重，加上石油危机冲击，一些工业发达国家重新重视城市公共交通的作用，于是从技术上寻求对有轨电车的改造，并使之与火车技术相结合，从而出现了既具有地铁优点又比地铁投资少、工程量小、施工期短、运行经济的快速有轨电车。这种新型的快速有轨电车可以在地面专用轨道上行驶，通行无阻使它的运行准点程度极高。它在工业发达国家已日益受到重视并得到较快的发展，如美国、德国、日本等。它是一种很有发展前途的现代化公共交通，又称"轻轨交通"。

(7)轮渡与索道

轮渡与索道是在城市被江、河分割的特定条件下采用的一种公共交通方式，起着联结两岸过渡交通的作用，使陆上交通不能直接相通的被分割区域得以沟通，对于没有现代化桥梁和水底隧道的城市尤为重要。此外，不少城市还设有被称为"水上巴士"的游览轮(艇)，以丰富市民的文化娱乐生活；有的还办起了"水上的士"，以适应乘客的应急需要，并可以到达常规航线以外的地点。

(8)新交通系统

1973年爆发的石油危机使能源问题深刻化；汽车的迅速发展使得世界各国的大城市交通阻塞严重；交通公害严重危害城市居民健康；城市用地紧张，新建道路和拓宽道路工程难度很大。面对种种问题，人们开始谋求解决道路交通问题的新对策。20世纪60年代后期，美国政府在完成了月球旅行的"阿波罗计划"之后作出决定，把电子计算机技术应用于开发新的城市交通方式上，并为研制工厂提供补助资金。这是一种无人驾驶、无人售票、无人服务，充分利用电子计算机实行自动化、无人化管理，使用橡胶轮胎，运行于用混凝土或钢结构架设的高架导轨系统上，具有安全、快速、舒适、低公害等性能的崭新公共交通，它的运量介于地铁与公共汽车之间，堪称当今世界最先进的公共交通系统——新交通系统。继美国之后，德国、英国、法国、日本等也着手新交通系统的开发。新交通系统在美国、日本已建成多处并投入运营。

3. 城市公共交通的分类

(1)按行驶的路线分类

①行驶于城市街道上的，如公共汽车、有轨电车、无轨电车；

②行驶于城市街道外的，如地下铁道、快速有轨电车、新交通系统、高速铁道、市郊列车、轮渡、缆车等。

(2)按提供服务的方式分类

①基本公共交通，它们的服务有固定的线路、停靠站点和运行时刻，大部分城市公共交通属于这一类；

②辅助公共交通，它们不设固定线路和停靠站点，没有固定运行时刻，对于基本公共交通方式来说，它起辅助作用，如出租汽车、机动三轮车等。

(3)按运送乘客的特征分类

①低速公共交通，如公共汽车、有轨电车、无轨电车、出租汽车等；

②快速公共交通，如地下铁道、快速有轨电车、新交通系统、高速铁道等；

③特殊形式的公共交通，如轮渡、缆车、直升机等。

城市公共交通受国家经济水平和科技水平的影响很大，故各国发展的规模与水平差异很大。即使在一个国家，由于城市的政治、经济地位或地理条件不同，公共交通的结构也各有特色。例如，工业发达国家的大城市往往以地铁、快速有轨电车为主，积极研制新交通系统，发展多种公共交通方式的综合配套，干线交通与支线交通相互衔接，大都市圈内的城市间交通均设有完善而快捷的城际交通系统。

4.4.2 城市公共交通的地位、作用与任务

1. 城市公共交通的地位

公共交通是城市发展的必然产物，也是城市赖以生存的重要基础设施之一。它作为城市动态大系统中的一个重要组成部分，是城市整体发展中不可缺少的物质条件和基础产业，也是联系社会生产、流通和人民生活的纽带。它在发挥城市功能、组织经济活动、促进社会发展、保证社会安定团结等方面都具有重要作用。公共交通系统具有运量大、运送效率高、能源消耗低、相对污染少、运输成本低等优点，这在城市交通干线上表现得尤为明显。人们从历史发展的教训中得到了一条宝贵的经验：要解决大、中型城市的交通问题，并使其具有必要的活力，应该特别重视优先发展公共交通和专业货物运输；私人交通和非专业货物运输只能作为公共交通和专业货物运输的辅助方式，并应适当地控制其发展。因而世界各国包括号称“汽车王国”的一些主要工业发达国家也都在政策上和各种交通管理措施上扶植公共交通的发展，以改善城市的交通状况。

2. 城市公共交通的作用

(1)城市公共交通是社会化大生产的先行官。

(2)城市公共交通是城市功能运行的大动脉。

(3)城市公共交通是展现社会主义物质文明与精神文明的重要窗口。

3. 城市公共交通的任务

城市公共交通的任务是:以运营服务为中心,组织城市公共交通系统为乘客提供安全、迅速、方便、准点、舒适、经济的运输服务,最大限度地节省社会活动时间,满足城市生产、社会发展和人民劳动与生活的需要。

4.4.3 城市公共交通的特性与组织原则

1. 城市公共交通的特性

(1)城市公共交通服务的特殊性

物质生产部门在生产过程中,通过改变劳动对象的属性或形态,创造出的具有新属性或新形态的产品,称为有形产品。而城市公共交通服务,则是在保持乘客(劳动对象)的属性及形态均不改变的情况下,使乘客发生空间位移,它创造出的具有移动价值的产品,称为无形产品。

(2)城市公共交通服务的即时性

物质生产部门生产的产品,其生产过程与消费过程表现为两个可以完全分开的不同阶段,生产过程中创造的产品可以独立存在,经过收购、贮存、销售等经济活动环节转入消费者手中。城市公共交通为社会提供的不是实物形态的产品,而是一种服务,即对有运输需求的人(乘客)提供客运服务。在客运服务(生产)过程中,乘客既是被“加工”的对象,又是客运服务的利用(消费)者。乘客上车,客运服务随即开始,消费过程也同时开始,一旦乘客下车,服务过程即告结束,消费过程也同时结束。所以客运服务的生产过程与消费过程是合二为一的。

在城市公共交通的客运服务过程中所发生的运营里程是无法贮存的,客运服务过程的有效或者无效以及效能的高或低,都在一次运行过程中同时得到反映,这是从事城市公共交通的领导者、组织管理者以及全体职工必须充分认识的特性。因此,公共交通企业要特别注重提高运营效率与服务质量。

(3)城市公共交通服务的社会性

城市公共交通的服务性决定了它必然与社会有着广泛联系,不论什么人、什么出行目的,只要是在有公共交通运营的地域及时间内,它都被人们广泛地利用着。城市公共交通不仅为个人出行服务,整个城市的生产、建设,一切经济活动、文化活动,乃至航空港、铁路车站、航运码头之间的联结,也都需要城市公共交通。所以人们将城市公共交通看做城市的大动脉,它与城市的一切活动息息相关。

(4)城市公共交通服务的时效性

人们利用城市公共交通代替步行,其主要目的是为了节省时间,以求迅速到达目的地。时间的节省意味着社会劳动的节省和人们精力的节省,这是公共交通产业对社会、对乘客在经济上和精神上的一种贡献。从总体上说,节省的时间越多,公共交通产业对社会的贡献越大。越是现代化的交通工具，其速度的优越性就越明显，进而其安全性、准点性及舒适性等性能，也就越为利用者（乘客）所重视。

（5）城市公共交通服务的不均衡性

城市公共交通服务受客流变动的影响很大。客流在时间上的分布有所不同，一昼夜中有高峰与低谷的差异，一周中的不同时间及一年中的不同月份均有差异。同时，客流在空间上的分布也是不同的，如城市中各个区域（小区）之间，各条线路的方向上、断面（路段）上的客流分布都有差异。这种差异就是客流在时间、数量、方向、距离、地点上的不均衡性。公共交通企业必须掌握并使运营服务符合这种不均衡性，加强对客流的研究，搞好客流调查与预测，掌握客流动态及其变化规律，做好运营组织工作。

（6）城市公共交通服务的分散性

工农业生产是在固定的厂房、工地或田间进行的，其生产作业可以集中组织；而城市公共交通的运营线路遍布于市区和郊区，并且服务过程是流动的，这就决定了它的一个特性：点多、面广、线长、流动、分散、单车（船）作业，而且是多工种、多环节（管、用、养、修）的联合作业。

（7）城市公共交通服务的准公费性

所谓准公费服务，是指介于纯自费与纯公费之间的服务方式。由于城市公共交通服务兼有广泛的社会性与商品性，是一种公益性事业，因而其价格并不完全由企业按客运市场需求来确定，而需要由政府进行适当调控。当城市公共交通服务的价格不能完全反映其价值，只能部分地补偿它在客运服务过程中的活劳动与物化劳动的消耗，其价格低于价值而出现亏损时，政府应予以必要的财政扶持，如对公共交通企业进行发展性的投资、对价格与价值之差进行补贴以及给予税费征收方面的优惠待遇等，以保护广大公共交通企业职工的劳动所得和保证公共交通企业能进行再生产和扩大再生产。

2. 组织城市公共客运线路网的基本原则

由各种城市运输方式（如公共汽车、无轨电车、有轨电车及地铁等）的客运路线与停车站点组成的系统称为城市公共客运线路网，即城市客运网。客运任务的完成通过运输工具沿城市客运网运送乘客来实现。

公共汽车客运线路网是整个城市客运网的重要组成部分。组织公共汽车客运线路网包括确定线路的走向、长度、条数及停车站点等，其基本组织原则是：

（1）路线的走向要与主要客流方向相符；

（2）沿线停车站点的设置应靠近城市的主要乘客集散点（如市中心、铁路车站、港口码头、机场、公园、文化中心、居民区等）；

（3）按照最短距离布置客运路线，尽量组织直达运输；

（4）尽可能减少乘客的出行换乘，在必须换乘的地方应提供方便的换乘条件；

（5）尽可能与其他运输方式的客运路线相互衔接或交叉；

（6）在保证行车安全的前提下，应使沿线运行车辆有较高的运送速度和比较均匀的载客量利用程度；

（7）城市居民经常集中的区域，应有一条或几条与市中心连接的客运线路。

4.4.4 城市公共交通规划

城市公共交通规划是城市交通规划的重要内容，要在调查、研究城市交通现状的基础上，根据城市总体规划确定的人口规模、土地利用、城市道路系统、规划年限和社会经济发展情况以及城市公共交通建设承受能力等方面的资料，合理确定城市客运交通结构，预测公共交通客运量、客运周转量、客流的时间分布和空间分布，布置公共交通线路网，确定公共交通车辆类型及数量，安排公共交通枢纽以及公共交通场站设施用地。

1. 城市居民出行特征

(1)居民人均出行次数

2009年，我国20多个城市居民出行调查显示，人均出行为2～3次/日。从出行目的来看，常住人口出行中，工人、干部上下班出行约占70%，学生上下学出行约占20%，其他出行约占10%。以上下班为主的出行，平均每人每日2.5次左右，学生上下学平均每人每日3次左右。从不同年龄组来看，出行次数最多的是31～40岁年龄组，随着年龄的增加，出行次数有减少的趋势。从调查数据来看，收入水平对出行次数的影响不大，说明城市人口平均每人每日出行次数有一定的限度。

(2)居民出行时间分布

居民出行受季节影响较大，夏季昼长，人流和客流分散；冬季昼短，活动时间较为集中，并且由于人们衣着较多，公共交通车辆负荷较高。风景区线路的公共交通车辆在春、秋、假日也会出现很高的负荷。在一周中，周末下午和周一早上的负荷较为集中；在一天中，早高峰的负荷一般要大于晚高峰的负荷，早高峰小时客流量占全日客流量的14%～20%，以工作客流为主。线路高峰小时客流量占全日客流量的20%以上。为降低高峰时间的客流量负荷，常采取使各单位上班时间和休息日互相错开的办法。

(3)步行范围和乘车活动范围

居民出行到某一地点，如果步行与乘车所花的时间相等，则在这段时间内所达到的距离称为步行范围。在这个范围内，通常采用步行方式，因为既省钱又省时。根据调查，在城市居民各类出行交通方式中，近距离的步行交通占出行次数的25%～40%，远距离的乘车交通占出行次数的60%～75%。

(4)居民的交通时间

按目前城市客运交通工具水平、居民时间和精力消耗情况，城市居民合理的最长出行时间见表4-7。

表4-7 城市规模与合理的最长出行时间比较表

城市人口/万人	>100	100～50	50～20	20～5	<5
合理的最长出行时间/分	60	60～45	45～30	30	<30
采用交通方式	公共交通、自行车	公共交通、自行车	公共交通、自行车	公共交通、自行车、步行	自行车、步行

(5)出行距离与使用交通工具的关系

如果居民出行距离在步行范围内(即15分钟或1千米以内),基本上是不乘车的。随着出行距离的增加,步行时间增长,体力消耗增多,则要求以车代步。在我国自行车交通比较发达的情况下,不少人以骑车代步,尤其是出行距离为3～4千米时,骑车比乘坐公共交通车辆更节省时间,体力消耗也不大,骑车的比例较高;但随着出行距离的增加,骑车的比例逐渐降低,乘坐公共交通车辆的比例逐渐提高。为了吸引居民乘坐公共交通车辆,应首先提高公共交通车辆的运送速度,同时也要缩短乘客的非车内时间,使乘坐公共交通车辆所花的时间大大少于骑车所花的时间。

由于影响步行率、骑车率和乘车率的因素有很多,并且各个城市的特点不同,因此这些数据可通过居民出行分布抽样调查得到。

2. 城市客运交通结构

城市客运交通结构是指城市居民在总出行次数中采用的各种交通方式所占的比例关系。在城市客运交通规划中确定客运交通结构,既要根据居民选择出行方式适宜出行距离的需求结构,同时也要考虑交通设施的承受能力和采取的交通政策。以距离远近作为选择交通方式的依据,按照交通方式的速度差异进行划分,见表4-8。

表4-8　　采取不同交通方式的适宜出行距离

交通方式 \ 适宜出行距离/km	1	2	3	4	5	6	7	8	9	10	11	12	13	14	15	16	16以上
步行	—	—															
自行车		—	—	—	—	—											
公共电汽车			—	—	—	—	—	—	—	—	—						
快速轨道						—	—	—	—	—	—	—	—	—	—	—	—

各种交通方式的适宜出行距离是重叠的,具体要视出行的基本特征(出行目的与出行者的生理条件等)来定。在考虑适宜的城市客运交通结构时,对重叠部分的方式选择,将按照优先快速的原则决定(这符合出行者的普遍心理)。这样,根据各城市居民出行抽样调查资料,给出全市居民出行总量及其距离分布,即可得到适宜的出行方式结构,与现状调查的出行结构进行对比分析,据以提出规划城市客运交通结构的目标水平。

提高城市公共交通客运能力及服务质量,尽快发展轨道交通,是今后城市客运交通结构调整的基本方向。

各城市需结合自己的具体条件选择适合本城市的客运交通方式,组成综合交通系统。公共交通与个体交通各占怎样的比例,因城市规模、功能布局、居民生活水平、公共交通的发达程度、城市交通设施建设的承受能力不同而有所不同,大城市公共交通所占比例一般较大,约在50%以上;中、小城市公共交通所占比例为10%～25%。只有各种交通方式互相协调配合,发挥各自优势,构成统一的综合交通体系,才能取得最佳的社会、经济效益。

3. 预测城市公共交通客运量

城市公共交通客运量的生成,是一个复杂的动态过程,由于受城市诸多不确定因素的影响以及历史资料的限制等原因，需要采用预测的方法对照确定。无论是搜集和处理资料、选择预测方法还是对预测模型和预测结果进行分析和处理，都需要预测工作者主观的判断和灵活的处理。

(1)定额分析法

通过对城市居民出行抽样调查的分析，结合本城市的发展规划，用定额分析法可以规划出远期城市公共交通分担的客运出行次数和城市公共交通客运量。

这种方法比较直观、简单、全面，所采用的参数在居民出行抽样调查的基础上，可根据城市交通政策和城市交通承受能力确定。

(2)平均增长率趋势外推法

平均增长率趋势外推法是一种用历年城市公共交通客运量发展的速度变化，按平均发展速度推算未来某年城市公共交通客运量的方法。

此方法简便易行，所需资料不多，是常用的预测方法，但由于变化因素较多，所以仅适用于短期预测。

4. 城市公共交通客流调查

城市公共交通客流的时空分布特征及其相关影响因素，是编制城市公共交通规划、合理开辟新线路、调整旧线路、选择车种、配备运能的依据。

目前较为普遍采用的客流调查方法主要有两类。

(1)线路客流调查

线路客流调查调查是对现有公交线路的客流进行实际观测，以获得客流时空分布状况的资料。按其调查方式不同可以分为以下三种：

①票根调查法

票根调查法是各个站点在乘客上车时发给其一张印有该站站名(或代号)的小票，由乘客下车的站点收回，进行统计，这样可以得出线路上各站点间乘行分布的资料。但这种调查方法的调查统计工作量很大。

②随车记录法

采用随车记录法调查时，每个车门配备 1 名调查人员，记录沿线各站点上下车乘客人数。在终点站，以车辆在线路起点分段统计发车时刻为准，将各车次的原始记录按 30 分钟(高峰时间按 15 分钟)分段统计。根据由这种调查方法获得的统计数据，绘制线路网客流直方图。

③驻站观测法

采用驻站观测法调查时，根据车辆行车间隔、停站时间、车门数等，在每个站点配备适当数量的调查人员，依次记录各车次到达本站时间、上下车乘客人数以及该车次离站时的留站人数。各站点记录的原始资料可以按每个车次(或某时间间隔内的若干车次)统计，也可全市按统一的时间分组，各站分别统计，并绘制线路网客流直方图。

通过这种调查方法不仅可以直接得出在统一的高峰时间内全市客流分布的实际情况，还可以较准确地记录各站点留站人数。但是在行车间隔小，甚至行车中出现“串车”的情况下，较难保证记录的准确性，而随车记录法的准确性则高一些。

(2)乘行起止点调查

对于城市公共交通而言,乘行起止点调查应该调查乘客每昼夜的出行次数、出行目的(工作、学习、文化生活等)、每次出行的乘车起始点和终止点、出行路线(所乘公共交通车辆的类型与线路、换乘的线路、换乘站点以及出行时间等)。此外,还应该包括被调查人的某些社会人口统计特征,如年龄、职业、性别、文化程度、家庭人均收入等。

除上述方法外,城市公共交通客流调查还可结合日常调度业务进行多种形式的专项调查(如为解决某些站点集散量过大的问题,采用询问乘客等方式,调查乘客来去方向,为增加或延长线路、组织联运提供依据),以作为对基础客流调查的补充。

5. 城市公共交通线路网和线路

城市公共交通线路网必须综合规划,组成一个整体。市区线路、郊区线路和对外交通线路,必须紧密衔接,线路间的集散能力应相互协调。公共交通线路网的布局应符合城市规划区域内的主要客流流向,并对城市用地的发展具有良好的适应性,使绝大多数乘客步行距离较短,乘车方便。

4.4.5 城市公共交通线路的形式与技术指标

1. 城市公共交通线路的形式

(1)直径线:线路两端在市区边缘,线路穿过市中心的繁华地区。

(2)半径线:线路(辐射式)一端在市中心区,另一端在市区边缘。

(3)切线或半环线:线路连接外围,不通过市中心区。

(4)环行线:线路在市中心区外围,形成环行线路。

2. 城市公共交通线路的技术指标

(1)城市公共交通线路网密度

城市公共交通线路网密度指有公共交通线路通行的街道长度与城市用地面积之比,即

$$\Delta = L/F \tag{4-7}$$

式中,Δ 为城市公共交通线路网密度(km/km^2);L 为城市公共交通线路网长度(km);F 为城市用地面积(km^2)。

在计算 F 值时,城市用地面积内水域及一些特殊用地不计入。

城市中心地区的公共交通线路网规划密度一般为 3~4km/km^2,城市边缘地区为 2~2.5km/km^2。大城市或城市中心地区的居民密度高,客流集散多,不仅线路应多重复,而且线路网密度也宜较高;反之,小城市或城市边缘地区的线路网密度宜较低。此外,城市公共交通线路网密度还应与城市道路网密度相适应。

(2)城市公共交通线路网非直线性系数

非直线性系数指乘客实际乘车里程与乘车起、止点之间的直线距离之比,即

$$\text{非直线性系数}=\text{实际乘车里程}/\text{乘车起、止点之间直线距离} \tag{4-8}$$

城市公共交通线路网的非直线性系数受城市线路网形状的影响,公交线路应尽量按照最短路径布置,或者使之与最短路径接近。

①棋盘式街道(图 4-8)

非直线性系数：

$$P=(a+b)/(a^2+b^2)^{1/2} \tag{4-9}$$

式中，a，b 分别为街道网的相邻的两条边。

当街道网由正方形组成时，各边相等，则非直线性系数近似等于 1.41。

②辐射式街道(图 4-9)

非直线性系数：

$$P=(a+b)/c=(a+b)/(a^2+b^2-2ab\cos\alpha)^{1/2} \tag{4-10}$$

式中，a、b 分别为街道网的相邻的两条边；c 为起点与终点间的直线距离；α 为两条街道间的夹角。

当起、终点到中心点距离相同，且两辐射街道夹角为 45°时，非直线性系数近似等于 2.61。

③圆环形街道(图 4-10)

非直线性系数：

$$P=\frac{\overset{\frown}{ab}}{ab}=\frac{\overset{\frown}{ab}}{2r\sin\frac{\alpha}{2}} \tag{4-11}$$

式中，a、b 分别为圆环形街道的起点、终点；r 为圆环形街道半径；α 为$\overset{\frown}{ab}$ 所对的圆心角。

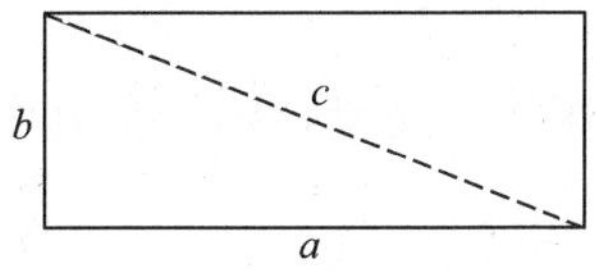

图 4-8 非直线性系数计算图之一

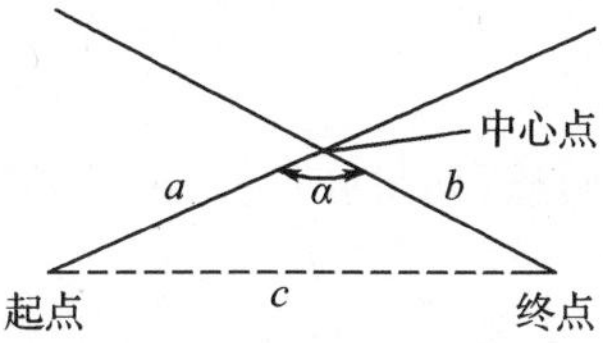

图 4-9 非直线性系数计算图之二

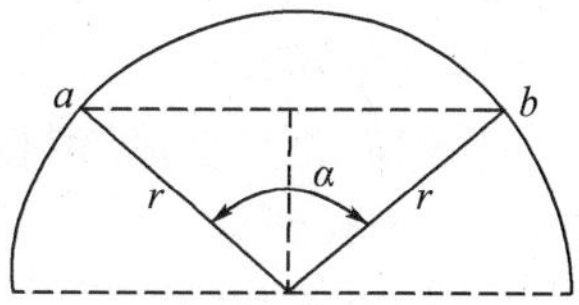

图 4-10 非直线性系数计算图之三

(3)城市公共交通线路重复系数

城市公共交通线路重复系数指运营线路总长度与线路网长度之比，即

$$\text{城市公共交通线路重复系数}=\text{运营线路总长度}/\text{线路网长度} \tag{4-12}$$

公共交通发达城市的城市公共交通线路线路重复系数一般为 1.25～2.5。

(4)城市公共交通换乘系数

城市公共交通换乘系数用于衡量乘客的直达程度。根据客流起终点流量图或主要集散点，在其间设置大站快车线，尽量减少乘客换乘次数。大城市的城市公共交通换乘系数不应超过 1.5，中、小城市的城市公共交通换乘系数不应超过 1.3。

$$\text{城市公共交通换乘系数}=(\text{乘车出行人数}+\text{换乘人数})/\text{乘车出行人数} \tag{4-13}$$

(5)城市公共交通线路长度

市区公共汽车、电车主要线路的单程长度，一般为 8～10 千米，不超过 13 千米，或取车辆运送时间为 30～40 分钟的路程为宜。大城市的直径线路，包括郊区线路，最长不宜超过 60 分钟的路程，中小城市的郊区线路长度不宜超过 40 分钟的路程。线路过长会带来如下问题：行车时间较难保证，准点率下降；沿线客流不容易均匀，平均载客量降低。

(6)城市轨道交通线路的布置方式

在市中心区，地下铁道线路应采用埋设式，快速有轨电车线路宜采用埋设式或高架式；在城市边缘地区，地下铁道线路可铺设在地面上，但必须全封闭，快速有轨电车线路宜采取地面独立路基的方式。

(7)规划城市公共交通线路网站点覆盖面积

城市公共交通线路网站点覆盖面积按300米步行半径计，不得小于城市用地面积的50%；按500米步行半径计，不得小于城市用地面积的90%。

4.4.6 城市公共交通线路的调整与停车站点的布置

1. 城市公共交通线路的调整

线路规划应随着客流的变化不断调整完善。

(1)线路方向的调整

根据大客流集散点的流向调查资料进行调整。

(2)线路汇聚

如果客流主要集中于一个方向，而实际线路却过于分散，则应对那些分散的线路进行调整，使其集中于主要客流方向。

(3)线路分散

如果客流并非主要集中于一个方向，而实际线路却在一个方向上，这时应适当分散一些线路。

(4)线路延长

根据起、终点客流资料进行调整，如果在终点站有50%的乘客下车去往同一个方向，则应考虑延长线路。

(5)加设区间线

根据各线路客流断面分布情况，在那些客流量过大的区段上应增加区间往返短程车次，解决中间站因乘客挤车、挂车而使车辆停站时间过长的问题，保证线路畅通，提高车辆运送速度。

2. 城市公共交通线路停车站点的布置

停车站点的布置，不仅影响车辆的运营速度、乘客和线路的通过能力，而且影响行车安全。

(1)平均站距

在线路长度相同的条件下，站距长，则站点较少，进出站点加速时间损失较小，可以获得较高的运送速度，节省长站距乘车时间。但站距长增加了乘客步行到停车站点的时间，一般公共交通的平均站点距按下列数值规划设计：

公共汽、电车	市区线	450～550米
	郊区线	800～1 000米
快速有轨电车	市区线	800～1 000米
	郊区线	1 000～1 500米

地下铁道	市区线	1 000～1 500 米
	郊区线	1 000～2 000 米
公共汽车大站快车线	市区线	1 500～2 000 米
	郊区线	1 500～2 500 米

(2)停车站点的布置

公共汽车停车站点的设置,必须便于乘客换车并符合城市交通管理的要求。多条线路可共用一处停车站点,在路段上同侧换乘最多不超过 50 米,异侧换乘最多不超过 100 米。设在交叉口的停车站点,一般应布置在距交叉口停车线 50 米远的宽阔的停车道上。在路段两侧对置的停车站,应在车辆前进方向迎面错开 30 米。应创造条件安排港湾式停车站点,市内港湾式停车站点至少应有两个停车位长度。

4.4.7 城市公共交通客运能力

对于任一运输线路的客运能力或运送乘客能力,可定义为"一定期间内在规定的运行条件下,排除不合理的延误、意外事故或限制,通过一定地点可运送人数的最大值"。

该定义没有车辆通行能力的定义那样确切,因为当处理公共交通时,会掺杂一些附加因素。更加特别的是,城市公共交通客运能力是建立在混合交通流基础上的,这包括期望合理地通过道路上某个点的各种类型车辆的数量和荷载率,它是车辆尺寸、类型、荷载率和车头时距的函数。

一条公共交通线路的客运能力是每小时通过车辆数(通常以通过最大车站为依据)和每车载客量的乘积。以下四个基本因素决定着最大客运能力:

(1)每一运输单元(公共汽车、小客车、有轨电车)的最多车辆数。

(2)各个运输车辆的客运能力。

(3)车辆之间或列车之间可能的最小车头时距。

(4)车辆运行渠道或乘车座位数。

$$\text{乘客数 / 小时} = (\text{车厢数 / 小时}) \times (\text{座位数 / 车厢}) \times (\text{乘客数 / 座位}) \quad (4\text{-}14)$$

根据乘客所占空间允许的服务水平可得

$$\text{乘客数/小时} = (\text{车辆数/小时}) \times (\text{车厢数/车辆}) \times (\text{平方英尺}^{①}\text{/车厢}) \times (\text{乘客数/平方英尺}) \quad (4\text{-}15)$$

式(4-15)中导出的客运能力不受座位构造影响,而直接与每辆车的面积有关。能使总客运能力达到最大的车辆,一般座位数最少。

4.4.8 提高城市公共汽车线路通行能力的措施

城市公共汽车线路通行能力的大小与客流分布、运营管理、车辆特性有关。客流沿线站点分布比较均匀,通行能力大;客流集中于某几个站点,通行能力小。此外,可考虑如下几点:

① 1 平方英尺=0.093 平方米

(1)维持好站点乘车秩序,缩短乘客上下车时间。

(2)增加车门数量,减少踏步阶数,扩大车门宽度,降低车辆底盘高度,缩短乘客上下车时间。

(3)改善车辆动力性能,提高驾驶员驾驶技术,缩短车辆进、出站时间。

(4)在一条较长的街道上,若同时开设几条公共汽车线路,应在同一站点分开设置各路公共汽车停靠站位置,以提高通行能力。

复习思考题

1. 城市公路网布局考虑的因素包括哪些?
2. 公路的类别与等级包括哪些?
3. 如何理解城市公路主线的几何特征?
4. 城市道路交叉口设计考虑的因素包括哪些?
5. 提高交叉口通行能力的措施包括哪些?

第 5 章 城市轨道交通与组织

5.1 城市轨道交通的分类

城市轨道交通是指服务于城市旅客运输，通常以电力为动力、轮轨运行方式为特征的车辆或列车与轨道等各种相关设施的总和。或者说，一般将城市中在固定导轨上运行的车辆并主要用于城市客运的交通称为城市轨道交通。

截至 2005 年年底，世界上已有 48 个国家、140 多个城市拥有城市轨道交通，形成了很多种类。世界各国根据相对位置、运营范围、系统容量、路权、车辆类型等提出了不同的分类方式，并赋予了其各种名称。

5.1.1 按线路敷设方式分类

按线路敷设方式划分，城市轨道交通可分为以下三类。

(1)地下线：位于地下(或水下)隧道内的那部分轨道交通线称为地下线，线路构筑物形态为单线或双线隧道。由于最早的城市轨道交通位于地下，所以称为地下铁道(The underground)，简称地铁；也有称为 Metro 的，是因最早经营这条地铁的公司名为 Metro 而命名的。

(2)地面线：位于地面的轨道交通线称为地面线，线路构筑物形态为路堤或路堑。

(3)高架线：位于高架桥上的轨道交通线称为高架线，线路构筑物形态为高架桥。

5.1.2 按线路运营范围分类

按线路在城市区域中的运营范围划分，城市轨道交通可分为以下三类。

(1)(城)市区轨道交通：服务范围以中心城区为主的城市轨道交通系统。城市市区的地铁、轻轨都属于此类。

(2)(城)市域轨道交通：服务范围覆盖城市市域的轨道交通系统。这类交通系统在各国的名称不同，例如，法国的区域快速铁路、德国的市内高速火车、美国的区域快速轨道交通、日本的私铁(市域范围内)，等等。

(3)地区铁路交通：服务范围覆盖城市市域及其邻近地区的轨道交通系统。由于涉及两个或多个行政区，这类系统一般由国有或私有铁路公司建设和管理，主要为大城市周围的通勤客流服务。日本、德国、美国等大部分发达国家在 19 世纪末就开始利用国家铁路为城市周围地区的客运服务，主要是大城市周围地区放射方向的客流，行程时间一般在 2 小时以内。有些地区铁路交通的服务范围主要是在大城市市郊，人们习惯将它称为市郊铁路(Suburban Railway),例如,东日本铁路公司(JR East)在东京周围开行的短程列车,德国联邦公司(DB)在柏林周围开行的 RB、RE 列车;有些主要是为大城市周围卫星城与中心城的通勤客流服务,人们习惯将它称为通勤铁路(Commuter Railway),例如,英国铁路公司在伦敦周围开行的短程列车,美国纽约的长岛通勤列车,日本的私铁(经过两个及以上行政区);还有些是连接城市群的铁路交通。

5.1.3 按路权分类

路权是指轨道交通系统运行线路与其他交通的隔离程度。根据城市轨道交通系统是否专用及列车运行控制方式的不同,轨道交通系统可分为路权专用、按信号指挥运行,路权专用、按视线可见距离运行和路权混用、按视线可见距离运行等类型。

(1)路权专用、按信号指挥运行

路权专用、按信号指挥运行系统的特点是线路专用,与其他城市交通线路没有平面交叉。由于路权专用、按信号指挥运行,行车速度高且行车安全性好。属于这种类型的轨道交通系统包括市郊铁路、地下铁道和高技术标准的轻轨等。

(2)路权专用、按视线可见距离运行

路权专用、按视线可见距离运行系统的特点是线路专用面交叉,行车安全性较好,但由于无信号、按可视距离间隔运行,行车速度稍低。属于这种类型的轨道交通系统主要是中等技术标准的轻轨。

(3)路权混用、按视线可见距离运行

路权混用、按视线可见距离运行系统的特点是线路与其他运输车辆和行人共用,与其他城市交通线路有平面交叉。除在交叉口设置信号控制外,其余线路按视线可见距离间隔运行,行车速度较低,行车安全性稍差。属于这种类型的轨道交通系统主要是低技术标准的轻轨和有轨电车。

5.1.4 按车辆特征分类

根据车辆的几何尺寸、驱动方式、车轮材料的不同,可将轨道交通车辆划分为不同类型。

在车辆几何尺寸上,各国标准有较大差别。目前我国轨道交通车辆的宽度规格有 3m(A 型车)、2.8m(B 型车)、2.6m(C 型车)三种。而日本大阪常规地铁车型的宽度为 2.89m,小型地铁中线性点击系统车型的宽度为 2.45m、自动导轨系统(Automated Guideway Transit,AGT)车型的宽度为 2.4m。

根据驱动方式不同,轨道交通车辆可分为电传动车、线性电机车、独轨车、自动导轨车、磁(悬)浮车。

5.1.5 按系统运能分类

系统运能也称系统容量,即线路在一定时间内的单向输送能力,通常用单向小时输送能力表示。在设计轨道交通线路时,系统容量应不小于预测的线路远期高峰小时单向最大断面流量。

根据我国现行的《城市快速轨道交通工程项目建设标准》，轨道交通按系统容量可分为Ⅰ、Ⅱ、Ⅲ三级，分别对应大于或等于5万人次/小时、3万～5万人次/小时、1万～3万人次/小时的单向小时断面客流输送能力，分别称为高运能、大运能、中运能的轨道交通。

对应于不同运能级别的轨道交通系统，线路、车辆及编组、路权、信号等设备都要与之相匹配。

对高运能轨道交通，一般采用车辆基本宽度为3m的A型车，列车编组通常为6～12节，全封闭线路，具有支持高密度行车(30对/小时)的信号系统。通常这类线路的列车最高速度可达80km/h以上。

对大运能轨道交通，一般采用车辆基本宽度为2.8m的B型车，虽然也多采用全封闭的线路及具有支持高密度行车(30对/小时)的信号系统，但列车编组相对较小，一般不超过6节，轨道结构、信号、环控等系统的设计容量相较于高运能轨道交通明显减小，车辆最高速度、平均站间距也较小。

对中运能轨道交通，一般采用车辆基本宽度为2.6m的C型车。

5.1.6 按基本技术特征分类

根据轨道交通系统基本技术特征的不同，轨道交通系统主要有市郊铁路、地下铁道、轻轨交通、独轨铁路和有轨电车等类型。

1. 市郊铁路

市郊铁路是连接城市市区与郊区以及城市周围几十公里甚至更大范围的卫星城镇或城市内的铁路，但它往往又是连接大中城市干线铁路的一部分，因此它具有干线铁路的技术特征，如轨道通常是重型的。与城市轨道交通系统中的地下铁道等其他类型不同，市郊铁路通常是市郊旅客列车与干线旅客列车和货物列车混行。

2. 地下铁道

一般说来，地下铁道是指修建在地下隧道中的铁路。这样理解也许在地下铁道修建的初期没有什么不妥，但现在定义地下铁道并不要求该系统的线路必须全部修建在地下隧道内。对世界各国地下铁道系统进行分类研究可以发现，地下铁道可分为重型地铁、轻型地铁与微型地铁三种类型。重型地铁就是传统的普通地铁，轨道基本采用干线铁路技术标准。线路以地下隧道和高架线路为主，仅在郊区地段采用地面线路，路权专用，运能最大。轻型地铁是一种在轻轨线路、车辆等技术设备工艺基础上发展起来的地铁类型，路权专用，运能较大，通常采用高站台。微型地铁，又称小断面地铁，隧道断面、车辆轮径和电动机尺寸均小于普通地铁，路权专用，运能中等，行车自动化程度较高。

3. 轻轨交通

轻轨的含义是指就车辆对轨道施加的荷载而言，轻轨车辆与市郊列车或地下铁道车辆比较相对较轻。早期的轻轨系统一般是由直接对旧式有轨电车系统改建而成，20世纪70年代后期，一些国家才开始修建全新的现代轻轨系统。现代轻轨系统与旧式有轨电车系统相比，具有行车速度快、乘坐舒适、噪声较小等优点。对世界各国轻轨系统进行分类研究表明，轻轨交通存在多种技术标准并存的发展情况。高技术标准的轻轨接近于轻型地铁，而低技术标准的轻轨则接近于有轨电车。

4. 独轨铁路

独轨铁路是车辆或列车在单一轨道梁上运行的城市客运交通系统。独轨铁路的线路采用高架结构，车辆大多采用橡胶轮胎。从构造形式上可分为跨骑式独轨与悬挂式独轨两种。跨骑式独轨是列车跨坐在轨道梁上运行的形式，而悬挂式独轨则是列车悬挂在轨道梁下运行的形式。

5. 有轨电车

有轨电车通常采用地面线，有时也采用隔离的专用路基和轨道。隧道或高架桥仅在交通拥挤的地带才被采用。旧式的有轨电车由于其与公共汽车及行人共用街道路权，且平面交叉道口多，因而其运行所受的干扰多，速度慢。现代有轨电车与性能较差的轻轨交通已经很接近，只是车辆尺寸稍小些。

5.2 城市轨道交通线路网规划的内容与步骤

5.2.1 城市轨道交通线路网规划的内容

城市轨道交通线路网规划一般是指城市远期的轨道交通线路网规划，即从长远角度全面、系统地研究城市市区或市域的轨道交通线路网发展规划。

线路网规划年限一般与城市发展总体规划规定的年限相一致，对于城市发展潜力很大的城市，则需采用更长的远景期。

线路网规划的主要内容有以下几个方面。

1. 必要性研究

根据某城市的远期总体发展规划，论证城市是否需要发展城市轨道交通系统。由于一些城市总体规划的规划期不足30年，因此，在进行城市轨道交通线路网规划研究之前需要进行城市发展战略研究及城市综合交通战略研究，以此作为城市轨道交通线路网规划分析论证的基础。

城市轨道交通系统不仅需要很大的初期建设投资，而且需要很高的运营维护成本，如果没有足够的客流需求，轨道交通系统的正常运营可能面临巨额的亏损。当然，论证城市轨道交通系统的必要性是以其社会效益为依据的。目前，欧美国家的城市轨道交通系统多数是需要运营补贴的，但是它们在城市发展及城市综合交通系统中产生了远高于所获运营补贴金额的效益，这样的轨道交通系统是必要的。

2. 线路网规模研究

城市轨道交通线路网规模是指线路网的总长度及其线路的数目。不同的线路网规模对线路网结构、线路走向及其作用、功能等方面有很大影响。

为了使城市轨道交通线路网规划具有稳定性、科学性和前瞻性，决策者和建设者必须充分考虑城市远期甚至远景的交通持续发展要求，如充分考虑我国城镇化发展对城市人口规模与分布的影响；充分考虑小汽车发展对城市交通线路网的容量、尾气排放限制的影响；充分考虑在远景城市规模下节约使用交通用地和能源的综合交通客运结构。

3. 结构研究

城市轨道交通线路网结构是指线路网的形态结构，主要是指中心城区线路网的形态结构，如网格式、放射式、环形放射式等。不同的线路网结构对线路网工程造价、客运效率和城市形态发展等有很大影响。

4. 线路规划

线路规划包括线路定向、车站分布、线路敷设方式等。

城市轨道交通线路技术标准较高，车站规模较大，在城市中调整其位置比较困难。因此，在轨道交通线路网规划阶段需要进行较细致的线路规划。

线路走向的选择，一般要结合城市道路网和客流流向情况，沿城市主干路和主要客流布设线路，要尽量经过大的客流集散点，如商业中心、文化娱乐中心、对内对外文化枢纽和大的居民住宅区等。在确定线路起终点位置时，要预留向城市周围重要城镇延伸的可能性，以适应远景城市发展的需要。尤其对一个发展潜力较大的城市而言，一定要注意将线路网设计成“开放式”而不是“封闭式”的，即线路网中的线路端点要根据城市规划需要设计成可向外伸展而不是向里收缩的形式。

车站分布的工作内容是确定线路中车站的间距及具体位置。车站分布一般和线路定向的选定工作同时进行。因为常会由于车站位置不当或技术条件不合适而引起线路的改变，所以在规划线路网时，二者要紧密结合、相辅相成。

敷设方式是指线路是位于地面、地上(高架)还是地下(隧道)。它不仅影响线路工程造价，而且会对线路可实施性、实施后的运营维护成本及城市环境等带来很大影响。高架线土建工程造价一般是地下线土建工程造价的1/3～1/2，并且由于不需要通风、照明(白天)、排水提升设备等，可节省大量的能耗和运营维修管理费用。但高架线可能会产生噪声、景观等方面的不利影响，在规划设计中应认真进行处理。只要处理得当，高架线会给城市增添动景并增加许多新景点，对景观反倒能起到画龙点睛的作用；对环境产业的振动噪声污染，也不会超出国家规定的环境保护标准。随着城市中高密度建筑群的增多，在线路网规划阶段需要更加注重线路敷设方式的规划，否则，规划线路就难以实施，一条线路的调整则可能影响整个线路网的合理性及运营效率。

5. 联络线规划

在城市轨道交通线路网中，一些高密度运营的线路多数是独立运行的，与其他线路不互通列车。为了便于城市轨道交通线路网形成有机的整体，在编制线路网规划时，一定要认真规划好联络线的分布位置，以便线路网中各条线路建成后能机动灵活地调运各线的车辆，否则将给线路网的完整性造成无法弥补的弊病。

所谓联络线主要是指两条正线间的连接线，其主要用途有以下几种。

(1)运送厂修(大修)车辆。一条线路的车辆大修任务一般不会太多，为了节省工程投资和运营成本，并充分发挥工厂设备的作用，一个城市往往只设有一个修理厂。该厂一般设在第一条修建线路的车辆段内。其他各线需要厂修的车辆，可通过联络线运进工厂(车间)修理，所以，联络线的分布要有利于便捷地向厂修段运送修理车辆。

(2)走行运送车辆。由于城市用地原因，应当根据《地下铁道设计规范》(GB50157—92)的有关规定，经过论证认为可在两条或两条以上线路只设一个车辆段时，每天车辆段向各线收发列车,除需通过车辆段出入线外,往往还需经过联络线进出各线。

(3)运送新车辆。由多条线路组成的线路网,不可能每条线路的车辆段都设有铁路专用线与地面铁路连接。当某条线路的车辆段因离地面铁路较远,修建工程融、耗资大,或因技术原因等不能与地面铁路接轨时,线路上所需的新车辆要通过其他省铁路专用线的车辆段,经两正线间的联络线运进来。当然,在条件允许的情况下,经过技术经济分析比较确定合理时,也可通过公路运进新车辆。

(4)在修建同一期工程路线时,两线间需设置联络线,施工期内作正线使用。例如,北京地铁第一期工程苹果园至北京站线路,其中苹果园至复兴门是线路网中1号线的西段,复兴门至北京站是2号线环线的南环。一期工程修建时,在南礼士路至长椿街站间设一双线联络线作正线运行,直至环线建成贯通,两线各自独立运营以后,才停止作正线使用。

(5)特殊用途的联络线。如根据战备等要求设置的联络线。

6. 车辆段与其他基地规划

车辆是城市轨道交通系统运送乘客的交通工具。为了安全、快捷、舒适地运载乘客,满足城市交通的需求,车辆在整个系统中占有很重要的位置。为保证车辆能在线路上正常运行,要经常对它进行维修保养。

车辆段是车辆的维修保养基地,也是车辆停放、运用、检查、整备和修理的管理单位。若运营线路较长(超过20km时),为了有利于运营和分担车辆段的检修工作,可在线路的另一端设停车场,负责部分车辆的停放、运用、检查和整备工作。当技术经济合理时也可以两条或两条以上线路共设一个车辆段。

城市轨道交通系统除有车辆保养基地外,尚有综合维修中心、材料总库和职工技术培训中心等基地,有条件时应尽量把它们与车辆段规划在一起。

7. 线路网建设顺序

线路网结构、线路走向和车站分布确定后,要根据城市客运交通需求、城市新建与改建计划、工程实施难易程度及工程投资情况等因素确定线路建设的顺序。对近期修建的线路,有条件时还可进行工程投资匡算和经济分析工作,以供决策部门制定建设规划时参考。

与城市道路网规划比较,城市轨道交通线路网规划的研究内容虽与之有相同之处,如线路网规模、线路网结构和线路网建设顺序等,但更多的是不同之处。这不仅表现在需要增加线路规划、联络线规划和车辆段规划等内容,而且体现在轨道交通线路网规划的专业性、网络关联性和线路网的稳定性等方面。具体体现在以下几个方面。

(1)技术标准高,线路走向及场站位置选择较困难。城市轨道交通系统具有较大的运能,但对线路、场站的技术要求也较高。例如,最小平面曲线半径一般在250米以上,在城市区域转向会产生许多拆迁工程;最大坡度一般在3%以下,线路出入地面会有较长的过渡段,对横向道路交通有一定的影响;普通中间站的长度一般在100米以上,多为高站台,其位置选择已经不易,而对于一些多线立体交汇的换乘站、占地规模大的停车场以及车辆段等场站的选址就更加困难。

(2)城市轨道交通系统涉及的专业多,且部分专业与乘客关系密切,考虑不周将会直接影响使用效果。例如,车站不仅要设上下车需要的站台,而且还需设置大型供电设备、运营控制管理设备等;换乘站的出入门、换乘通道及车站周围的接驳交通设施的规划设计将直接影响乘客换乘的便捷性；如果规划线路很长，应考虑提供开行大站车的可能，需要在部分车站规划越行线及道岔咽喉区；不同线路之间需要考虑在合适的地点设置联络线，等等。如果此类内容在线路网规划阶段没有深入考虑，则在线路建成后改建十分困难；即使勉强改建，其功能也会受到一定程度的影响，工程费用也可能显著增加。

(3)城市轨道交通系统的类型众多，各类系统的运能级别与技术要求相差很大。例如，根据现行的《城市快速轨道交通工程项目建设标准》，采用 A 型车的线路运能可达 5 万～7 万人/小时，相应平面最小曲线半径为 300～350 米，而 C 型车的线路运能只有 1 万～3 万人/小时，相应平面最小曲线半径为 50～100 米。又如，独轨车、磁浮车的轨道和线路结构等与轮轨系统差异很大，它们的线路规划在原则上与轮轨系统也有所不同。

(4)对城市发展的影响较为深远。城市轨道交通车站聚集的人流量比常规公交车站要大得多，尤其在多线交叉的换乘枢纽处更是如此。例如，上海的人民广场枢纽站有三条轨道交通线交汇，仅轨道交通换乘量就有 30 多万人/天，而这里全部公交线路的集散量只有 10 万人/天；在东京，新宿、东京铁路客运站等轨道交通换乘枢纽站，每天的客流集散量超过了 100 万人。由于轨道交通客流比较集中，因而对商业、土地、住宅等方面的增值有持久的、扩大的影响。从东京、纽约等大城市的发展状况看，轨道交通车站及枢纽附近一般都是高楼林立、商业繁华，土地价格很高。

(5)对城市中心区线路网规模和结构规划的稳定性要求很高。城市道路网的规划可以每隔 10～20 年分期规划，各期道路网规划实施后道路衔接比较容易，而城市轨道交通项目由于体量大、线路标准高、多为地下或高架工程等原因，使得改建或扩建十分困难。如果初期规划考虑不周，则可能导致换乘不便、部分区段过于拥挤、线路网运营效率低等问题。因此，城市轨道交通建设客观上需要充分论证城市轨道交通线路网的规模与结构。但至今为止，这仍是一个没有得到妥善解决的问题，因为这涉及城市总体规划(未来人口与岗位的数量与分布)、城市综合交通结构(城市公共交通客运系统在城市交通客运系统中的分担比例、城市轨道交通系统在城市公共交通客运系统中的分担比例)等长远的、战略性的问题，而我国城市总体规划的时限一般不超过 20 年。

(6)一个具有可操作性的城市轨道交通线路网规划，与城市轨道交通近期(首期项目建成后第 10 年)建设规划及一系列专项规划是相互关联的。这些专项规划包括换乘枢纽规划、车辆段及停车场规划及电系统规划、控制中心规划等。例如，停车场的位置将决定线路的起终点位置，换乘站的位置及布局形式会影响相关线路的定向，线路的实施序列会影响相关线路的连接方向，等等。

正因为城市轨道交通项目的建设具有网络关联性，所以国家发展和改革委员会在审批城市轨道交通项目之前，首先要审核“城市轨道交通近期建设规划”，而该规划又依赖于科学合理的“城市轨道交通线路网规划”，因此，城市轨道交通线路网规划是城市轨道交通项目建设的基础和前提。我国已有的城市轨道交通建设实践也多次证明，不考虑线路网的轨道交通线路建设必然会引起大量废弃工程并造成功能下降。

5.2.2 城市轨道交通线路网规划的步骤

城市轨道交通线路网规划的过程如同其他系统工程问题的解决方法一样，也要经历弄清系统存在的问题，明确规划目标；制定解决所存在问题及实现所提出目标的规划备选方案；评价各个备选方案，提出推荐方案；实施和修订规划等阶段。

城市轨道交通线路网规划，涉及城市轨道交通需求分析和预测、城市轨道交通线路网规模分析和估算、城市轨道交通线路网方案设计和分析、城市轨道交通线路网方案评价和选择等过程，可以划分为以下几个步骤。

(1)收集和调查历年社会经济(GDP、人均收入)、土地利用(居住人口及岗位分布、流动人口)、路段交通量、城市居民出行流量及流向资料，为现状诊断及客流预测提供基础数据。

(2)通过对城市轨道交通线路网各路段的交通量(观测交通量或理论分配交通量)、拥挤度(或饱和度)、车速、行程时间等指标的分析，对现状交通线路网进行诊断，找出城市交通未来发展可能存在的问题。只有深刻认识到城市交通的关键问题所在，才能制定出合理且具针对性的规划目标和提出切实可行的规划方案。

(3)分析未来城市的人口总量(包括常住人口、流动人口)、出行特征(频率、距离、方式)、交通结构等方面的情况，对轨道交通客运需求进行预测。预测结果是方案设计和评价的基础。

(4)城市发展战略研究。由于城市总体规划时限不超过20年，不能适应城市轨道交通线路网规划时限(30～50年)的要求，因而需要对远景的城市发展战略目标进行分析论证。其分析论证的重点内容是：远景的城市人口、工作岗位的数量及分布，城市发展形态与布局结构，中心区及市区范围的人口密度及岗位密度。

(5)城市综合交通战略研究。从城市交通总能耗、总用地量、总出行时间等角度论证不同时期的城市轨道交通客运份额的合理水平，确定不同时期城市轨道交通客运目标量。

(6)在现状诊断和需求预测的基础上，结合城市综合交通战略、城市轨道交通建设资金供给等方面确定未来(可以分为若干规划期)的轨道交通线路网发展规模。

(7)根据轨道交通线路网规模，结合客流流向和重要集散点编制线路网规划方案。由于轨道交通枢纽点需要具备一定的用地规模、施工条件及公交配合条件，因而线路网规划方案在编制时往往应先考虑重要换乘枢纽的点位。不同的规划方案可能对未来城市发展产生不同的影响，进而影响到城市客流流向和流量，因此方案设计与客流预测是相互作用的，在具体预测过程中需要不断重复上述过程。

(8)针对各线路网方案，利用预测的客流分布结果进行客流测试，得到各条规划线路的各断面、各站点的客流量、换乘量以及周转量等指标，为方案评价提供基础数据。

(9)建立评价指标体系，对各方案进行定性、定量的分析及比较。

(10)选择较优方案，并结合线路最大断面流量等因素确定轨道交通的系统模式。

值得注意的是，上述各步骤是相互作用的，可能反复循环。例如，在深入分析既有方案的时候，可能会发现新的更具有竞争力的方案；又如，新情况的出现、新政策的出台必然会影响需求预测结果的变化，这种反复并不罕见。一个好的规划方案是在不断反复的过程中逐步完善的，这种反复循环的过程使得规划方案更加切合实际。

但是，必须认识到规划的严肃性，规划方案一旦实施就不能轻易调整。调整规划是要付出代价的，代价大小与所调整线路的结构性程度有关，越是结构性强的线路，其调整所需付出的代价越大。因此，在规划过程中要尽可能预计到未来的一些结构性、战略性的变化，从而使所形成的线路网规划在结构上不会发生大的变化，尽量减少未来规划调整所带来的损失。

5.3 影响城市轨道交通线路网方案设计的因素分析

城市轨道交通设施一般会使用百年以上，它对城市发展的形态、规模、产业布局、居民出行乃至生活方式都会产生深远的影响。

设计城市轨道交通线路网时，首先要考虑沿主要客流走廊布设线路网。便捷地运送客流是城市轨道交通建设的直接、主要的目的，这就要求在客流预测时正确地分析已形成的客流走廊现状及未来可能形成的客流走廊的客流增长趋势。

第二，确保轨道交通能够建成和正常运营。线路位置必须满足城市地形、地质、历史文物等自然条件及人文地理条件的要求。

第三，应充分考虑轨道交通系统中车流与人流的特点，尽可能减少旅客出行时间，节省运营成本，提高运输效率。下面就这几方面的问题作进一步的说明。

5.3.1 与客流有关的主要因素

(1)城市性质及地位。城市规划中确定的城市性质与地位，在战略上决定城市的人口、用地发展规模和潜力，以及其外部区域的影响力。

(2)城市人口、土地利用的规模及分布形态。城市(市区及市域)的居住人口规模及密度、工作岗位规模及密度、各种客流集散点的分布及集中程度等因素，对客流的产生及流向有着重要的影响。因此，要分析现状及规划的城市人口分布和大型客流集散点分布，包括重要的工业区、商业网点、文化中心、旅游点、住宅区等。

(3)市内公共交通枢纽及对外交通枢纽。城市内部公交枢纽、铁路车站、码头、航空港等均是客流集散的重要场所，其规划位置对城市客流的分布有重要的影响。

5.3.2 与轨道交通建设相关的制约因素

(1)城市自然地理条件。城市的地质、地形等自然条件会限制城市轨道交通线路的走向及位置。

(2)城市人文地理条件。国家级的自然风景区及文物保护点(包括地面及地下)、具有重要意义的建筑物等是必须保护的对象，城市地面建筑物、地下建筑物、地下管线、地下桩基等对轨道交通选线有一定影响。

(3)城市经济实力。城市轨道交通建设需要花费巨大的资金，在日后运营中还可能面临巨额补贴问题。城市的经济实力会影响城市轨道交通线路网规划规模，尤其是近期实施计划的规模。

(4)轨道交通的敷设方式。城市轨道交通线路位于地下隧道内、高架桥或地面上，各线路走向所考虑的因素是不同的。即使是在地下隧道内，是浅埋还是深埋，所考虑的因素也有所不同。

①地下隧道全部位于地下，对通风、照明、消防等设施的要求较高。地下隧道设施造价昂贵、长久耐用，但将来很难对其进行改建。

②地面线路及高架线路，对通风、照明等设施的要求不高，但需防治噪声，考虑线路建筑形态与周围建筑环境的协调等问题。对于地面及高架线路，虽然其改建比地下隧道容易，但如不预先保留有关用地，当线路两侧逐渐建成高密度的、难以拆迁的建筑群后，改建也是很困难的。

③当区间隧道为浅埋(埋设深度在 12 米以内)时，一般采用明挖法进行施工。这时，区间隧道一般采用双线隧道，要求线间距采用最小值，如果车站采用岛式站台，则在靠近车站的地段需要将线间距加宽，形成一个喇叭状。当区间隧道为深埋(埋设深度在 12 米以上)时，区间隧道通常是两条独立修建的单线隧道，且两隧道间要保持一定间距，如果车站采用侧式站台，此间距会大于站台上线间距，因此要在车站两端修建渡线室，用来把车站处的最小线间距加宽到区间线间距。

因此，在轨道交通线路网规划阶段需要对各条线路的各个区段、各个车站、停车场及车辆段进行敷设方式规划。

5.3.3 与运营有关的影响因素

(1)线路网结构。同样的线路长度按不同的结构组成的线路网，对线路网中各线路负荷的空间分布、运输效率以及线路网的后续发展等都有重要影响。

(2)线路的起终点及换乘站的选址。线路的起终点决定线路的长度，影响线路的运营组织及效率，并在一定程度上决定车辆段及停车场的位置。同时，它们又是特殊的车站，周围的土地利用强度将大大提高。尤其是多线换乘站，由于其未来客流集散量较大，需要相当大的客流集散空间，这就要求有足够的建设用地。例如，东京的新宿站曾是低密度城市区，自 20 世纪初有 2 条铁路线交汇在此之后，越来越多的城市轨道交通线汇集于此，人流越来越多，新宿也逐渐发展成东京重要的副中心，现在这里有 7 条城市轨道交通线经过，每天集散人流超过 100 万人次，车站出入口数量有 80 多个。在城市中心区，是否拥有足够的用地是换乘站选址的一个主要制约因素。换乘站的空间太小，则会导致拥挤现象。这些人流不仅不能带来商业价值，反而会危及交通安全，恶化城市环境。

(3)影响城市轨道交通线路网设计的因素众多，线路网设计在论证时一般需注意如下要点。

①城市中心区线路网规模设计应适应城市远期或远景的发展要求。由于城市中心区建筑密度高，轨道交通线路多采用地下隧道，如果对线路网规模估计不足，那么远期加密线路网时将会出现换乘不方便的情况，线路的建设成本也会增加。当轨道交通线路网规划期限超出城市总体规划期限时，为了使得城市轨道交通线路网规划具有前瞻性和稳定性，应该对规划期的城市发展规模、城市发展形态、城市公共交通发展战略进行科学合理的论证。

②在论证城市中心区的线路网结构时，除了进行客流分析及建设效果分析之外，还要结合系统制式、线路敷设方式、机车交路、换乘客流规模等因素论证线路与车站的可实施性。由于城市轨道交通线路的最小平面曲线半径及纵断面坡度标准较高，当一条线路的

区间或车站建设因不能实施而调整走向时，可能会引起线路大范围的调整，进而影响到整个中心区线路网的主红轴线走向、换乘站及区域站位置的设置等。对换乘站的论证，要考虑线路的实施序列、换乘客流规模、车站用地与空间规模；对越行站或折返站的论证，需要考虑实施序列方案、布局规划方案及分期实施方案。

③城市边缘区的轨道交通线路应尽量结合现有的主要客流走廊布设，并尽可能经过大型客流集散点，如城市中心、副中心、商业中心、文化和体育中心、市内公交枢纽、对外客运枢纽（主要有火车站、轮船码头、长途汽车站、机场等）、主要工业区、大型住宅区等，以便于乘客直达目的地。

④城市外围区及郊区的线路走向应与城市规划的发展路线紧密结合，充分利用土地与交通之间相互作用的影响，使轨道交通规划成为城市规划的有力支撑。

⑤线路尽量沿放射状的城市道路干线规划，一方面便于吸引沿线的客流量，另一方面无论线路位于地上还是地下，沿干线道路走向的线路的拆迁工程量较小，便于施工，能够减少工程量。对于道路网为方格网状的城市而言，如果客流主要流向为放射状，在施工条件许可时，可以穿越街区寻求短直的放射状线路走向。这样，既可缩短线路长度，又可节省出行时间。

⑥选择线路走向以不破坏国家级的自然风景区及文物保护点（包括地面及地下）为前提，对具有重要意义的建筑物及溶洞、暗河等地质不良区域应尽量避让。

⑦线路的起终点尽可能放在城市外围区或郊区，以节省起终点站的建设成本；对于两条不同方向的半径线，可设法将它们连接起来，形成直径线或U形线。

⑧如何减少线路网总的换乘次数是线路网结构优化的重要内容。在市区内，应使大部分乘客每次出行的轨道交通换乘次数不超过一次。

⑨后续建设的各条线路与先期建成的线路网间应有一条联络线，以保证该线路的列车可以通过已建成的线路网导入。

5.4 城市轨道交通的线路网结构分析

5.4.1 线路网线路间的基本关系分析

线路是线路网的基本组成要素，分析两条线路之间的关系可以从局部了解线路网的特征。

1. 线路网按线路布置方式的划分

按线路的布置方式可将线路网分为两种基本类型：

(1)各条线路在不同标高的平面上相交，在交叉处采用分离的立体交叉，线路网中各条线路独立运营，不同线路的列车不能互通，乘客必须通过交叉点处的换乘站中转才能到达位于其他线路上的目的地车站，这类线路网称为分离式线路网（图5-1(a)）。

(2)各条线路在同一平面交叉，在交叉处用道岔联结，因而各条线路之间可以互通列车，在整个线路网上可以像城间铁路那样实行联运，乘客可以直接到达位于另一条线路上的目的地车站，这类线路网称为联合式线路网（图5-1(b)）。

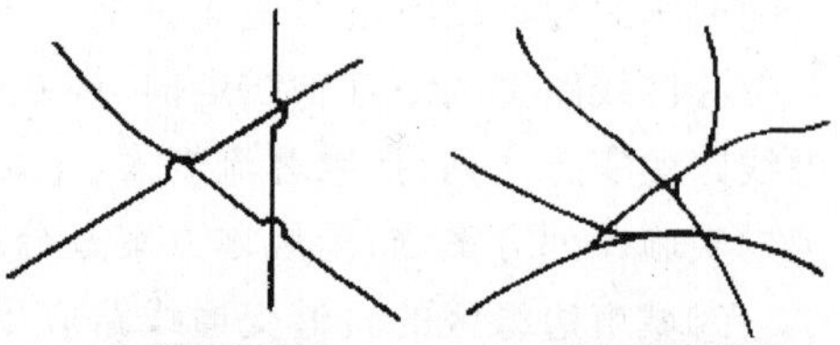

图5-1 按线路布置方式划分的线路网类型图

分离式线路网的优点是能确保在安全的条件下最好地组织大频率和高速度的交通，其缺点是必须换乘才能到达其他线路上。世界上多数大城市的轨道交通线路是按分离式线路网修建的，但也有少数城市是按联合式线路网修建的，如纽约和伦敦。还有部分城市，如马德里，是将两种线路网组合起来的，即主要线路在方向上是相互分离的，而其他线路之间是相互联系的，试图兼备上述两种线路网的优点。

我国已建地铁的城市，如北京、上海、广州以及正在规划轨道交通线路网的城市，如深圳、南京、武汉等，都是按分离式线路网规划和建设的。因此，这里主要针对分离式线路网进行轨道交通线路之间的形态关系分析。

2. 线路网线路之间的基本形态关系

从两条线路所构成的形态来看，按照交叉点的多少，可分为三类，即线路之间无交叉、线路之间交叉一次、线路之间交叉两次及两次以上。

(1)线路之间无交叉(Ⅰ类)：

轨道交通线路网中，两条线路之间不交叉的情形大致有三种：

①两条线路平行或近似平行，如纽约曼哈顿地区的地铁。

②两条线路虽不平行但相距较远，如在一些特大城市中由于城市建成区面积较大，两条主要的交通走廊走向大致相同但相距较远。

③由于河流等地理因素，两条线路之间无法或尚未连通。在这种情况下，两条线路之间无法实现直接换乘，必须通过与这两条线路都交叉的线路进行两次或两次以上的换乘才能实现，或是通过其他出行方式来实现，因而这两条线路之间的客流转线很不方便。

(2)线路之间交叉一次(Ⅱ类)：

轨道交通线路之间交叉一次，即两条线路之间存在一个换乘站。线路交叉的形态呈十字形、X字形、T字形及Y字形四种。十字形交叉常见于方格式线路网中，如北京地铁线路网；X字形交叉常出现于含有三角形的放射式线路网中；T字形或Y字形交叉则多见于一些树状线路网中，如布宜诺斯艾利斯、阿拉斯加、阿姆斯特丹等城市轨道交通线路网。线路之间交叉一次，使得两条线路之间可以实现直接换乘，但是当换乘客流很大时容易引起换乘客流的相互干扰和混乱。

(3)线路之间交叉两次及两次以上(Ⅲ类)：

两条线路之间相互交叉两次，便构成两个交叉点，两者间的距离可以较远，也可以较近，甚至可以是紧邻的两个站。在交叉点相距较近的情况下，交点间的线路多为平行或近似平行，只在两交点外侧才开始分开。在一些大城市客流量很大的交通走廊上会采用这种布置。在交叉点相距较远的情况下，有两种常见的结构形态。一种是两条线路在市中心区的两端相交，交点之间的线路形成一个包围中央商务区的小环，形同鱼状，即所谓的鱼形结构，如图5-2所示。这种结构将两条线路汇集的客流分别引向市中心区的两端，环绕在中央商务区小环上密布的站点有利于中央商务区客流的分散，有力地减轻了市中心区的交通压力，保持了外侧的稳定，同时两条线路上的换乘客流得以在两个换乘站换乘，这也减轻了换乘站的压力，方便了乘客的换乘。鱼形换乘结构已成为许多城市轨道交通系统中的基本构成，在米兰、里约热内卢、里尔、多伦多、罗马等城市的轨道交通线路网中均包含这种结构。另一种是弧弦式换乘结构，即一条穿越市中心区的辐射线与一条环绕市中心区的环线相交，如图 5-3 所示。这种结构的换乘站一般位于闹市区外围，主要由环线的位置决定，其作用不仅在于让乘客方便地换乘，更重要的是可以有效地减轻市中心区的过境客流，通过环线使得辐射线上的客流便捷地转换到其他辐射线上，是构成环线-放射式线路网的基本部分。

图 5-2　鱼形换乘结构图

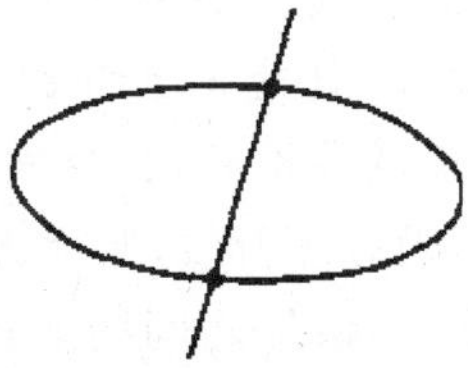

图 5-3　弧弦式换乘结构图

当两条线路之间交叉两次以上或多条线路交叉时，除星形结构外，一般会构成两个以上的交叉点，其形态特征是上述三种基本形态关系的组合。

5.4.2　线路网形态结构的特征分析

一个城市的轨道交通线路一般在三条以上，这些线路相互组合，并受各个城市具体的人文地理环境等条件制约，形成了千姿百态的线路网形态。轨道交通线路网的线路越长及条数越多，所构成的线路网形态就越复杂。将这些线路网形态抽象、归类，可归结为多种线路网形态结构，其形态结构的一个共同特点是：在城市的外围区，轨道交通线路呈放射状，密度较低，形成主要的交通轴向，而在城市内部轨道交通线路密度较高，形成以三角形、四边形为基本单元的形态多样的线路网形态结构。

在线路网形态结构中，最常见、最基本的线路网形态结构是网格式、无环放射式及有环放射式三种。

1. 网格式

网格式线路网的各条线路纵横交叉，形成方格网，呈格栅状或棋盘状，如图 5-4 所示。网格式线路网中的线路走向比较单一，其基本线路关系多为平行与十字形交叉两种，如大阪及墨西哥城市地铁线路网就是这种类型。这种结构的线路网线路分布比较均匀，客流吸引范围比例较高；线路按纵横两个走向，多为相互平行或垂直的线路，乘客容易辨别方向；换乘站较多，纵横线路间的换乘方便，线路网连通性好。这类线路网结构的缺点，一是线路走向比较单一，对角线方向的出行需要绕行，市中心区与郊区之间的出行常需换乘，有时可能要换乘多次；二是平行线路间的换乘比较麻烦，一般要换乘 2 次或 2 次以上，当线路网密度较小，平行线

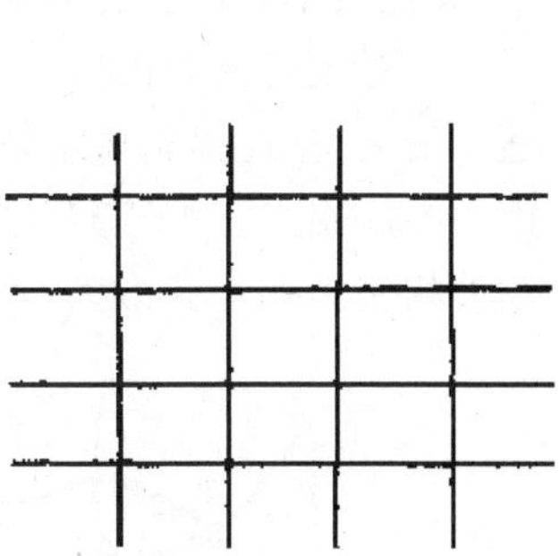

图 5-4　网格式线路网结构示意图

之间间距较大时，平行线间的换乘很费时间。

2. 无环放射式

无环放射式线路网是由若干穿过市中心的直径线或从市中心发出的放射线构成，其原始形态如图 5-5 所示。这种类型的线路网可使整个区域至中心点的绕弯程度最小，即全市各地至中心点的距离较短，因此其线路网中心的可达性很好，市中心与市郊之间的联系非常方便，有利于市中心客流的疏散，也方便了市郊居民到市中心工作、购物和娱乐出行，有助于保证市中心的活力。由于各条线路之间相互交叉，任意两条线路之间均可实现直接换乘，因此线路网连通性很好，任意两车站之间最多只需换乘 1 次。但由于没有环行线，圆周方向的市郊之间缺少直接的轨道交通联系，市郊之间的居民出行需要经过市中心区的换乘站中转，绕行很长距离，或者需要通过地面道路交通方式来实现，交通联系很不方便。这种不方便程度随着城市规模的扩大而增大。当 3 条及 3 条以上轨道交通线路在同一点交汇时，其换乘站的设计、施工及使用都很困难。这种车站一般会在 4 层高以上，旅客换乘不便，日常费用较高，同时庞大的客流量难以疏散。因此，一般将市中心区的一点交叉改为在市中心区范围内的多点交叉，形成若干 X 字形、三角形线路形态关系，这样既有利于换乘站的设计与施工，又有利于客流的集散。

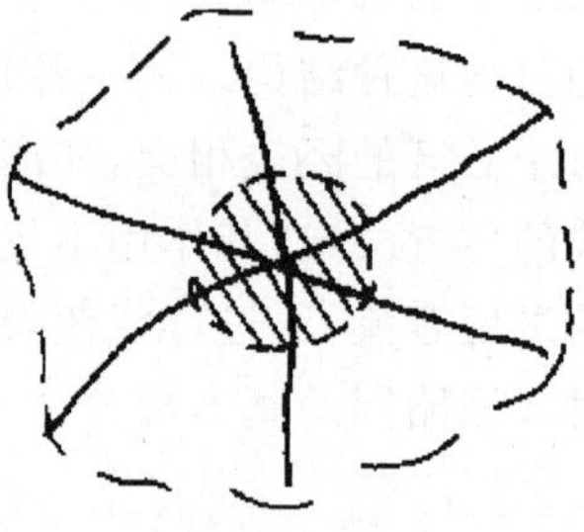

图 5-5　无环放射式线路网结构的原始形态图

3. 有环放射式

有环放射式线路网由穿越中心区的径向线及环绕市区的环行线构成，基本图式如图 5-6 所示。径向线的条数较多，走向多样，但都经过市中心区。在一些轨道交通线路网规模不是很大或建设时间较短的城市，如北京、新德里等，环线一般只有一条，而在一些轨道交通线路网规模较大、轨道交通发展比较成熟的城市，如莫斯科、东京等，会出现两条或两条以上的轨道交通环线。有环放射式线路网结构是在无环放射式线路网结构的基础上加上环形线形成的，是对无环放射式线路网结构的改进，因而既具有无环放射式线路网的优点，又克服了其周边交通联系不便的缺点。

以对现代大城市的车流及人流的分析可以看出，城市辐射方向（相对于市中心）的交通量最大，据此提出城市轨道交通线路网的最佳结构（图 5-7）。辐射路线是最基本的，在市中心区相交，为了避免中心站超载，各条辐射线的交叉点不集中于一点，而是在若干个车站相交。在大城市里，当城市边缘地区人口稠密时，应考虑采用环线线路网结构。

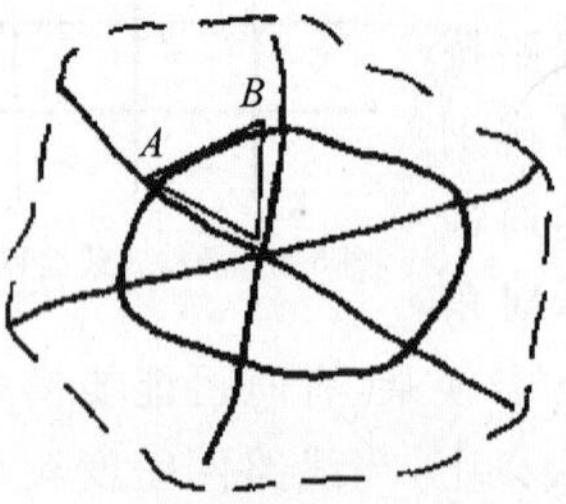

图 5-6　有环放射式线路网结构基本图

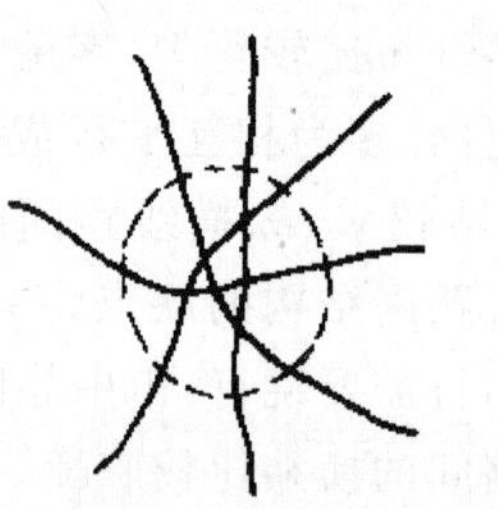

图 5-7　城市轨道交通线路网的最佳结构图

5.5 城市轨道交通的线路设计

5.5.1 轨道交通线路设计的阶段与特点

城市轨道交通线路的空间位置由线路平面和纵断面决定。线路平面是线路中心线在水平面上的投影;线路纵断面是沿线路中心线展直后的轨面标高在铅垂面上的投影。

城市轨道交通线路设计的任务是在规划线路网的基础上,在不同的设计阶段,对拟建的城市轨道交通线路走向及其水平面、纵断面和横断面位置,逐步由浅入深进行研究与设计,最终确定最合理的线路二维空间位置。线路设计的基本要求是保证行车安全、平顺,并且使整个工程在技术上可行,经济上合理。

城市轨道交通线路设计一般分四个阶段进行,即可行性研究阶段、总体设计阶段、初步设计阶段和施工设计阶段。

可行性研究阶段主要是通过多方案线路比选,完善线路走向、路由、敷设方式,基本确定车站、辅助线等的分布,提出设计指导思想、主要技术标准、线路平面和纵断面及车站的大体位置等。

总体设计阶段是根据可行性研究报告及审查意见,通过方案比选,初步确定线路平面、车站的大体位置、辅助线的基本形式、不同敷设方式的过渡段位置,提出线路纵断面的初步标高位置等。

初步设计阶段是根据总体设计方案及审查意见,确定线路设计原则、技术标准等,基本确定线路平面位置、车站位置及站台线纵剖面。

施工设计阶段是根据初步设计方案、审查意见以及有关专业人员对线路平面和纵断面提出的要求,对部分车站位置及个别曲线半径等进行微调,对线路平面及纵断面(包括左线)进行精确计算和详细设计,提供施工图纸说明文件。

5.5.2 轨道交通线路走向的设计要点

城市轨道交通的主要功能是为城市居民出行服务,所以选择城市轨道交通线路走向的基本原则是沿客流方向布置,同时应考虑有效利用土地、缩短建设工期、节约建设投资、线路运营后能方便旅客使用等方面的问题,市区线路绝大多数应敷设在城市街道的主要道路下面。由于轨道交通一旦建成,改造十分困难,而且费用昂贵,所以线路的走向应经慎重研究比较后确定。城市轨道交通线路走向的选择应考虑以下几点。

(1)应符合城市轨道交通线路网规划和城市发展总体规划要求,沿主要客流方向选择并通过大型客流集散点(如工业区、大型住宅区、商业文化中心、公交枢纽、火车站、码头、长途汽车站等),以便于乘客直达目的地,减少换乘,争取客流。

(2)应符合城市改造及发展规划,通过形成以轨道交通换乘站为核心的城市综合交通枢纽来引导或维持沿线区域中心或城市副中心的发展。

(3)应尽量避开地质条件差,有历史文物遗迹、地面建筑物和地下建筑物等地域,在老城区宜选择地下线路。在满足地质条件、历史文物保护、地面建筑物和地下建筑物等制约条件下，线路尽可能按短直方向定线，以缩短线路长度，节省运营费用及运营时间。

(4)应结合地形、地质及道路宽窄等条件，尽量将线路位置选择在施工条件好的城市主干路上。在进行施工方法的比选中，合理选择线路基本位置、埋置方式及深度，减少城市轨道交通地下线施工过程中对现有房屋等建筑物的拆迁及城市交通的干扰。在郊区及副中心区有条件地段，可以选择地面线或高架线，以节省建设投资，降低运营费用。

(5)尽可能减少线路通过建筑群区域的范围。线路在道路的十字路口拐弯时，通过十字路口拐角处往往会侵入现有的建筑用地。此时若以大半径曲线通过，虽然对运行速度、电能消耗、轨道养护、乘客舒适性等方面都有利，但会造成占用通过建筑群地带地面以下的区间增长，用地费用增加，征地困难，同时，还会出现基础托底加固等困难工程。

(6)城市轨道交通的基本功能是城市区内客运，城市轨道交通线路基本走向应沿主要客流方向布设。主要客流方向应根据城市客流现状及预测结果综合考虑。车站应设置在客流量大的集散点和各类交通枢纽上，并与城市综合交通规划网相协调。这样有利于最大限度地吸引客流，方便乘客，使轨道交通成为城市公共交通骨干，轨道交通车站成为城市交通换乘中心。车站间的距离应根据需要确定，一般为1～2km，市郊区域可长些，而市中心区可以短些。

(7)对于浅埋隧道线路、地面线路或高架线路，其位置通常是沿着较宽的城市干路布设，或是通过建筑物稀少的地区，这样可以减少因避让线路穿越建筑群区域桩基或拆迁房屋而增加的麻烦及费用，也为线路施工创造了良好的明挖条件，增加了车站位置选择的自由度。对于深埋隧道，其线路位置由车站位置决定，一般在其间取短直方向。

(8)应充分考虑城市轨道交通既有及规划线路的情况。先期建设的线路应考虑与远期规划线路交叉点处的衔接，为方便未来线路网中的乘客换乘创造条件，虽然暂时费用支出可能有所增加，但较将来改建线路增设换乘设施所需的投资要少。

(9)应考虑车辆段、停车场的位置和连接两相邻轨道交通线路间的联络线。

(10)先期建设的线路应考虑与远期规划线路交叉点处的衔接，虽然暂时费用支出有所增加，但为未来线路网中乘客的换乘方便创造了条件，这要比未来改建线路增设换乘设施节省投资。

5.6 城市轨道交通站点的设置

不同的城市、不同的轨道交通系统，在实际运营中其乘客平均出行距离、到站方式及距离、车站内部走行距离、停站时间、车辆的启动和制动性能、车辆最高运行速度等方面都会有所差别。

1.客流吸引力

(1)大型客流集散点。大型客流集散点往往是城市的政治、经济活动中心，是城市的窗口地段，不但客流量大，而且集中，对地面交通压力很大。城市轨道交通通过车站吸引大量客流，对解决城市交通问题发挥重要作用，所以城市轨道交通在大型集散点必须设车站。例如，根据上海地铁运营公司客流统计资料，2005年上海轨道交通1号线莘庄、徐家汇、人民广场、上海站等四站日均进站客流占全线进站总客流的50.5%，四个站平均进站客流为其他车站的2.0倍。

(2)在车站分布数量上,除大型客流集散点及铁路车站外,其他车站的设置主要受人们对站间距离的要求所支配。一般而言,车站分布较密,市民步行到车站距离短,节省步行时间,可以增加短程乘客的吸引量;车站分布较疏,减少乘客在车内的时间,可以增加线路两端乘客的吸引量,但出于乘客步行距离及时间加长,轨道交通在综合交通中的客流吸引能力会降低。从上海轨道交通1号线乘客出行特征的抽样问询调查资料可知,在乘客从出发地到轨道交通车站的出行方式中,步行到站的占45.71%,骑自行车到站的占5.41%,乘公交车到站的占41.31%,乘出租车到站的仅占7.57%;乘客下车后到达目的地的情况与之相仿。由此可见,1号线乘客的出行方式中以步行为最多,其次是公交方式,其余方式所占比例较小。因此,对同一条线路,小站间距可以使步行吸引范围外的部分客流进入步行吸引范围之内,因而可以吸引更多的步行到站客流。

对于平均站间距离,世界上有两种趋向,一种是小站间距,平均为1km左右;另一种是大站间距,平均为1.6km左右。中国香港地铁平均站间距为1 050m,其中港岛线仅947m;莫斯科地铁平均站间距为1.7km左右。中国香港、莫斯科都以公共交通为主要运输工具,地铁均有很好的运营业绩。

2. 乘客出行时间

城市轨道交通车站数目的多少,直接影响市民利用轨道交通的出行时间。出行的总时间可分为以下几部分:从出发地至进入轨道交通车站站厅的时间和从下车出站至目的地的时间(简称接驳时间,以下同)、在车站的候车时间、乘车时间。

(1)车站分布对乘客接驳时间的影响

根据对上海轨道交通1号线的调查分析,乘客步行和骑自行车到站平均费时14分钟,从可以吸引更多步行及骑自行车到站客流方面来看,小站间距无疑会节约乘客的接驳时间。

(2)车站分布对乘客候车时间的影响

对每个乘客而言,在站厅的候车时间主要与其到达的时刻有关;而对乘客总体来说,候车时间主要与发车间隔有关。

(3)车站分布对乘车时间的影响

当采用大站间距时,设站较少一方面可以充分发挥系统的性能以提高列车的走行速度;另一方面还可以减少制动减速和启动加速以及停车所产生的延迟,从而缩短乘客的乘车时间。

3. 工程与运营成本

车站是昂贵的建筑物,其建筑费及设备费在工程初始投资中占很大比重。根据上海轨道交通2号线的概算资料,一般车站长度为284m,其土建工程造价约为6 000万~7 000万元,拆迁工程和车站设备是车站土建工程造价的2.1~2.2倍,而区间每公里土建工程造价为9 000万~10 000万元。单从土建工程造价方面比较,车站每延米的造价约是区间的2.4倍。

从工程造价角度来看,大站间距可以减少车站数量,从而节约车站的土建工程投资,但同时也将引起部分客流向邻近车站转移,导致邻近车站规模增大。因此,从整条线路上看,大站间距虽然会降低工程造价,但究竟能降低多少还需视具体情况而定;而小站间距由于车站数量较多,故车站总投资会相应增大。

从运营角度来看，大站间距可提高列车的走行速度，从而减少列车的周转时间，故在发车间隔不变的情况下，相应的车辆配备数就会减少。同时，大站间距的设站数量相对于小站间距要少，故相应的车站配套设施和管理维护人员也可相应减少，从而节省日常支出，降低运营费用；而小站间距则正好相反。根据前苏联地铁运营统计资料，地铁运营速度约与站间距离的平方根成正比。站间距离缩短会降低运营速度，从而增加线路上运行的列车对数；此外，因频繁启停车而增加电能消耗、轮轨磨耗等，均将增加运营成本。

4. 沿线土地开发

从沿线土地开发方面来看，较密的车站设置将进一步带动沿线土地的开发，促使周边土地升值，从而给沿线区域带来巨大的社会经济效益。

5. 城市规模

城市规模包括城市建成区和规划区面积及人口。一般来说，城市区域面积越大，乘距就越长。例如，莫斯科与圣彼得堡市中心区地铁乘客的平均出行距离各为 10.0km 和 6.1km；而同一城市在市区与郊区的乘客的平均出行距离也有差别，莫斯科与圣彼得堡市郊区地铁乘客的平均出行距离各为 14.0km 和 9.5km。乘距长时，轨道交通应以长距离乘客为主要服务对象，车站分布宜疏一些，以提高轨道交通乘客的出行速度；反之，车站分布宜密一些。

我国地域辽阔，分布在南北东西各地的城市人口密度差异很大。例如，2010 年北京东城区户籍人口为 62.5 万人，人口密度为每平方公里 2.4 万人；2010 年，上海有常住人口 2 301.92 万人，2000 年以来人口年均增长 3.4%，人口密度也由 2000 年的每平方公里 2 588 人，增加到 2010 年的每平方公里 3 631 人，成为全国人口密度最大的城市。人口密度高，会使在同样吸引范围内发生的交通客流量增大，因此车站分布宜密一些。

6. 线路长度

一条线路的长度，短则几公里，长则几十公里。对不同的线路长度，车站的疏密程度宜有所不同。短线路宜多设站，长线路宜少设站。

7. 轨道交通线路网及城市道路网状况

在两条轨道交通线路的交叉点应设乘客换乘站；在与城市主干路交叉时，为使乘坐城市其他交通工具的乘客方便换乘轨道交通，也宜设车站。

除上述因素外，线路水平面、纵断面，站址的地形、地质条件，城市公交线路网及车站位置，也会对轨道交通车站分布造成一定的影响。

综上所述，车站的间距大小会对客流量、乘客出行时间、工程费、运营费以及车站在城市中的作用等多方面产生不同的影响，在设置车站位置时应综合考虑，合理确定。

复习思考题

1. 简述城市轨道交通的分类。
2. 简述城市轨道交通线路网规划的内容。
3. 如何理解城市轨道交通线路网规划的步骤？
4. 影响城市轨道交通线路网方案设计的因素包括哪些？
5. 城市轨道交通线路网结构分析包括哪些方面？

第6章 城市水运交通与组织

6.1 城市水运交通与组织概述

水路运输简称水运，是指利用船舶航行于水域，完成旅客与货物运送的经济活动。

我国幅员辽阔，大陆海岸线18 000多千米，岛屿海岸线14 000多千米，大小河流数以千计，总长度超过42万千米，1平方千米以上的天然湖三百有2 700多个，具有发展水运的自然条件，我国是世界上水运发展较早的国家之一。

1949年中华人民共和国成立以后，我国水运事业获得了很大的发展。60多年来，水路客、货运量，轮驳船总载重吨位及在全国各种运输方式总货物周转量中水运的比例都有了大幅度的增长。目前，我国的商船已航行于世界100多个国家和地区的400多个港口。我国目前已基本形成一个具有相当规模的水运体系。

6.1.1 水运的技术经济特性

水运在所有运输方式中，是最为经济的运输方式，但运输速度最慢，其特性主要表现在以下方面：

1. 运输量大

船舶货舱与机舱的比例比其他运输工具都大。因此，可以供货物运输的舱位及载重量均比陆运或空运大。以世界最大的超巨型油轮而言，其每次载运原油的数量可以高达56万吨，而最大的集装箱船每次可装载20吨的集装箱4 000个。

2. 能源消耗低

运输1吨货物至同样距离，水运(尤其是海运)与其他运输方式相比消耗的能源最少。

3. 单位运输成本低

水运的运输成本为铁路运输的1/25～1/20、公路运输的1/100。因此，水运(尤其是海运)是最经济的运输方式，适于运输费用负担能力较弱的原材料及大宗物资。

4. 续航能力大

一艘商船出航，所携带的燃料、粮食及淡水，可维持生活数10日，绝非其他任何运输工具可比。且商船具有独立生活的种种设备，如发电、制造淡水、储藏大量粮食的粮舱、油槽等。

5. 受气候和商港限制，且可及性低

商船航行在海上，遇暴风需及时躲避；遇大雾需按避碰章程办理，以防损害，这都是气候对水运的限制。另外，商船到达商港，会因港湾水深或装卸设备的缺乏而被限制入港与作业。再者，水运的可及性不高，往往需要地面运输系统的配合才能完成客、货运输过程。

6.1.2 船舶的种类与特点

船舶有多种分类方法，可按用途、航行区域、航行状态、推进方式、动力装置和船体材料及船体数目等分类。按用途分类，作为军事用途的称为舰艇或军舰；用于交通运输、渔业、工程及研究开发的称为民用船舶，其中用于运送货物与旅客的称为运输船，它是民用船舶中的主要部分。

1. 客船

以载运旅客为主要业务并搭载旅客超过12人的船舶，一般称为客船。客船多以定期方式经营，兼营邮件、行李及贵重物品。

2. 客货船

客货船为兼载旅客和货物的船舶。有的以客运为主，有的以货运为主，不尽相同，但只要是客货船就必有一个共同的特点，即必须兼顾客船和货船两方面的优点而避免其缺点。例如，装卸设备必须使用电动方式，以免噪声破坏旅客安宁；起重装卸机具必须完备良好，以确保装卸迅速，并可严格控制船期；有完善的旅客生活起居设备；有合乎规定的救生、防水、防火及各种安全设施。

3. 货船

以载运货物为主要业务的船舶称为货船。在当今世界商船中有95%以上为货船，随着造船技术的进步，货船在性能、设备方面日益改进，并专门为各种特殊货物制造出各种不同的专用船舶。现代货船因所载货物种类不同、行驶航线不同，其构造、性能、速度、设备亦各不相同，因而货船日趋专业化，以承运货物种类不同将货船主要分为下列几种：

(1)杂货船

凡定期行驶于货运繁忙的固定航线港口，以装运零批杂货或装运不能集装箱化的杂货为主要业务的商船，称为杂货船。因所装货物种类繁多，故必须具备装载各种不同货物的货舱与设备，如稳定设施和通风设施等。传统杂货船兼具装运集装箱设备者，称为半集装箱船。

(2)冷冻船

凡将鱼、肉、蔬菜、青果、鲜兽皮等货物装入保持一定温度的冷冻舱或冷藏舱内从事运输的船舶，称为冷冻船或冷藏船。冷冻船一般在其货舱内装有调节空气温度与湿度的冷冻机器及设备，其货舱舱壁及甲板、舱盖等均加装隔温材料以保持舱内温度。

(3)集装箱船

集装箱船是载运规格统一的标准货箱的货船。集装箱船具有装卸效率高、经济效益好等优点，发展迅速，主要有两种分类方法。

①按装运集装箱程度区分

a. 全集装箱船。即除了装载集装箱货物外，不兼载其他零批但未装箱货或散装货的集装箱船。

b. 半集装箱船。亦称多用途船，即除了装载整箱的集装箱货物外，亦兼载其他零批杂货或散装货。船上除了有装卸集装箱的起重机具外，亦有装卸零批杂货的吊杆。这类集装箱船的用途是多方面的。

②按装卸集装箱的方法区分

a. 吊上吊下型。此型集装箱船又称为舱格式集装箱船。集装箱在垂直方向装卸，该型集装箱船货舱装有类似细胞的间隔结构，由角钢结构将其分隔，每一个空间大小均适合一般标准型集装箱的长宽。集装箱经由船上或岸上的桥式起重机自载货汽车边或岸边甩起，延引至间隔结构处垂直放下或卸出。

b. 驶进驶出型。此型集装箱集装箱船为最早使用的一种，船尾开一舱门供拖车驶进驶出，舱内集装箱置于车架上，舱门开启时，即有一钢制跳板伸出，架在船舱与码头之间，集装箱及拖车即经此门驶进舱内或驶出舱外，舱内的集装箱及车架，以预置的锁链固定于一处，以确保安全。

c. 浮进浮出型。此型集装箱船为一种驳船，称为浮式集装箱，需利用大起重机或特殊机具进行装卸。

(4)散装货船

凡专供装运无包装货物的船舶均称为散装货船，是不定期航业的主要船舶。

散装货物的数量庞大，价值低廉，运费负担能力较低，通常有定向性或按季节性流动。散装货船装载无须特别装卸设备的农产品或工业原料，如谷物、矿砂、煤炭、水泥、糖、盐等。这类船舶舱口大，舱内无中层甲板，有永久性或半永久性的隔舱板，船上一般有抓斗、升降斗或真空传送机之类的装卸设备。

(5)木材船

凡专门用于运输木材或原木的船舶均称为木材船，是不定期航业船舶之一。其船舱宽大，舱内无梁挂及中层甲板，起重机需有一定的起重能力，并装置于高架台上或船楼甲板上，甲板两侧舷墙应加高，以便甲板上亦能装载木材。

(6)液体货船

这类船舶多用于装运特种液体货物，如化学品类的硫酸、液化石油、液化天然气及液体硫黄之类的货物。这类船舶多将船舱分隔成若干密封货舱，彼此绝对隔离，管道及货舱内壁镀有特殊金属，以防腐蚀。船上无舱口和吊杆设备，以管道等装卸液体货物。

(7)车辆运输船

车辆运输船是专门用来运送车辆的船舶。将车开入车辆运输船船舱，到达目的地后，直接开出船舱。它无须起吊装卸设备，但设计有驶进驶出车道及舷门，甲板层数也较一般船舶多，甲板上有系拴车辆的设备，以免海上颠簸使车辆倾倒碰撞，是最适合运送车辆的船舶。

(8)笨重船

笨重船是为专门装运超长、超重(质量在数十吨至数百吨)、超大货物而设计的船舶，如火车、小艇、锅炉、机器、飞机等。船上应有起重 50 吨以上至数百吨的起重机，其舱口宽大，无二层舱，舱内没有系拴设备。

(9)油轮

凡以散装方式运输原油或燃料的专用船舶统称为油轮。它是近年来货船领域中发展速度最快的船舶。油轮不直接停靠港口，而是在港外利用管道等系统装卸油类，装卸速度快，一般 20 万吨原油可在 24 小时内装卸完毕。

6.2 城市水运港口设施的设置

6.2.1 港口水域设施

港口水域设施包括港池、锚地与航道。

1. 港池

港池一般指港口附近的水域。它是具有足够深度与宽度的水域,供船舶靠离使用。河港或与海连通的河港,一般不需要修筑防浪堤坝,如上海黄浦江内的各港口和天津梅河口的港口。对于开敞式海岸港口,如烟台、青岛、大连等,为了阻挡海上风浪与泥沙的影响,保持港内水面的平静与水深,必须修筑防浪堤坝。防浪堤坝的形状与位置根据港口的自然环境确定。

2. 锚地

锚地是供船舶抛锚候潮、等候泊位、避风、办理进出港口手续、接受船舶检查或过驳装卸等停泊的水域。锚地要求有足够的水深,使抛锚船舶在即使由于较大风浪引起升沉与摇摆时仍有足够的富裕水深。锚地的底质一般为平坦的沙土或亚泥土,使锚具有较大的抓力,而且远离礁石、浅滩等危险区。锚地离港口进出口航道要有一定距离,以不影响船舶进出港口为宜,但又不能离港口进出口航道太远,以便于船舶进出港口。过驳装卸的锚地不仅要考虑锚泊大船本身的旋回余地,还要考虑过驳小船与装卸作业的安全。锚地水域面积的大小,根据港口进出口船舶艘次与风浪、潮水等统计数据而定。

3. 航道

航道是指船舶进出港的通道。为保证安全通航,航道必须有足够的水深与宽度,弯曲度不能过大。为了避免因搁浅、擦浅而造成船舶、生命、财产损失与环境污染,船舶在航行时必须保证在龙骨基线以下有足够的水深。

6.2.2 港口陆上设施

为保证船舶货物的流通,港口要有配套的铁路、道路、仓库与堆场、装卸机械、给排水系统、供电系统、船舶基地和通信系统。

1. 港口铁路

我国海港集中在东部沿海,腹地纵深,铁路运输是货物集散的重要手段。完整的港口铁路应包括港口车站、分区车场、码头、库场、装卸线以及连接各部分的港口铁路区间正线、联络线和连接线等。港口车站负责港口列车到发、交接、车辆编解集结;分区车场负责管辖范围内码头、库场的车组到发、编组及取送;装卸线承担货物的装卸作业;港口铁路区间正线用于连接铁路接轨站与港口车站;联络线连接分区车场与港口车站;连接线连接分区车场与装卸线。

2. 港口道路

港口道路可分为港内道路与港外道路。港内道路由于要通行载货汽车与流动机械,所以对道路的承压、道宽、纵坡与转弯半径等方面都有特殊要求,港内道路行车速度较低。

港外道路是连接港区与城市道路的通道。若通行一般的运输车辆,其功能及技术条件与普通道路相同。

3. 港口仓库与堆场

港口是车船换装的地方,也是货物的集散地。出口货物需要在港口聚集成批等候装船;进口货物需要检查、分类或包装,等候散发转运。因此,港口必须具有足够容量的仓库与堆场,以保证港口的吞吐能力。仓库按所在位置分为前方仓库和后方仓库。前方仓库位于码头的前沿地带,用于临时存储准备装船与从船上卸下的货物;后方仓库用于较长期存储货物,位于离码头较远处。按结构与用途,将港口仓库划分为普通仓库和特种仓库(筒仓、油罐等)。普通仓库用于堆放杂货,也可堆放粮食或化肥等散装货物;筒仓主要用于存储散装水泥与粮食等;油罐主要用于存储油类等液态货物。随着海上油田的开采,还出现了大型海上油库。

4. 港口装卸机械

港口装卸机械是完成港口货物装卸的重要设备,用于完成船舶与车辆的装卸、库场堆垛、拆垛与转运等。港内流动装卸机械有较大型的轮胎起重机、履带式起重机、浮式起重机、各种装卸搬运机械,如叉式装卸车、单斗车、索引车等;固定装卸机械有门座起重机、岸边起重机、集装箱起重机;各种连续输送机械,如带式输送机、斗式提升机、气力输送机和螺旋输送机。

5. 港口给排水系统

港口给水系统为船舶和港口的生产、生活、环境保护与消防提供用水,并根据不同用途的需要提供不同的水量、水压和水质。港口排水系统的任务是:及时排除港区的生产废水、生活污水及地面雨水,对有害的污水必须进行净化处理,达到环境保护的要求后才能排放,以防止对水域的污染。

6. 港口供电系统

港口供电的对象主要是装卸机械、维修设备。

7. 港口船舶基地

港口船舶基地主要有垃圾船、巡逻艇、搜救船等。

8. 港口通信系统

港口通信系统是保证港口与船舶高效与安全生产的重要手段。有线、无线通信与计算机网络通信等手段,主要用于港口生产、调度。

6.2.3 航　标

航标目前已广泛应用于各类安全保障等方面。

为了保证进出港船舶的航行安全,每个港口、航线附近的海岸均有各种助航设施——航标,其主要功能是:为航行船舶提供定位信息;提供碍航物及其他航行警告信息;根据交通规则指示航行;指示特殊区域,如锚地、作业区、禁区等,即定位、警告、交通指示和指示特殊区域四方面功能。

按照设置地点,航标可分为沿海航标与内河航标。沿海航标建立在沿海和河口地段,引导船舶沿海航行及进出港口与航行。沿海航标又可分为固定航标和水上浮动航标两种。固定航标设在岛屿、礁石、海岸上，包括灯塔、灯桩、立标；水上浮动航标是浮在水面上，用锚或沉锤、铁链牢固地系在预定海床上的标志，包括灯船与浮标。内河航标是设在江、河、湖泊、水库航道上的助航标志，用于标示内河航道的方向、界限与碍航物，为船舶航行指示安全航道。它由航行标志、信号标志和专用标志三类组成。按照工作原理分类，内河航标有视觉航标、音响航标与无线电航标。

6.3 城市水运交通调度

6.3.1 船舶运行组织

船舶运行组织就是对船舶生产活动的计划安排。它主要包括规划航线系统、为航线选配适当的船舶或船队、协调各环节的工作、确定推(拖)船与驳船的工作配合方式以及制定船舶运行时刻表。

1. 航次

在船舶运输生产中，将船舶从事货物或旅客运输的一个完整运输生产过程(即一个生产周期)称为一个航次。通过对航次的研究，可以了解航次中各项作业的构成及其时间定额，并从中找出压缩各项作业时间的方法，以缩短船舶运输生产周期，提高生产效率。

航次包括的作业可分为基本作业、辅助作业和服务作业三类。基本作业包括装货、卸货或上下旅客、船舶航行；辅助作业是装卸货物前的准备作业，包括办理文件、编解船队等；服务作业包括供应燃料、物料、淡水、食品、备品等。

船舶在其营运期内从事客货运输，是通过按照一定的顺序周而复始地周期性地完成一个一个航次来进行的。航运企业为了有效地组织领导船舶生产和分析研究船舶的航次时间，必须划分清楚航次的界限。我国交通运输部规定，对于客船、货船和驳船，“自上一航次终点港卸空所载货物(或下完旅客)时起，至本航次终点港卸空所载货物(或下完旅客)时止，计为本航次的时间”；运输拖(推)船是将驳船送达终点港的锚泊地或将驳船转交另一拖(推)船换拖(推)，本船收毕拖缆，或将驳船送达终点港并使驳船靠好岸的时间作为本航次的结束与新航次的开始；运输拖(推)船自航的航次时间计算，以上一航次结束时起，至本航次到达终点调度码头系好第一根缆或系好新的被拖(推)船舶第一根缆时止。

根据船舶运输生产组织的特征，航次可分为简单航次和复杂航次。简单航次是指船舶在两个港口间完成一次货物(旅客)运输完整过程的航次，而复杂航次是指船舶在多个港口间完成的航次，即船舶不仅运输从始发港到终点港的货物(旅客)，还在中途一个或几个港口装或卸部分货物(上或下旅客)或加、减驳船。此外，在水运生产中还有一种往返航次的概念。它是指船舶在两个或两个以上港口间从事客货运输，船舶到达终点港卸完货物或下完旅客以后又重新返回始发港的航次。根据具体组织形式的不同，往返航次有以下三种：

(1)单向运输货物的往返航次。这是一种船舶在两港之间单向运输，而回程空载的往返航次。大多数专用散货船及石油运输船的运输组织都采用这种往返航次。

(2)双向运输货物的简单往返航次。这是一种船舶在两港之间运输，往返两程重载的简单航次。船舶在这一往返航次中，完成两个运输生产周期。

(3)双向运输货物的复杂往返航次。这是船舶在两港之间运输,往返两程重载的复杂航次。船舶在这一往返航次中,完成两个运输生产周期。大多数班期航线的运输组织都采用这一种往返航次。

航次可用航次图表示,它有表格式航次图与斜线式航次图两种形式。在表格式航次图(图 6-1)上,横向表示时间,纵向表示航次的作业项目。这种航次图对作业项目及其时间的表达比较清楚,有利于船舶在港口作业的安排与分析,但缺陷是不能反映时间与空间的关系。斜线式航次图(图 6-2),以横坐标表示时间,纵坐标表示港口间的距离,它能反映出船舶在运行中的时空关系。若以一定比例绘图,则斜线的斜率可以表示船舶的航速。在内河运输中,如需研究船舶通过单行水道或船闸的时间以及在某航段会、让船的情况,则可利用斜线式航次图。但这种航次图不能表达船舶在港口作业的详细情况,必要时还需绘制类似表格式航次图的船舶在港作业图。

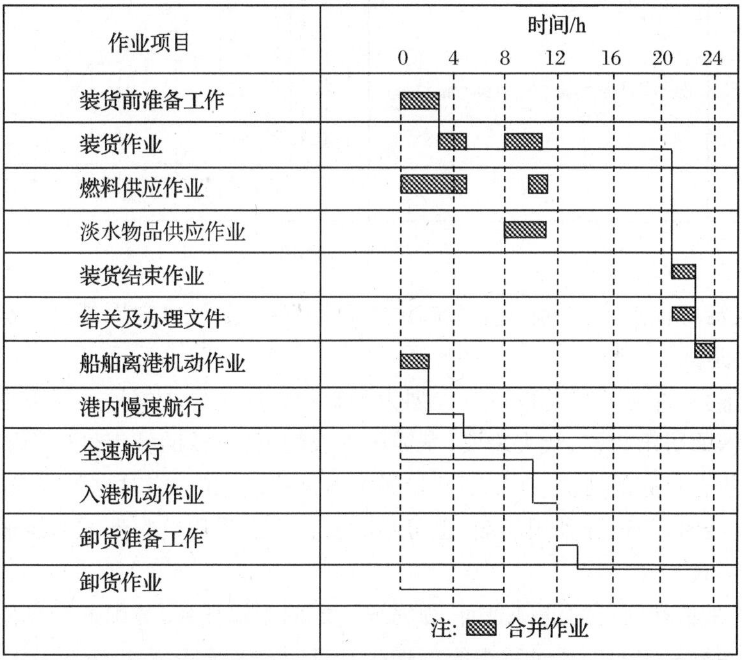

图 6-1 表格式航次图

2. 船舶运行组织形式

船舶运行组织形式可概括为航次形式和航线形式两种。

(1)航次形式

所谓航次形式,是指船舶的运行没有固定的出发港和终点港,船舶仅为完成某一项运输任务,按照航次计划运行的船舶运行组织形式。采用航次形式时,船舶完成一个航次后,便可安排它到它所能够到达的任一港口,运输适合它运输的货物,开始另一个航次。采用航次形式运行的船舶,它所运输的货种、数量、发送港和发送期限以及船舶的运行方向等,主要取决于货主的具体运编申请书。但这样常常会造成船舶空驶,降低船舶使用效率。因此,加强货源组织工作,加强调度领导监督,对充分利用航次、提高运输效率尤为重要。另外,由于航次形式的不定期性,不利于它与港口工作及其他运输方式间的配合,但

航次类型	航次时间构成	航次图
简单航次	$t_{次}=t_{B停}+t_{航}+t_{A停}$	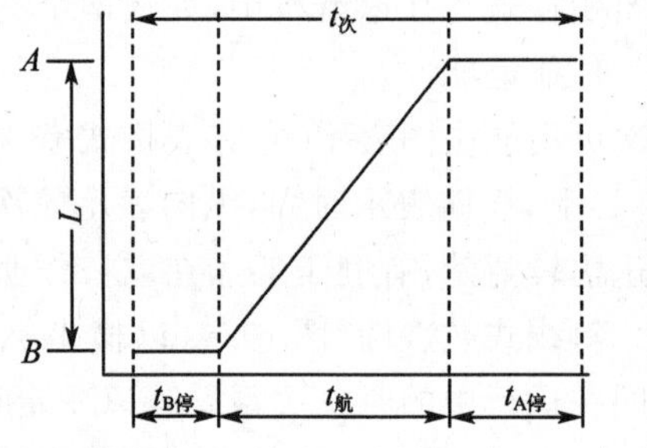
复杂航次	$t_{次}=t_{A停}+t_{航1}+t_{B停}+t_{航2}+t_{C停}+t_{航3}+t_{D停}$	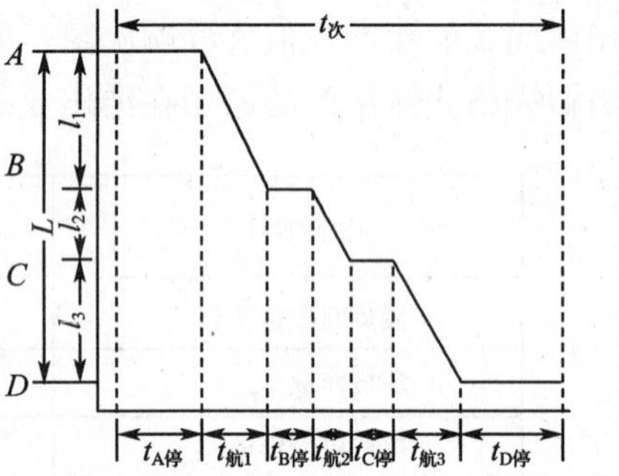

图 6-2　斜线式航次图

它也有机动灵活的优点，可对航线形式起调整和补充作用，所以它也是船舶运行组织中不可缺少的一种形式。

航次形式的一部分任务是以运输计划为基础的。航次形式的另一任务是满足临时发生的运输需要，如防汛物资、救灾物资、急需的支农物资、急需的城市供应物资以及其他运输需要。另外，有封冻的河流，在航期开始时及航期将结束时，临时也可能采用航次形式。在船舶调动航线时，为充分利用船舶，也可临时安排一次采用航次形式的运输任务。

(2)航线形式

航线形式是指在固定的港口之间，为完成一定的运输任务，选配适合具体条件的一定数量的船舶，并按一定的工艺过程组织船舶生产活动的船舶运行组织形式。航线形式成为一种独立的组织形式，是由航次形式在具有稳定的运输需要的航区形成和发展起来的。组织航线形式运输的条件，首先是要有大量而稳定的货流(客流)。航线形式的主要优点是：

①货物(旅客)能够定期送达，有利于吸收和组织货源；

②有利于各生产环节协调配合并有节奏地工作，保持正常、稳定的生产秩序，有利于缩短船舶泊港时间，提高运输效率；

③为组成几种运输方式协调工作的联合运输创造了条件；

④有利于船员熟悉航行条件，有助于安全航行和缩短航行时间；

⑤有利于对船舶的调度领导和管理；

⑥有利于船员安排生活。

航线由在各航线工作的不同船型、供船舶停靠作业的港口码头以及各种辅助设备构成，可按船舶航行区域、船舶运行状况、航线有效期限以及航线港口数的不同进行分类。

①按船舶航行区域划分，航线可分为内河航线、沿海航线和远洋航线。内河航线是指由适合内河航行条件的船舶，在内河沿岸固定港口间航行组成的航线；沿海航线是指由适合沿海航行条件的船舶，在沿海固定港口间航行组成的航线；远洋航线则主要是为适应国际贸易的需要及第三国的运输需要，并根据运输贸易协定的规定而组织的航线，它由适合远洋航行条件的船舶组成。

②按船舶运行状况划分，航线可分为定期航线和一般航线。定期航线又称专线或班轮航线，它是指船舶在港口定期、定时到发的航线。一般航线则是指没有严格的定期要求，只规定在计划期内发船次数的航线。

③按航线有效期限划分，航线可分为全年或全航期有效航线和季节性有效航线。全年或全航期有效航线是指在全年时间内或整个航期内都有船舶航行的航线，而季节性有效航线是指一年中仅在部分季节期内有船舶航行的航线，这种航线的季节期主要取决于航道条件和季节性货流。大多数航线属于全年或全航期有效航线。

④按航线港口数划分，航线可分为简单航线和复杂航线。

此外，航线还可以按运输货物的货种、船舶类型、运输组织形式和船舶运行组织方式进行分类。按货物的种类分类时，有油运航线、煤运航线、杂货航线等；按船舶类型分类时，有客船航线、货船航线、推（拖）船航线；按运输组织形式分类时，有直达航线和非直达航线。

3. 航线参数

用于说明航线性能特征的指标称为航线参数。

(1)航线的总距离和港间区段距离

航线的总距离（$L_{线}$）和港间区段距离（$L_{间}$）用计费距离（千米或海里）表示。

(2)航线的有效期

航线的有效期（$t_{期}$）根据航线的形式和地区确定。例如，我国南方的河流，航线的有效期一般是全年；秦岭（淮河）等有封冻的河流（特别是东北地区），航线的有效期主要取决于航期的长短。季节性航线的有效期，是全年中或航期中的部分时间。

(3)航线上货物发送期

航线上货物发送期（$t_{发送}$）一般采用航线的有效期来表示。若有特殊要求，如要求在航线有效期内全部货物都要运达目的港，则可按下式确定：

$$t_{发送} = t_{期} - t_{达} \tag{6-1}$$

式中，$t_{达}$ 为最后一次发送货物的送达时间。

最后一次发送货物的送达时间，一般相当于一个航次的延续时间。如果是有封冻的情况，则为一个往返航次的时间，因为不仅要考虑把货物送达目的港的时间，还要考虑船舶返回的时间。

(4)航线上货物（旅客）平均昼夜发送量

航线上货物（旅客）平均昼夜发送量（$Q_{发}$ 或 $P_{发}$）是指航线始发港的平均发送量，其值可按下式分别正向（需船吨数多的方向）和反向计算：

$$Q_{发} = \sum Q / t_{发送} \quad 或 \quad P_{发} = \sum P / t_{发送} \tag{6-2}$$

式中，$\sum Q$ 为航线自始发港至各港的各种货物数量之和；$\sum P$ 为航线自始发港至各港的旅客人数之和。

(5)航线的发船间隔时间和发船密度

航线的发船间隔时间($t_{间}$)是指船舶或船队在同一航线上、于同一港口、向同一方向连续两次发船的时间间隔。按正向计算时，货船和客船可分别按如下公式计算：

$$t_{间} = a_{货发} D_{定} / Q_{正发} \quad 或 \quad t_{间} = a_{客发} M_{定} / P_{正发} \tag{6-3}$$

式中，$a_{货发}$、$a_{客发}$ 分别为各货船、客船的正向发船装载率；$Q_{正发}$ 为航线正向始发港货物平均昼夜发送量；$P_{正发}$ 为航线正向始发港旅客平均昼夜发送量；$D_{定}$ 为货船的定额载货量；$M_{定}$ 为客船的定额载客量。

航线的发船密度(r)是指单位时间(昼夜)内，在同一航线上、于同一港口、向同一方向的发船次数，它与发船间隔时间互为倒数。

(6)往返航次时间

航线上船舶的往返航次时间($t_{往返}$)是指船舶在空间上完成一个循环的总延续时间，它包括不同航向的航行时间与始发港、终点港和中途港的停泊时间，即

$$t_{往返} = t_{始停} + t_{航正} + t_{航反} + t_{终停} + t_{中停} \tag{6-4}$$

式中，$t_{航正}$、$t_{航反}$ 分别为船舶的正向与反向航行时间；$t_{始停}$、$t_{终停}$、$t_{中停}$ 分别为船舶在始发港、终点港、中途港的停泊时间。

为了保证在定期航线上船舶能够有规律地定期发送，要求船舶的往返航次时间为航线的发船间隔时间的倍数，同时还要求航线的发船间隔时间为昼夜的倍数或 24 的约数。而从保证运输任务出发的角度计算出的航线的发船间隔时间和根据各项作业时间求得的船舶往返航次时间，往往不会正好合乎这种要求。因而，往返航次时间在计算后还要经过调整，以保证船舶能够有规律地运行。

定期定时航线船舶往返航次时间与航线的发船间隔时间具有倍数关系，这个倍数就是航线上需要的船舶数或船队数 (φ)，即

$$\varphi = t_{往返} / t_{间} \tag{6-5}$$

(7)平均装卸工作定额

平均装卸工作定额即纯定额或总定额($M_{纯(总)}$)，是反映船舶在航线上各港口装卸效率和管理水平的指标，它可按下式计算：

$$M_{纯(总)} = (Q_{装} + Q_{卸}) / [Q_{装} / M_{纯(总)装} + Q_{卸} / M_{纯(总)卸}] \tag{6-6}$$

式中，$M_{纯(总)装}$ 为平均装船工作定额；$M_{纯(总)卸}$ 为平均卸船工作定额；$Q_{装}$ 为装船重量；$Q_{卸}$ 为卸船重量。

(8)航线运输强度

航线运输强度($N_{线}$)是指航线上每天完成的货物周转量，它可用装卸总定额($M_{总}$)与航线距离($L_{线}$)的乘积表示，即

$$N_{线} = M_{总} L_{线} \tag{6-7}$$

以上航线参数之间有着相互的联系，共同用于说明一条航线的结构情况和技术性能，

并借以区别出不同的航线。

4. 船舶运行与港口工作的配合

解决船舶运行与港口工作的配合问题，也就是解决港口的到发船密度、船舶在港密度和合适的到发船时间问题。保持港口工作的节奏性，使港口工作均衡，对于提高船舶、港口工作效率和经济效益具有重要意义。

应当指出，船、港工作的配合，主要指重点港口，故应先从重点港口着手，并且要按船舶的类型、作业区和货种等分别进行平衡。此外，对物资单位的专用码头也应作出专门的安排。对某些对锚泊地有限制的港口，或主要是在水上作业的港口，还要检查锚泊地是否能容纳在港作业的船舶和过境需临时停泊的船舶。

5. 船舶运行时刻表

船舶运行时刻表是以表格的形式反映船舶在空间和时间上运行程序的技术文件，它明确地规定船舶在航线上的始发港、中途港和终点港的到、发时间和停泊时间以及在各航段的航行时间，其格式见表 6-1。编制船舶运行时刻表是船舶运行组织的重要内容之一，是对船舶、港口、航道等各有关环节协调配合研究的结果。

表 6-1　　船舶运行时刻表

下水				航线	上水			
航行时间	到船时间	停泊时间	发船时间	港名	发船时间	停泊时间	到船时间	航行时间
11h			18：00	*E*		12h	6：00	14h50min
14h10min	5：00	30min	5：30	*D*	15：00	30min	14：40	17h45min
4h	19：40	30min	20：10	*C*	20：55	30min	20：25	5h20min
16h40min	0：10	1h10min	1：20	*B*	15：05	1h10min	13：55	20h55min
	18：00	23h		*A*	17：00			
45h50min		25h10min		合计		14h10min		58h50min

船舶运行时刻表中各项时刻的确定是先从航线任一始发港开始取一合适的发船时间记入表内，然后加上航行至下一港口的航行时间，即到达下一中途港的到船时间，再加上规定在该港的停泊时间可得出该港的发船时间（时间以昼夜 24 小时为界），依此类推。终点港的下水（上水）发船时间，是以上水（下水）到船时间加上规定在终点港的停泊时间求得的。

编制船舶运行时刻表，对于不同类型的船舶、不同的航线，有着不同的特点与要求。

客船和客货船的船舶运行时刻表，要求最大限度地方便旅客乘坐。这主要体现在港口的到发船时间和经过某些航段的时间安排上。长距离的航线，始发港的发船时间最好安排在傍晚；到达终点港的时间最好安排在早上职工上班高峰时间过后；进入主要中途港和经过名胜古迹风景区的时间尽可能安排在白天；通过困难地段的时间也尽可能安排在白天。对于某些距离不长，航行时间在 12 小时左右的航线，始发港的发船时间安排在傍晚会更受旅客的欢迎，可以吸引更多的旅客乘船。客船和客货船的船舶运行时刻表，还应与其他相邻航线和其他运输方式的船舶运行时刻表相衔接，以便旅客能有足够的时间换乘车船。此外，客船的船舶运行时刻表要绝对避免在一个港口同时到达两艘要使用同一泊位的船舶。对于地方性的短距离客运航线或城市近郊的客运航线，船舶运行时刻表的安排应使农民能在早上赶到集镇，晚上又能方便地乘船返回。对于市内和市郊客运航线，早上发船时间应保证职工有足够的时间在上班前赶到工作地点，晚上最后一班船的发船时间应在市区公共娱乐场所散场之后。为了保证三班制工作职工的上下班及城市供应的需要，有些航线必须保持昼夜不间断发船(发船间隔时间可根据客流多少进行调整)。对于游览性航线，旅客旅行的目的主要是观光游览，对船舶运行时刻表的安排，必须满足旅客游览的需要。

对于货运航线，由于港口工作通常都有一定的工班作业制度，船舶的到港时间应尽可能安排在港口工班开始之前，这样便于及时开工，不致使装卸工人等待船舶或船舶等待装卸工人。对于联运航线，要注意与其他运输方式船舶运行时刻表的衔接配合。对于顶推(拖带)船队航线，应保证在始发港有足够的时间进行编队，并且编队时间最好是在白天。对于区段牵引航线，应保证在换拖港有较充分的停泊作业时间。对于集解航线，在中途港加减驳船的时间最好在白天，特别是那些照明设备差的港口。

不论哪种类型的航线，在安排船舶运行时刻表时，对基地港都应给予足够的停泊时间，以便船舶进行检修、清扫、补给，并让船员得到一定的休息。

船舶运行时刻表一经确定，船舶就必须严格按照其规定的时刻运行，其他各有关部门也都必须共同配合以保证船舶运行时刻表的执行。对于客运航线的船舶运行时刻表，为了让旅客了解和掌握船舶的运行规律和到发时间，船舶运行时刻表应以不同的形式向旅客公布。

6.3.2 机动船运输组织

货运航线系统规划是研究航运企业航线合理布局的技术管理问题，其任务是根据航区一定时期内的货运任务及港航客观条件，合理地确定货运航线的数量、各航线的货流构成以及各航线停靠的港口和停靠顺序。

拟订货运航线系统方案时，首先应通过对所掌握的货流资料的分析(最好绘制出货流图)，并结合港航条件和船舶的性能，将两港间往返稳定、大宗的货流组成简单航线。拟定好简单航线后，在剩下的货流中，将同一方向的货流(指货流方向为顺时针或逆时针方向)组成若干条环行航线或三角航线。同时，也可以组成环行航线或三角航线以代替几条简单往返航线，这主要是为了减少空驶里程。因此，在组成一条环行航线后，需检查航线上空驶里程的总和是否低于总里程的一半，若超过一半，则这条环行航线是不合理的。环行航线或三角航线拟好后，再将剩下的货流组成若干条单程载货的简单往返航线。组织这种航线主要是因为反向没有货流或者是因为货种性质关系不能将其与其他货物纳入同一航线。

第一个货运航线系统方案拟好后，应对所有运输任务进行核对，检验货物是否都已纳入航线。然后，对此方案进行初步分析，找出优缺点，对不太满意的航线针对其缺点进行调整，组成另一个货运航线系统方案。依此类推，可以拟订出若干个货运航线系统方案。如果拟订的方案较多，可先进行初步预选，保留少量较好的方案，再经过全面的具体配船指标计算，最后选择出最佳的货运航线系统方案。

在船舶航行条件(水深、风浪、流速等)差别较大的情况下，如海与江、河流与支流，有两种组织货物运输的方法。一种方法是开辟一条直达航线，实现货物的直达运输；另一种方法是开辟两条航线，货物在中转港换装。显然，这两种方案各有优缺点。开辟直达航线的优点是可消除船舶在中转港的换装作业，节约中转费用和劳动力，减少货损货差，缩短货运时间，加速船舶周转，减少中转港压力等。这对于港、航部门以及物资单位都有好处，但优点是否显著，与中转货物的品种、中转港的装卸效率及设备能力大小等有关。直达航线的缺点是：首先，由于各航段的航行条件不同，而船舶的结构强度、设备要求、功能大小等必须适合全航程航行条件的要求。例如，某些河流、河道上游水流较急，要求船舶具有较大的功率，而船舶行驶至缓流段时，就不需要这样的大功率。其次，在多数情况下船舶吃水因受内河航道或水流水深的限制，使船舶吨位减小，而航程又较长，显然，这也是不经济的。这些缺点的严重程度与各航段的距离比例及其水深、流速等航行条件的差异程度有关。综上所述，开辟直达航线是有条件的。一般情况下，它适于在江上（或支流）距离不太长，水深、流速及风浪等航行条件差别不很悬殊，中途港的作业条件较差，装卸效率较低，货种易发生货损货差的条件下采用。

航线配船是研究各类船舶在航线上合理配置的技术管理问题。众所周知，在同一航线上使用技术营运性能和经济性能不同的船舶，将会产生不同的经济效果。同一类型的船舶，使用在不同的航线上，也将得到不同的结果。因此，船舶工作的效果在很大程度上是由正确的航线配船来保证的。航线配船包括多线多船型、多线单船型和单线多船型三种情况。

多线多船型的配船问题是研究在多条航线和多船型情况下的全面合理配船问题。根据安全优质的原则，首先应分析船舶的技术营运性能、航线上的货运任务和航线的港航条件，再按照经济合理的原则，为各航线选配技术营运性能上可行、经济性能好的配船方案，然后进行指标计算比较，并结合评价方案合理性的其他条件，选择最佳配船方案。配船应遵循的基本原则是：

(1)船舶与货物相适应。船舶的结构性能、装卸性能和设备等应适应航线上的货物性能。例如，专用船首先应配在运输相应货种的航线上；单甲板船不适应运输杂货的要求；多层甲板船不宜用来装载密度大的矿物类散货等。

(2)船舶与港口相适应。船舶的尺度性能和设备条件应与港口泊位深浅和装卸条件相适应。例如，船舶吊杆跨幅不及泊位边火车轨道或驳船舱口者，不宜配在船舶与铁路货车直取的航线上或直接过驳卸货的航线上。

(3)船舶与航线的航行条件相适应。船舶的尺度性能应与航道水深、船闸尺度、桥梁或过江电线净空高度等相适应，船舶的航行性能应与航线航行条件相适应。例如，航速过慢的船舶，不宜配在流急的航线上工作；吨位过小、续航能力低、抗风浪性能较差的船舶，不宜配在航程长、风浪大的航线上工作等。

(4)应遵循一般的经济准则。在船舶能满载的情况下，应将吨位大、航速高的船舶首先配在装卸定额高、航程长的航线，这有利于提高船舶生产效率和降低成本。将昼夜航行费用较高、停泊费用较低的船舶配置在短航线上，这有利于运输成本的降低。

多线单船型的配船问题较多线多船型配船问题简单，而且只有在运量大于运力时才有研究的必要。解决这样的问题，第一步是从技术营运性能要求出发，在排除船舶不能工作的航线后，就可能工作的航线分别计算其营运经济效益指标，将已有的营运船舶优先用在营运经济效益较好的航线上，直至所有船舶分配完毕为止。

单线多船型的配船问题比较简单，而且只有当运力大于运量时才有研究的必要。其原则、步骤与前述相同，即先排除不适于在该航线工作的船舶，而后逐船计算其营运经济效益指标，优先选配经济效益好的船舶，直至满足货运任务的需要为止。

6.4 客运航线建立原则与配船的特点

1. 客运航线建立原则

在正常情况下，已有的客运航线一般不会有很大的变动，但随着国民经济的发展，海、河、湖泊沿岸厂矿企业的建立和港口站点的增多以及城市的发展，客流和货流都会发生较大的变化，这就需要相应地开辟新的航线或调整已有的航线，建立新的客运航线系统。

新建或调整客运航线，应采用方案比较的方法进行，但在制订和选择方案时，不仅要考虑营运经济效果，还要考虑最大限度地方便旅客。因此，在制订或调整客运航线方案时，应遵循如下原则：

(1)客运航线的设置应与其他运输方式(铁路、公路)合理分工、相互协调，为旅客策划经济合理的路线，满足不同旅客的要求。

(2)客运航线的设置应考虑不同旅客的愿望。例如，在某一航段内可以设置两条或两条以上的平行航线，它们可能由于配置的船舶航速、客舱等级和设施标准、停靠港数量以及船舶在各港到发时刻等的不同，各航线的船票票价及其他旅途开支(因等待换乘其他航线船舶或其他交通工具而住宿等)相对于不同旅客有所不同。又如，当两港间客运量较大时，可考虑设置中途停靠的直达航线，以便提高运输效率。

(3)客运航线的设置和安排，在尽量方便旅客的原则下，还应考虑经济原则，即应提高船舶的客位利用率和载重量利用率(对客货船而言)，减少非生产性停泊时间，加速船舶周转，提高船舶的营运经济效益。

2. 客运航线配船的特点

客运航线配船的特点主要表现在如下方面：

(1)同一航线上船舶的性能要求一致，以保证船舶能按相同的规律有节奏地运行。

(2)在长距离的主干客运航线以及旅游、休养航线上，应配置设备较完善的船舶，而且前者还要求配置速度较高的船舶。此外，长距离航线和休养航线必须配备有卧铺的船舶。

(3)短距离的地方性客运航线，服务对象是自带物品较多的农民。因而，在这些航线上配置的船舶，应有较多可供堆放物品的空间，甲板的层数也不宜太多。

(4)对于客货船航线，根据航线客、货运量，按船舶客运量与货运量计算出的发船密度可能不一致。在这种情况下，如果航线上货运量很大，则按货运量计算发船密度所需要的客、货船数量较大，这必然降低客位利用率，造成经济损失。根据以客为主的方针，在这种情况下应按客运量计算发船密度，多余的货运量可组织机动货船去完成。甚至在客货运量都很大的情况下，客货船(部分原有货船改为客船)也只装运一些运价较高的快运货物及邮件、行李、包裹等，其他货物组织机动货船运输，以减少客货船的装卸停泊时间，缩短往返航次时间，减少客货船需要量。这在经济上是否合理应根据具体情况决定。

对于客运航线重要的是要做到定期定时发船。为此,要求长距离航线船舶的往返航次时间应该是航线发船间隔时间的整倍数,而且发船间隔时间也应该是昼夜的整倍数。

3.市郊和市内客运航线的特点

市郊和市内客运航线与长距离航线相比,在航线安排、配船以及组织船舶运行等方面,均有许多不同的特点与要求,主要有:

(1)航线距离短,运输频率高。为了方便乘客,一般要求有较大的发船密度。为此,应使用载客量较小的船舶,而且在一昼夜内的发船间隔时间可根据客流量的变动进行调整。

(2)市内轮渡航线的客流在时间上和方向上(如早上农民进城的多,下午返回市郊农村方向的多)均有很大的不平衡性。这突出表现在一周和一天内,而且将时间和方向结合起来的不平衡性更大。

(3)市郊航线客流的不平衡性不仅表现在时间上和方向上,而且在航线沿途越接近市中心或工业区中心,客流密度越大。为了满足乘客及时乘船的需要,应计算航线上若干地点需要的发船密度,确定发船次数,除全程航次外,在客流量大的时间和区段上,可增加到达中间点的区间航次。

(4)市内轮渡航线的乘客主要是工人、干部、学生及居民,他们乘船携带的物品不多,船舶舱室的座位布置可以较为紧凑,但底层应有较大空间,以便停放车辆。对于客流量大的航线,为了及时输送乘客,保证上、下班的需要,要求发船间隔时间短,不宜配置载客量太大的船舱。

(5)市郊航线船舶的往返航次时间不要求一定是昼夜的整倍数,只要是发船间隔时间的倍数并能做到定时发船即可。

6.5 驳船运输组织

6.5.1 驳船运输的特点

驳船是指本身没有动力装置,依靠其他船舶(拖船、推船)拖带或顶推运行的船舶。以拖船拖带驳船组成的拖驳船队运送货物和旅客的运行称为拖驳运输;以推船顶推驳船组成的顶推船队运送货物和旅客的运行称为顶推运输。拖驳运输和顶推运输统称为驳船运输。主要用于货物运输的拖驳船队和顶推船队由作为船队动力部分的拖船或推船和用于装载货物的驳船组成,两部分可以灵活结解。当船队到达目的港或驳船装卸货物时,拖船、推船可以拖带、顶推其他驳船或从事其他作业。驳船运输和货船运输相比较,具有运量大、投资少、成本低,在调度组织上机动灵活,既适于运送大宗货物,也适于运送批量小、货种多、港站作业分散的货物等优点,但船队的抗风能力较货船差,因此它最适于在内河、湖泊运输中采用。

在内河运输中广泛采用驳船运输的显著特点是:

(1)驳船没有动力装置,在同样载货吨位情况下,驳船吃水较机动船小得多。例如,载重量 1 200 吨欧洲标准型驳船吃水 2.42 米,而同吨位机动船吃水 3.75 米。内河航道通常水深有限,因此要在内河经济地实现大规模运输,吃水浅的驳船就成为了一种理想的运输工具。

(2)驳船可以几艘、几十艘编成船队航行。1981年10月,我国一个由16艘2 000吨驳船编成的32 000吨分节船队自武汉成功试航到上海。船队的规模和编队船数不再取决于吃水,而取决于航道宽度、弯曲度、气象和航行条件以及船队的运行方式。因此,由吃水浅的驳船编成大载量的船队,就成为了在水深有限的内河航道上运输货物的一种主要方式。

(3)内河港口沿航道分布,船队可以沿河编解,无需换装倒载就能把小批量的单只驳船货物直接送到目的港,充分发挥了小吨位船的灵活性。与此同时,在航行途中由多个驳船组成的大船队,吨位大,马力产量也高,因此可以取得像大吨位船那样较高的马力产量。而且,一艘10 000吨的机动船只能在一个泊位装卸,而10艘1 000吨的驳船可分散到10个泊位装卸,也可直接送到沿河设置的货主码头。

(4)驳船把船舶的载货部分和动力部分分开,可以大大提高动力装置的利用率。当驳船到港进行装卸作业时,推(拖)船就可以和其他驳船编队开始新的航次,以提高动力装置利用率,减少投资,降低成本。特别是在装卸效率低、停港时间长的短程航线上,其经济效果更加明显。

(5)驳船队的抗风能力较机动船差。由于驳船自身没有动力装置驱动,其航行方向主要受外力影响。因此,与同样吨位的机动船相比,驳船队的抗风能力差。

(6)与机动船相比较,在同样吨位及航速条件下,因驳船队的浸水面积大,在静水中的摩擦阻力增加,故驳船队的阻力较大。因此,通常驳船队的运行速度较低,适于运输大宗货物。

顶推运输与拖驳运输相比较,由于推船螺旋桨水流不对驳船产生干扰,因而可以提高船队的推进效率,节约能源;此外,由于顶推船队的长度通常短于拖驳船队,推船和驳船可连成整体,因而操纵较为灵活。因此,驳船运输方式正在从拖驳运输向顶推运输和分节船队运输的方向发展。

但是,拖驳运输与顶推运输相比较,具有对驳船结构强度要求较低、船队组成较灵活的优点。

6.5.2 驳船的种类和分节船队运输

(1)驳船按用途分,有客驳和货驳两类。客驳专用于运送旅客,驳船上没有生活设施,一般用于小河客运;货驳用于载运货物或在港口用于货物中转。按所运货物不同,货驳可分为干货驳、矿砂驳、煤驳和油驳等种类。货驳船不设起重设备,靠码头上的装卸机械装卸货物。

(2)驳船按材料分,有钢驳、木驳、水泥驳三类。在驳船整体构造中,分别以钢材、木材和水泥材料为主的驳船依次为钢驳、木驳和水泥驳。其中,水泥驳还需要一定数量的钢材等辅助材料来构造。

(3)驳船按结构形式分,有舱口驳、敞口驳、甲板驳和罐驳四类。舱口驳具有分隔的货舱舱室、舱口和舱口盖,主要用于运输怕水湿的杂件货;敞口驳具有连续的直通货舱和舱口,没有舱口盖,舱口宽度大,主要用于运输散堆货;甲板驳没有货舱,在平坦的甲板上堆放货物,主要用于运输各种大件货物、车辆以及不怕水湿的桶装货和其他包装货,有些甲板驳的两舷在设置围板后，也可用来运输各种散货；罐驳在甲板上设置罐等密闭容器，以供装运油、液化气等液体货物。

(4)驳船按船型分，有普通驳和分节驳。普通驳首尾两端斜削呈流线型，备有锚和舵；分节驳有全分节驳和半分节驳之分，驳船两端呈箱形的为全分节驳；一端斜削，另一端呈箱形的为半分节驳。

由普通驳组成的船队称为普通船队，船队的队形如图 6-3 和图 6-4 所示。由分节驳组成的船队称为分节船队，它有全分节船队和半分节船队之分。全分节船队由一艘半分节驳的首驳、一艘半分节驳的尾驳和若干全分节驳组成，如图 6-5(a)所示，是一种线型比较理想的船队。由于首驳的头部和尾驳的尾部各呈简单线型与中间箱形驳组成一艘线型光顺的货船，不仅大大降低了运行阻力，而且中间箱形驳载量大、结构和线型简单，施工方便，造价低廉。半分节驳船队由统一标准的半分节驳组成，如图 6-5(b)所示，是一种应用比较灵活的船队，半分节驳船队由于前后驳船首尾连接处下部有空当，增加了船队运行阻力，即所谓接缝阻力，但它仍可较普通船队提高航速 5%左右。

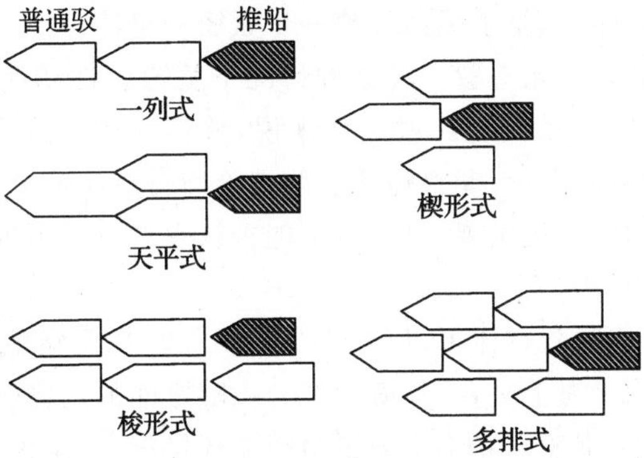

图 6-3　普通驳顶推船队队形图

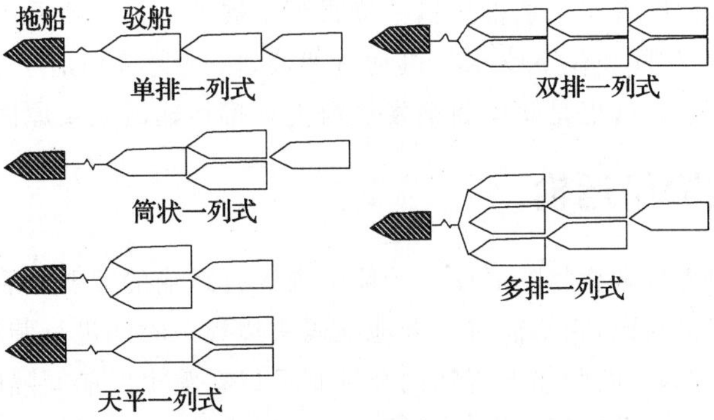

图 6-4　普通驳拖驳船队队形图

发展分节船队运输的必要前提是分节驳船船型（包括尺度、线型、系统装置等）的标准化和系列化。这是因为分节船队要求各驳船之间能在结构和尺度上互相配合，以便组成一个阻力较小的船队整体。

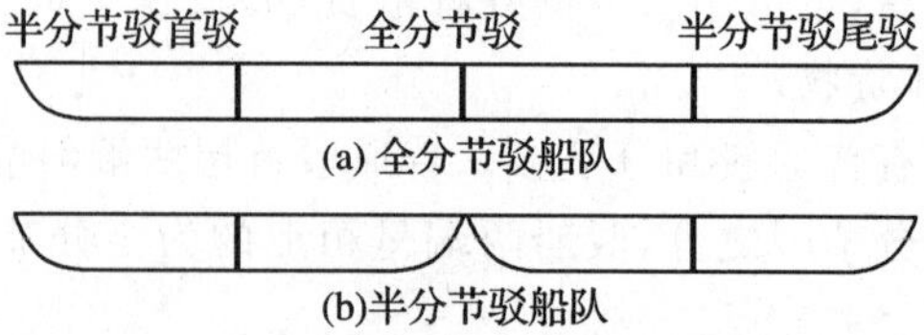

图 6-5　分节船队队形图

6.5.3　海上顶推运输

把在内河航运中发展起来的顶推运输概念应用到海上，主要的技术问题是推船与驳船的联结。这种联结结构必须能承受海上风浪作用于船队的各种外力，使船队能在海上安全航行。

推船与驳船的联结方式，一般可以分为整体式和非整体式两大类。

整体式联结把推船与驳船刚性地联结在一起，二者之间没有相对运动。驳船尾部凹陷的线型与推船首部相匹配，整个船队形成一个紧密的整体。

海上顶推船队通常是一轮一驳。在这种情况下就通航性和速航性来说，不论何种联结方式，都较相同吨位的机动船差。就造价来说，整体式船队造价在美国低于自航船造价，而在日本则高于自航船造价；非整体式船队造价与自航船造价相近。这些因素从根本上限制了海上顶推运输的广泛发展。但是，不能否认发展海上顶推船队的经济意义，主要表现在以下几个方面：

(1)顶推船队动力体和载货体可以分开，当组织循环搭配运输时，顶推船动力可以得到充分利用。它还适用于海上平台、外海泊位与大陆之间的运输航线。

(2)许多国家发展顶推船队并不是为了组织循环搭配，而是为了降低日益昂贵的船员工资费用。许多国家法律认为推船与驳船可以雇用较低级的船员驾驶，这不能不说是西方自 20 世纪 60 年代以来海上顶推运输一度得到发展的一个重要原因。

(3)顶推船队在相同吨位下吃水较机动货船浅，因此它特别适于江海直达运输，避免货物在港口换装转运。这也是我国目前发展海上顶推运输的主要原因。

6.5.4　载驳船运输

载驳船是一种将载满货物的驳船装于船体内进行运输的船舶。载驳船运输的最初意图是解决港口的拥挤问题，它不需进入港池在码头边集中时间进行装卸，只需有适当的锚地进行驳船的装卸作业，而驳船上货物的装卸则可以在整个发船间隔时间内，在港口码头或货主码头进行。这样做对解决港口拥挤问题的好处是：

(1)有利于港口的均衡生产。由于驳船的装卸限制条件相对宽松，可以充分利用载驳船调节各个港口生产的密集程度，实现港口的均衡生产。

(2)驳船的卸货不像普通船那样必须集中在一个深水泊位进行，而是可以分散到各个泊位，也可以直接送到浅水的货主码头卸货，实现“门到门”运输，或直接转往内河而无需换装。所以，当第一艘载驳船出现后，人们普遍认为这是实现海河直达运输的好方法。这时，货物不必在河口港换装，只需将载货驳船编入内河船队拖运至内河水系，可最大限度地实现“门到门”运输，但要做到这点需要有良好的运输组织和适于内河航道运行的驳船结构和尺度。

复习思考题

1. 简述水运的技术经济特点。
2. 简述船舶的种类与特点。
3. 港口水域设施包括哪些？
4. 简述船舶运行组织形式。
5. 简述客运航线建立原则。

第7章 城市航空交通与组织

7.1 城市航空交通与组织概述

7.1.1 航空运输的技术经济特征

航空运输之所以能在短短半个多世纪内得到快速的发展，与其自身所具有的特征是分不开的。航空运输的技术经济特征主要表现在以下几个方面：

1. 高科技性

航空运输的工具主要是飞机，飞机本身就是高科技的象征。先进的飞机是先进的科学技术及其产品的结晶，航空运输系统的每个部门无不涉及高科技领域。可以说，航空运输的发展水平反映了一个国家科学技术和国民经济的发展水平。

2. 高速性

高速性是航空运输与其他运输方式相比最明显的特征，这是航空运输的最大特点和优势，现代喷气式飞机的速度一般在900km/h左右，比火车快5～10倍，比海轮快20～25倍。而且距离越长，航空运输所能节省的时间就越多，高速性的特点也就越显著。

3. 不受地形限制，机动性大

飞机在空中飞行，受陆地高山等因素的限制很少，受航线条件限制的程度也远比汽车运输、铁路运输和水路运输小得多。航空运输不受地形地貌、山川河流的限制，只要有机场并有航路设施保证，即可开辟航线，如果用直升机，其机动性更大。直升机可以将地面上任何距离的两个地方连接起来，可以定期或不定期飞行。尤其对灾区的救援和供应、偏远地区的急救等紧急任务，航空运输发挥着越来越重要的作用。

4. 安全可靠性和舒适性

随着科学技术的发展，飞机不如地面交通安全的错误认识正在逐渐被消除。据国际民用航空组织统计，飞机每亿公里乘客的死亡人数已从1965年的0.34人下降到1984年的0.02人。随着宽体飞机的使用，航空运输的舒适性将更好地发挥出来。喷气式客机的巡航高度在10 000m左右，飞行不受低空气流的影响，平稳舒适。客舱宽敞、色调和谐、空气清新、噪声小，起降平稳，机内餐食供应质量不断提高，视听娱乐设备先进，地面服务周到，这些都为乘客创造了舒适的旅行环境。由于科学技术的进步和民用航空客机适航性的严格要求，航空运输的安全性比以往已大大提高。

5. 运输成本高

航空运输由于受飞机机舱容积和载重量都比较小的制约，运输成本和运价比地面运输高。在各种交通运输方式中，航空的运输成本最高，如1996年中国航空运输主营业务的成本为4 872.4元/万换算吨公里，为铁路的10倍还多。

6. 基本建设周期短、投资少

要发展航空运输，从设备条件上讲，只要添置飞机和修建机场就可基本满足。这与修建铁路和公路相比，一般来说建设周期短、占地少、投资省、收效快。据计算，在相距1 000 km的两个城市间建立交通线，若载客能力相同，修建铁路的投资是开辟航线的投资的1.6倍；铁路修建周期为5～7年，而开辟航线只需2年。

7. 航空运输的国际性

航空企业属于环球多国籍的运输企业，具有跨国服务的特性，故需考虑提供国际化服务与合作关系。例如，天空开放和代码共享的出现。

由于航空运输具有快速、机动的特点，可以为旅客节省大量时间，为货主加快资金周转速度。因此，在客运和货运中，尤其是在贵重物品、精密仪器、鲜活物资等运输方面，航空运输起着越来越大的作用。

7.1.2 航空运输的营运特征

1. 飞行距离远

现代飞机已实现了超音速，且可飞越高山大洋，适于长距离的快速运输。

2. 飞机与机场分离

供飞机起降及供客、货上下飞机的飞机场，均由政府修建设置，凡经营航空运输者，只需购置飞机，即可营运。

3. 适用范围广泛

飞机，尤其是直升机，不但可为客、货运输提供服务，而且还可为邮政、农业、渔业、林业、救援、工程、警务、气象、旅游及军事等方面提供方便。

4. 具有环球性及国际性

国际民用航空组织制定了各种法规、条例、公约来统一和协调各国航空公司的飞行活动和经营活动。

7.2 民用飞机

7.2.1 民用飞机的类型

民用飞机是指用于从事客货运输的非军用飞机。民用飞机根据起飞重量分为小型、中型、大型三种；按航程分为近程、中程、远程三种，但国际上没有统一划分的定量标准；按用途分为客机和货机。为了保证旅客的安全、舒适，高空飞行的现代客机机舱是增压密封舱，舱内装有旅客座椅以及空调、供氧、救生等生活服务和安全保证设备。货机机舱内装有装卸货物和集装箱的辅助设备，如起重、滑动装置和货物固定设备等。

在航空运输领域内，除使用一般飞机外，还可以使用能够垂直起降和在空中悬停的旋翼机，亦称直升机。它可以执行一般飞机所无法执行的任务，但因直升机的营运成本高，所以在客货运输方面应用较少，主要用于各种专业飞行任务。

7.2.2 民用飞机的组成

民用飞机主要由机身、机翼、尾翼、起落架、发动机等部分组成。机身是飞机的主体，其他各个组成部分都直接安装在机身上，机身前部布置有驾驶舱和操纵系统。机身还是承载的容器，客机的机身内有客舱、行李舱和服务舱，货机则有货舱。机翼是使飞机产生升力并在空中保持稳定性的主要部分。

机翼上有襟翼、副翼等操纵面。大多数机型都把主要的燃油箱安置在机翼里面。尾翼通常由垂直尾翼和水平尾翼组成。垂直尾翼上安装有方向舵，水平尾翼上安装有升降舵，两者均为飞机的重要操纵面。起落架是飞机在起飞离地前、着陆后滑跑和地面滑行时使用的机轮组及其支架的总称。多数飞机的起落架在飞机升空后可以收入机身，以减小飞行阻力。在雪地或水上起降的飞机的起落架，可以用撬板代替轮子。发动机是飞机的动力装置，当前，航空发动机有活塞式和涡轮式两种。

民用运输机的主要特点是经济、舒适，要求最大限度地提高燃油效率，降低飞行成本。因此，客舱的设计，要求能为旅客提供优越、舒适的条件。

7.2.3 民用飞机的主要性能

不同用途的飞机，对飞行性能的要求有所不同，包括速度、爬升、续航和起降等性能指标。

1. 速度性能

飞机优于其他运输工具的主要特征之一是速度快。标志飞机速度性能的指标是飞机的最大平飞速度。当飞机的飞行速度增大时，飞机的阻力就增大，克服阻力所需要的发动机推力也相应增大。当飞机作水平直线飞行，飞机的阻力与发动机的最大可用推力相等时，飞机能达到的最大飞行速度称为飞机的最大平飞速度。由于飞机的阻力和发动机的推力都与高度有关，所以飞机的最大平飞速度在不同的高度上是不相同的。通常在11千米左右的高度上，飞机能获得最大的平飞速度。显然，飞机不能长时间以最大平飞速度飞行，这一方面会损坏发动机，另一方面会消耗大量的燃油。所以，对民用运输机这类需作长途飞行的飞机而言，更注重的是巡航速度。所谓巡航速度是指发动机在每公里消耗燃油最少的情况下的飞行速度。也就是说，飞机以巡航速度飞行时最为经济，航程最远或航时最长。

2. 爬升性能

民用飞机的主要爬升性能是指飞机的最大爬升速度和升限。飞机的爬升性能受到高度的限制，因为高度越高，发动机的推力就越小。在给定重量和发动机工作状态下，飞机能保持匀速水平直线飞行的最大高度，这一高度称为理论升限。通常我们使用“实用升限”来表明某飞机的性能。实用升限是在给定重量和发动机工作状态下，飞机在垂直平面内作匀速爬升时，对于亚音速飞行，最大爬升速度为0.5米/秒时的飞行高度；对于超音速飞行，最大爬升速度为5米/秒时的飞行高度。

3. 续航性能

民用飞机的续航性能主要是指航程和续航时间(航时)。航程指飞机起飞后，爬升到平飞高度平飞，再由平飞高度下降落地，且中途不加燃油和润滑油所获得的水平距离的总和。飞机的航程不仅取决于飞机的载油量和飞机单位飞行距离耗油量，而且是业务载重量的函数。飞机在载油量最大和飞机单位飞行距离耗油量最小的情况下飞行所获得的航程就是飞机的最大航程。

4. 起降性能

飞机的起降性能包括飞机起飞离地速度和起飞滑跑距离、飞机着陆速度和着陆滑跑距离。

在地面滑跑的飞机，当其前进所产生的升力略大于飞机的起飞重量时，飞机就能够离陆。但在正常起飞时，为了保证安全，离地速度要稍大于最小平飞速度(飞机能够保持平飞的最小速度)。离陆距离也称起飞距离，由起飞滑跑距离和起飞爬升距离组成。飞机从松开刹车沿跑道向前滑跑至机轮离开地面所经过的距离称为起飞滑跑距离。从机轮离开地面到升高至规定的安全高度，飞机沿地平线所经过的距离称为起飞爬升距离。飞机的离陆距离应尽可能的短，这样飞机就可以在较短的跑道上起飞。飞机发动机的推力越大，其最小平飞速度越小，离陆距离也就越短。

在飞机的着陆过程中，着陆的速度应尽可能的小。着陆过程的速度分为着陆进场速度和着陆接地速度。着陆进场速度是指飞机下滑至安全高度进入着陆区时的速度，着陆接地速度有时也简称为着陆速度。着陆距离可分为着陆下滑距离和着陆滑跑距离。着陆滑跑距离取决于飞机的着陆接地速度和落地后的减速性能。现代民用飞机除了在机轮上安装刹车外，通常还采用减速板、反推力等装置来缩短着陆滑跑距离。

7.2.4 民用飞机的适航管理

1. 适航性

飞机在进行运输及其他航空作业时，需适应气象、地形、距离、载荷、飞行高度、空中交通规则等各方面的要求，才能安全、及时和经济地运送旅客、货物或完成其他飞行作业。为了保障飞行安全，飞机首先要具备相应的适航性能。适航性(或称适航)是指飞机(包括其部件和子系统、整体性能和操纵性能)在预期的运行环境中和在经申明并被核准的使用限制下运行时，应具备的安全性和物理完整性品质，这种品质使飞机始终处于符合其型号设计及安全运行的状态。

为了保障飞机的适航性，世界各国民用航空管理部门对飞机的设计、生产、使用和维修等制定了适航标准。适航标准是一类特殊的技术性标准，是为保证实现飞机的适航性而制定的最低安全标准，是政府管理部门或授权管理部门在民用航空实践，尤其是空难事故调查结果的基础上，为对飞机的安全性进行有效控制而制定的法规性文件，是国家民用航空法规。

2. 适航管理

飞机的适航性工作称为适航管理。民用飞机的适航管理是以保证民用飞机的安全性为目标的技术管理,是政府适航部门在制定了各种最低安全标准的基础上,对民用飞机的设计、制造、使用和维护等环节进行科学、统一的审查、鉴定、监督和管理。适航管理工作主要包括:

(1)制定各类适航规章、标准、程序、指令、通告和审定监督规则,这是适航管理的基础。

(2)对民用飞机的型号进行合格审定,颁发型号合格证书。

(3)对飞机整机制造商、零配件制造商进行生产许可审定,颁发生产许可证;对其他民用航空产品进行设计和生产审定,颁发制造人批准书或技术标准规定项目批准书。

(4)对已取得国籍登记证的飞机进行适航检查、鉴定并颁发适航证,没有适航证的飞行是违法的。

(5)对维修企业进行审定并颁发维修许可证,该维修企业要根据批准的维修大纲制订维修方案,对维修人员进行考核并颁发执照。

(6)掌握民用飞机的持续适航情况,颁发适航指令。

(7)对安全问题和事故进行调查,对违章和不符合适航标准的情况采取措施。

上述适航管理内容,一般可分为初始适航管理和持续适航管理两部分。初始适航管理是对飞机设计、制造阶段所赋予的适航性实施的控制,即在飞机交付使用之前,依据有关适航标准和规范对飞机所进行的审定、批准和监督工作,包括型号合格审定和生产许可审定及其相应的监督工作。持续适航管理是对飞机在使用、维护阶段所保持的适航性实施的控制,即在飞机通过初始适航审定,并获得适航证投入运行之后,为保证飞机保持其设计、制造所赋予的安全性和物理完整性所进行的各项审定、批准和监督工作,包括维修单位的合格审定、维修人员的资格评审和飞机适航性的监督等三个方面。

7.3 航空港

1. 航空港的意义及其组成

航空港是用于航空运输的飞机场及其服务设施的总称。飞机场简称机场,是用于飞机起飞、着陆、滑行、停放、维修等活动的场地,其中有为飞行服务的各种建筑物和设施。在航空港内,除机场外,还有为客货运输服务的设施,如候机楼、货运站等。航空港和机场是两个含义不同的概念,但在民用航空中往往混用,例如,北京的国际航空港习惯上称为北京首都机场。

航空港一般由飞行区、客货运输服务区和机务维修区三个部分组成。

(1)飞行区

飞行区是航空港的主要区域,占地面积最大。飞行区有跑道、滑行道和停机坪,以及各种保障飞行安全的设施,如无线电通信导航系统、目视助航设施等。航空港内供飞机起降用的跑道,根据飞行量和风向风力条件,可以设一条或多条。一般在好天气条件下,以目视飞行时,一条跑道每小时可以起降飞机 45～60 架次;在坏天气条件下,以仪表飞行时,一条跑道每小时可起降飞机 20～40 架次。为保证飞机安全起飞和着陆,在飞行区上空划定净空区，即在机场及其邻近地区上空，根据在本机场起降飞机的性能，规定若干障碍物限制，不允许地面物体超越限制面的高度。限制面以上的空域称为净空区。净空区的划定可以随飞机的发展而改变。

(2)客货运输服务区

客货运输服务区是旅客、货物、邮件运输服务设施所在的区域。区内设有客机坪、候机楼、停车场等，其主要建筑物是候机楼。区内还配备有旅馆、银行、公共汽车站、进出港道路系统等，货运量较大的航空港还设有专门的货运站。在客机坪附近设有管线加油系统，其特点是使用高压油泵，在30分钟内向飞机加注的燃油有时可高达几十吨。

(3)机务维修区

机务维修区是维修厂、维修机库、维修机坪等设施所在的区域，区内还有为保证航空港正常工作所必需的各种设施，如供水、供电、供热、供冷、下水等各种公用设施以及消防队、急救站、自动电话站、铁路专用线等。

整个航空港的布局以跑道位置的安排为基础。根据跑道位置布置滑行道、客机坪、维修机坪以及其他飞机活动场所。客货运输服务区的位置通常位于连接城市交通网并紧邻飞行区的地方。

2.机场的分级

机场一般根据跑道和其他设施划分使用等级。国际上，各国采用的分级办法不尽相同。我国按照容许起降飞机的最大起飞全重量，将机场分为一、二、三、四级，其中四级机场只能起降轻型飞机。国际民用航空组织规定，机场等级按第一要素代码（等级指标Ⅰ）和第二要素代码（等级指标Ⅱ）的基准代号来划分，用来确定跑道长度和所需道面强度，即能起降机型的种类。表7-1中第一要素的代码表示飞机基准飞行场地长度，它是指某型飞机以最大批准起飞重量，在海平面、标准大气条件（15℃、1个大气压、无风）、无坡度情况下起飞所需的最小飞行场地长度；第二要素的代码应选择翼展和主起落架外轮外侧之间距离中要求较高者。

表7-1　　飞行区基准代号表

第一要素		第二要素		
代码	飞机基准飞行场地长度(m)	代码	翼展(m)	主起落架外轮外侧之间距离(m)
1	<800	A	<15	<4.5
2	800～<1 200	B	15～<24	4.5～<6
3	1 200～<1 800	C	24～<36	6～<9
4	≥1 800	D	36～<52	9～<14
		E	52～<65	9～<14

3.跑道

(1)跑道的平面布置

跑道是供飞机起飞时加速和着陆时减速滑跑用的带状地面，是航空港的组成部分之一。运输机用的跑道大多设有铺筑面。为了保证飞机在接地过早、滑出跑道或中断起飞等情况下的安全，跑道两侧设有道肩和侧安全道，跑道两端设有端安全道，这些设施和跑道一起组成升降带。跑道的方位主要根据当地风的恒风向和附近障碍物的位置确定。跑道平面布置如图7-1所示。

图7-1 路道平面布置图

(2)跑道的分类

跑道按道面结构可分为土质道面跑道、草皮道面跑道和人工铺筑道面跑道。土质道面跑道和草皮道面跑道多供农用飞机季节性、临时性使用或班次较少的地方航线的小型飞机使用。人工铺筑道面一般称高级道面,按性质分为柔性道面和刚性道面两种。柔性道面是指沥青道面、碎(砾)石道面和土质道面。碎(砾)石道面石粒松散后易损坏飞机,已很少使用。土质道面仅供农业、林业等专业飞行作临时飞机场使用。刚性道面是指混凝土或钢筋混凝土道面。

根据机场是否拥有仪表着陆系统,跑道可分为仪表跑道和非仪表跑道。仪表跑道按设备的精密程度又可分为非精密进近跑道和一类、二类、三类精密进近跑道。其中,三类精密进近跑道又按精密程度分为A、B、C三种。

(3)跑道的技术要求

跑道要有一定的长度、宽度、坡度、平坦度,以及结构强度和摩擦力等。

①长度。跑道长度是根据机场起降的主要机型在标准大气条件下(1个大气压、15℃、无风)的技术性能,以及当地的标高、地形坡度、气温和风力等因素确定。

②宽度。跑道宽度是根据飞机起降时有大部分的轮迹都集中在以跑道中心线为中心的25～30米范围内这一事实确定的。从20世纪60年代起,多数国家的跑道都规定为45米宽,连同道肩共60米宽。

③坡度。为便于排水和减少修建的工程量,对跑道的坡度规定有各种限制。例如,对跑道的不同部分有最大纵坡和变坡、最大和最小横坡的限制等。基本原则是跑道的坡度变化越小和变化次数越少越好,但同时要考虑修建工程的经济合理性。以我国现行规定为例,对一级机场的纵坡限制是跑道两端各长1/4的部分不大于0.005,其他部分不大于0.010,而坡度变化不大于0.010;横坡限制是不大于0.015,坡度变化不小于0.008。另外,要保证驾驶员至少能通视跑道长度的一半。

④平坦度。跑道平坦度的标准是用长3米的直尺放在道面的任何地方检查时,直尺底边的任何地方与道面表面之间没有大于3毫米的间隙。平坦度不良,不仅使旅客不舒适,而且会导致飞机起落架和其他部分的结构损坏,甚至发生事故。

⑤结构强度。道面结构强度与飞机全重、起落架及轮子布局、胎压和运行频率有关,道面每个点所承受的载荷和重复次数各不相同,因此跑道各部位道面的厚度也不相同。从纵向看,跑道两端承受飞机的静载荷和低速滑行时的重量,而对跑道中部,飞机滑行到

此时已有一定的速度，产生一定的空气浮力，道面的载荷就减少了。因此，跑道两端道面比中间道面厚。从横向看，跑道两侧道面比中间 25～30m 范围内的道面薄。

⑥摩擦力。跑道表面要具有一定的粗糙度，保证机轮与道面之间产生一定的摩擦力，以防止在跑道潮湿、积水时发生机轮打滑、失控，造成事故。保证道面具有适当摩擦力的关键是选材合适，施工方法得当。

4. 候机楼

(1)候机楼的基本功能

候机楼是为航空旅客提供地面服务的主要建筑物，又称航站楼，通常根据跑道和通往城市公路的布局而设置在航空港内比较适中的地点。其基本功能是保证出发、到达和中转的旅客能迅速而有秩序地登上飞机或离开机场，同时为旅客或迎送亲友的旅客提供候机和休息等场所。

(2)候机楼的设施

早期航空运输企业在机场只建有一些简易房屋接待航空旅客。20 世纪 50 年代以后，航空旅客激增，客运业务繁忙的航空港陆续修建了规模宏伟、设备齐全、多功能的现代化候机楼，其主要设施有旅客服务设施、生活保证设施、行李处理设备和行政办公用房、航空公司业务用房等。旅客服务设施有：航空公司售票、问询柜台，登记客票、交运行李服务柜台，安全检查、出入境管理、海关检查、卫生检疫等柜台，有线广播设备，进出港航班动态显示装置和旅客登机设施(如登机门、旅客集中休息厅、登机桥、自动客梯、升降登机车、可移动的旅客休息室)等。此外，还有供迎送亲友的旅客使用的迎送厅、瞭望平台等设施。生活保证设施主要有：旅客休息室、游乐场、餐厅、酒吧、食品饮料自动出售设备，以及其他公共设施，如银行、邮局、书报摊、售货部和旅馆及出租汽车预订柜台等。行李处理设备有：行李分拣装置、行李车、传送带、行李提取柜台等。行政办公用房、航空公司业务用房等根据业务需要设置，对旅客不开放。

(3)候机楼的布局和登机口布置方式

大型航空港起降飞机多，旅客吞吐量大，业务十分繁忙。例如，美国芝加哥奥黑尔航空港，在客流高峰季节每天进出港飞机达 2 000 架次以上，过往旅客十余万人。在交通流量大的情况下，为适应旅客的特点并满足他们的使用要求，候机楼各种设施的配置必须合理。同时，要设计科学的旅客流程图，使各类旅客在楼内的活动互不干扰。

多数候机楼对进出港旅客采取立体隔离的办法，即将进出港旅客的行动路线分别安排在两个楼层内；对国际和国内旅客，采取平面隔离的办法，即在同一层楼内，分别设置国际旅客和国内旅客的活动场所。

候机楼与登机口布置方式，可分为前列式、廊道式、卫星式和综合式四种。前列式候机楼是沿候机楼前沿布置登机口和机位。廊道式候机楼是由候机楼的主楼朝停机坪的方向伸出一条或几条廊道，沿廊道的两侧布置机位，对正每一机位设登机口。芝加哥奥黑尔、伦敦希思罗、东京羽田等航空港的候机楼即属此种形式。卫星式候机楼是在主楼之外修建登机厅，用廊道与主楼连通，登机厅周围布置机位，设相应的登机口。北京首都机场候机楼即采用此种形式。综合式候机楼是采用上述一种或两种形式而建造的候机楼。巴黎奥利航空港南候机楼即属此种形式。

候机楼及其建筑物的布局可分为集中式和分散式两类。集中式候机楼是候机楼为一完整建筑物，前列式、廊道式、卫星式、综合式候机楼均属此类。分散式候机楼是每个登机口成为一个小的建筑单元，供一架飞机停靠，旅客乘汽车可以直接到达飞机舱门前，建筑单元排列成一条直线或弧线，组成候机楼整体。

旅客登机方式与候机楼的布置方式有密切关系。集中式候机楼多采用登机桥；分散式候机楼一般采用登机车和登机梯。登机车往返于候机楼和飞机之间接送旅客上、下飞机，有普通式和升降式两种。升降式登机车可以升到与飞机舱门相同的高度。登机梯有机上自备客梯和地面客梯两种，一般多在规模小的航空港使用。

5. 目视助航设施

目视助航设施是指在机场及其附近地区为给驾驶员操纵飞机起飞、着陆和滑行提供目视引导信号而设置的设施，主要包括助航灯、标志和标志物。

助航灯通常由机场灯标、进近灯、目视下滑角度指示、着陆区灯、跑道灯、滑行道灯和障碍灯几部分组成。机场灯标是安装在机场区域内的最强闪光灯标，用以标志机场位置。在一个地区机场较多时还设有识别灯标，它以闪光的方式播发代表机场代号的摩尔斯电码。进近灯光系统分为简易的、Ⅰ等的、Ⅱ等的、Ⅲ等的四类，设在跑道中线延长线上，供驾驶员在进行目测着陆时对准跑道方向，调整飞机的姿态和判断到跑道入口的距离等。目视下滑角度指示系统用于帮助驾驶员检查和修正飞机的下滑角度，国际上认可的布置形式有“T”式和 2 排、3 排式等，利用在垂直方向上扩散角非常狭窄、光强和颜色突变的光束的组合来提供信息。着陆区灯装在跑道着陆端的 900 米范围内，标明接地地带。跑道灯标明跑道的入口、中线、边线和末端。滑行道灯包括滑行道边灯和中线灯。障碍灯装在机场及其附近地区对飞行安全可能构成威胁的人工或天然障碍物上。

标志是指在跑道和飞机活动地区道面上鲜明的白色或黄色线条、字码和符号，包括跑道号码标志、跑道中线标志、跑道边线标志、入口标志、接地地带标志、定距标志、滑行道中线标志、滑行等待位置标志和停机坪上各种引导线。机场及附近地区的障碍物也涂有醒目的标志。

标志物是利用不同形状和颜色以传达信息的设施，有有照明的和没有照明的，有带文字符号的和不带文字符号的，如风向标、着陆方向标、信号板、全向信标机场校准点标记牌、各种滑行引导标记牌等。

由于无线电导航设备性能日益提高，运输机驾驶员已有可能利用这种设备进行自动着陆。但是自动着陆所需的地面设备和机载设备造价昂贵，而现代化目视助航设施则造价低廉，并能保证绝大多数机场不会因常年能见度低而关闭。因此，目视助航设施将不会完全被无线电导航设备所取代。

6. 航空港与城市的关系

航空港是随着城市的发展而建立的，它的建设和发展又促进了城市的建设和繁荣。但是，航空港也给城市发展带来一些问题，如飞机和机场噪声对城市的干扰，航油和排放的其他有害物质造成的环境污染，以及航空港扩建和城市发展在用地方面产生的矛盾等。另外，为了便于客货运输，航空港距市区不宜过远，并应备有快速、方便的地面交通线。因此，在航空港的建设中，航空港选址是城市建设规划中的一个重大课题，必须通盘考虑，妥善安排。

7.4 航空交通调度

7.4.1 民用运输机飞行阶段划分及准备

1. 民用运输机飞行阶段划分

民用运输机飞行是指民用运输机执行运输任务的飞行，它包括自飞机起飞前开车至着陆后关车的全过程。

民用运输机飞行按飞行区域划分，可分为机场区域飞行和航线飞行；按领航和驾驶条件划分，可分为目视飞行和仪表飞行。

(1)机场区域飞行

机场区域飞行包括飞机起飞、上升、下降和着陆。起飞为飞机开车后在跑道上滑跑增速，以产生升力、克服重力，离开地面的过程；上升和下降分别为飞机起飞后向规定航线高度爬升和执行任务后脱离规定航线高度下降的过程；着陆为飞机下降后接地，在跑道上滑跑减速，直至停止、关车的过程。飞机的上升、下降飞行，通常都在机场的进近区域内进行。

(2)航线飞行

航线飞行指飞机沿规定路线从一个机场到另一个机场的飞行，它通常有沿航路飞行、沿地方航线飞行和沿临时航线飞行之分。沿航路飞行是沿划设有航路的航线飞行，主要用于国际航线以及国内的主要干线的航空运输。沿地方航线飞行是沿没有划设航路的小范围的航线飞行。地方航线通常设有规定宽度，通信导航设施和气象保障不如航路完善。在我国，这类飞行主要用于省、自治区范围内，以及相邻的省、自治区之间的航空运输。沿临时航线飞行是沿根据飞行任务临时确定的航线飞行。

(3)目视飞行

目视飞行指在可见地平线和地标的条件下，能够目视判明飞机飞行状态、方位的飞行。在《目视飞行规则》中，对各种不同速度的飞机、不同性质的空域，分别规定目视飞行的气象条件、最低安全高度、飞机之间(垂直、纵向、侧向)的安全间隔。国际通用的气象条件是：在管制空域内飞行时，能见度至少8千米，距云的水平距离至少7.5千米，垂直距离至少300米；在管制空域外，高出平均海平面900米或高出地面300米以上飞行时，与在管制空域内条件相同，在此高度以下飞行时，条件放宽到能见度至少1.5千米，云下能看到地面。目视飞行时，机长对保持飞机之间的安全间隔和距地面障碍物的安全高度负责。

(4)仪表飞行

仪表飞行指按照航行驾驶仪表判断飞机飞行状态及其位置的飞行。在《仪表飞行规则》中，对不同的飞行区域和地形条件，分别规定最低安全高度；根据飞机飞行高度、速度和导航及管制设备的配备情况，分别规定飞机之间的安全间隔和距离。凡低于目视飞行气象条件所规定的最低标准，即为仪表飞行的气象条件。仪表飞行时，航行管制员对飞机间的间隔、距离和高度层配备负责。国际民用航空组织和绝大多数国家规定，在低于目视飞行气象条件下飞行、夜间飞行、高度6 000米以上飞行和作跨音速或超音速飞行时，不论天气情况如何，都必须按照《仪表飞行规则》飞行。按照《仪表飞行规则》飞行，在一国领土和领海上空，通常都要实施飞行管制，提供空中交通管制服务。

2. 飞行的准备和实施

民用运输机飞行活动通常包括准备阶段和实施阶段。我国民用航空总局规定，民用运输机飞行活动有飞行的预先准备、飞行的直接准备、飞行实施和飞行后讲评四个阶段。

飞行的预先准备通常于飞行前一日进行，遇有临时紧急任务，可和直接准备阶段合并进行。预先准备的主要内容有：下达任务，配备空勤组，确定机型，选择航线，研究制订飞行、指挥方案，办理飞行申请。飞行的直接准备通常于飞机预计起飞前1小时30分开始进行，其主要内容有：研究天气情况，进行领航计算，准备飞机，旅客登机，装载货物，检查设备，修订和补充各项工作计划和方案措施，决定飞机的接受和放行。飞行实施是指按照预定计划实施飞行全过程和保证飞行。飞行后讲评是对飞行进行总结，以便提高飞行水平。

在上述准备阶段中，需要空勤组完成相应准备工作。

空勤组是指由执行航空客货运输任务的飞机上人员组成的小组，也称机组。客机机组包括飞行人员和乘务人员。

飞行人员是在飞行中操纵飞机和使用机上航行、通信设备的人员，包括驾驶员、领航员、空勤通信员、空勤机械员(工程师)。空勤组由机长领导，机长对飞行安全、航班正常和服务质量负责，机长通常由正驾驶员担任。领航员负责掌管、使用机上全部领航仪器、设备，掌握全航程的无线电导航资料，向驾驶员和地面提供各项经过计算的航行数据。空勤通信员负责掌管、使用机上通信设备，保证陆空通信的畅通。空勤机械员(工程师)负责监视飞机的动力装置和各个系统在飞行中的工作状态，遇有异常情况，协助机长采取必要措施；在飞机起飞和着陆时，协助驾驶员操作。

乘务人员的工作是为机上乘客服务。大型客机机舱内设乘务长，负责领导服务工作。

随着机上领航和通信设备自动化程度的提高，一些机型空勤组中的领航员和通信员的工作，已逐渐由正副驾驶员分别承担。有些新式飞机机组内的飞行人员只有两人。航空运输企业根据机型、任务性质、航程长短等情况，决定空勤组人数，如执行货运任务，不配派乘务人员。

7.4.2 空中交通管制

1. 空中交通管制工作任务与管制机构

空中交通管制是指对飞机的空中活动进行管理和控制的业务。它的主要任务是使飞机按计划飞行，使保障工作有条不紊；维护飞行秩序，合理控制空中交通流量，防止飞机之间、飞机与障碍物之间相撞，保证飞行安全；对违反飞行管制的现象，查明情况，进行处理。

为此，需要设置如下空中交通管制机构。

(1)空中交通服务报告室。空中交通服务报告室负责审理进离本机场的飞机飞行预报、申报飞行计划、办理飞机离场手续、向有关单位和管制室通报飞行预报和动态。

(2)塔台管制室。塔台管制室负责提供塔台管制区域内飞机的开车、滑行、起飞、着陆和与其有关的机动飞行的管制服务。

(3)进近管制室。进近管制室是通常在一个或几个机场附近的航路汇合处划设的管制空域，以便于进场和离场的飞机飞行，它是中低空管制空域与塔台管制空域之间的连接部分，垂直范围通常在 6 000 米以下、最低高度层以上，水平范围通常在半径 50 千米以内。

(4)区域管制室。区域管制是指飞机飞离起飞航空港区域以后，至到达降落航空港区域之前，在全航线飞行过程中所实施的空中交通管制。区域管制室的工作内容是监视航线上飞机的活动，掌握天气变化，安排飞机的间隔，调配飞行冲突，协助机长处置特殊情况。

(5)区域管制中心。区域管制中心负责管制与监视本区域管制室辖区内的飞行，协调各管制室之间和管制室与航空公司之间的工作。

(6)民用航空总局调度室。民用航空总局调度室负责监督、检查全国范围内跨地区高空干线、国际航线的飞行以及外国飞机在中国境内的飞行，控制全国的飞行流量，组织承办和掌握专机飞行，处理特殊情况下的飞行。

2. 空中交通管制方法

管制员为获得管制范围内每个飞机的位置和高度信息，并为了在飞机之间配备必要的垂直、纵向或侧向间隔，需要实施空中交通管制，采取的管制方法有程序管制和雷达管制。

(1)程序管制

采用程序管制时，航路和管制区内的航线利用无线电导航设施确定。管制员通过飞机驾驶舱内的仪表向驾驶员提供导航信息。通常驾驶员在起飞前向空中交通管制单位提交飞行计划。管制员根据飞行计划并结合当时的情况，向驾驶员发出飞行许可和有关指示。驾驶员利用无线电通信设备向管制员报告位置和高度。当发现飞机之间的安全间隔小于最低标准时，管制员立即指示飞机改变飞行高度或指挥它在某一报告点上空盘旋等待。在飞抵运输业务繁忙的机场，尤其是天气不好时，为安排着陆服务，常常要采用等待程序。

程序管制的主要职责是为飞机配备安全间隔。有关安全间隔的规定为：

①机场放行仪表飞行的时间间隔

a. 同速度、同航迹、同巡航高度时，前一架飞机起飞后 10 分钟，放行后一架飞机；

b. 同速度、同航迹、不同巡航高度时，前一架飞机起飞后 5 分钟，放行后一架飞机；

c. 不同速度、相同航迹时，速度较快飞机起飞后 2 分钟，放行较慢飞机。

②仪表飞行穿越航线的时间间隔

a. 当穿越处无导航设备，在穿越航线中心线时，保持与其他飞机时间间隔不少于 15 分钟。

b. 当穿越处有导航设备，在穿越航线中心线时，保持与已飞越导航设备的飞机时间间隔不小于 10 分钟，与未飞越导航设备的飞机时间间隔不小于 15 分钟。

管制员利用无线电通信设备与驾驶员进行双向通信联络，根据驾驶员的报告计算掌握飞机的位置，这种方法速度慢，精确性差。为防止飞机相撞，因此规定的最低安全间隔不得不大一些，从而在一定空间内所能容纳的交通量就比较少。

(2)雷达管制

雷达管制是为了克服程序管制对交通量的局限性，随着监视雷达的出现而逐渐形成的一种交通管制方法。管制员根据雷达的显示可以了解本管制空域雷达波覆盖范围内所有飞机的精确位置，因此能够大大减小飞机之间的最低安全间隔，从而可在一定空间内增加交通量。

雷达管制按空中交通管制规则，依靠雷达监视的手段进行管制，即它对飞行中的飞机进行雷达跟踪监视，随时掌握飞机的航迹位置和有关的飞行数据，并主动引导飞机飞行。

①雷达识别

在向飞机提供雷达管制服务前，雷达管制员必须对飞机进行识别确认。识别的方法为：

a. 二次雷达的识别。从雷达标牌上认出该飞机的识别标志，通过雷达识别移交；观察该飞机遵守指令的情况，通过使用应答机识别移交。

b. 一次雷达的识别。飞机起飞后，其雷达目标在起飞跑道端2千米以内被发现，飞机在某定位点或目视飞行报告点的位置显示与机组报告的一致，并且其航迹也与报告的航向和飞行的航线一致；通过雷达识别移交。

②雷达引导

雷达管制员通过指定飞机应飞的航向实施雷达引导，引导飞机尽可能沿便于驾驶员利用地面设备检查自身位置及恢复自主领航的路线飞行，避开已知的危险天气。

③雷达间隔

雷达管制员通过综合考虑飞机的航向、速度、雷达限制、工作负荷等各种因素来确定飞机之间的最小安全间隔，并保证不能低于此安全间隔飞行。例如，水平最小雷达安全间隔为9.3千米，如果雷达设备定位精确，最小安全间隔也可以减小到5.6千米。

采用雷达管制系统可使管制员有更充裕的时间来调配飞机的安全间隔，保证飞行安全。

7.4.3 空域管理

1. 空域管理的意义与原则

民用航空飞行的航线和区域遍布全国。为了能在广阔的空间为飞机提供及时、有效的管制服务、飞行情报服务和告警服务，防止飞机在空中相撞和与地面障碍物相撞，保证飞行安全，促使空中交通有秩序地运行，必须进行包括空域划分与空域规划的空域管理。空域管理的基本原则是：

(1)充分满足交通需求的增长，充分利用空域资源，尽可能满足商业运输、民用航空、军事飞行三类用户的基本要求。

(2)尽量减少对空域使用的限制和妨碍，使飞机能沿对其最有利的航线飞行，并保证其与其他飞机之间的安全间隔。

2. 空域划分

空域划分包括对飞行高度层的规定和各种空中交通服务区域的划分。

(1)飞行高度层的规定

为了防止飞机在飞行中相撞，根据飞机的飞行方向、气象条件和飞机性能的区别，规定了不同的飞行高度层。在机场区域内不论航向如何，从600～9 000米，每隔300米为一个高度层；9 000米以上，每隔600米为一个高度层，直到15 000米。在航线区域内，真航线角在1°～179°范围内，高度为900米至8 700米，每隔600米为一个高度层；高度为9 600米以上，每隔1 200米为一个高度层。真航线角在180°～359°范围内，高度为600米至9 000米，每隔600米为一个高度层；高度为9 000米以上，每隔1 200米为一个高度层。

(2)各种空中交通服务区域的划分

按照统一管制和分区负责相结合的原则，我国将全国空域划分为若干飞行情报区和飞行管制区，并建立相应的机构，对在该区内的民用航空飞行提供空中交通服务。同时，为了对民用航空飞行实施有效的管制，要求飞机沿规定的路线在规定的区域内飞行，因此在飞行情报区和飞行管制区内划定飞行的航路、航线、空中走廊和机场区域，并对一些禁止飞行和在规定的时间与高度内禁止飞行的区域，划定了空中禁航区、限制区和危险区。

①飞行情报区。飞行情报区是为向飞行提供情报服务和告警服务而划定的范围空间。我国的飞行情报区主要是为外国飞机进出和飞越我国境内而划定的。目前，在我国内陆、沿海及毗连公海的空域，共划分沈阳、北京、上海、广州、武汉、昆明、兰州、乌鲁木齐和台北 9 个飞行情报区，其工作由有关的区域管制中心负责。

②飞行管制区。飞行管制区是为向飞行提供空中交通管制服务而划定的范围空间。我国民用航空飞行管制区分为区域管制区和机场管制区。

区域管制区，按高度界限划分为高空管制区和中低空管制区。我国目前划有民用航空高空管制区 10 个，中低空管制区 25 个。在每个管制区内设有区域管制室，负责向在管制区内飞行的民用航空飞机提供管制服务、飞行情报服务和告警服务。飞行繁忙的区域管制区还划分扇区。

机场管制区，通常是以机场基准点为中心，水平半径 50 千米、垂直高度 6 600 米(不含)以下的空间。在每个机场管制区内设塔台管制室，负责对进、离场和在本场内飞行的飞机提供管制服务、飞行情报服务和告警服务。飞行繁忙的机场，还设有进近管制室。

③航路、航线。航路是根据地面导航设施建立的走廊式空域，供飞机沿航线飞行使用。

划定以航路连接各个地面导航设施的直线为航路中心线，在航路范围内规定有上限高度、下限高度和航路宽度。航路宽度取决于飞机能保持按指定航迹飞行的准确度、飞机飞越导航设施的准确度、飞机在不同高度和速度时的转弯半径，并需加上必要的缓冲区，因此航路宽度不是固定不变的。《国际民用航空公约》附件十一中规定，当两个全向信标台之间的航段距离在 92.6 千米以内时，航路的基本宽度为中心线两侧各 7.4 千米；航段距离在 92.6 千米以上时，根据导航设施提供的飞机保持航迹飞行的准确数据进行计算，扩大航路宽度。在我国境内飞行密集的航线上建立的航路，其宽度为 20 千米(航路中心线两侧各 10 千米)，它沿途应具有良好的备降机场、良好的导航设施和监视雷达，以保证飞机准确地在航路内飞行。目前，我国建立的航路，主要有北京—上海、北京—广州—深圳、上海—广州、广州—昆明等 20 条。

航线是飞机运行的航空运输路线。在两个机场间进行的定期航空飞行，其飞行航线尚未建立航路的航线称为固定航线。固定航线的导航设施应尽量与航路相同。因临时性的航空运输或民用航空飞行的需要，在航路和固定航线以外飞行的航线称为非固定航线或临时航线。

临时航线的导航设施不能保证飞机作仪表飞行时，应作目视飞行。

④空中走廊。空中走廊是指在机场飞行频繁的地区，为减少飞行冲突、提高飞行空间的利用率，在机场区域内划定飞机进离机场的空中通道，它的宽度为 8～10 千米。目前，我国拥有划有空中走廊的机场的城市有沈阳、北京、上海、武汉、广州、成都等。

⑤机场区域。机场区域是指在机场及其附近地区上空，为飞机在机场上空飞行、加入航线、进入机场进行降落而划定的空间，包括空中走廊和各种飞行区域。

⑥空中禁航区、限制区和危险区。空中禁航区是指在一个国家的陆地或领海上空，禁止飞机飞行的划定空域，分为永久禁航区和临时禁航区。我国的永久禁航区，有北京、上海、沈阳、葫芦岛等；临时禁航区，有杭州、北戴河等。空中限制区是指在一个国家的陆地或领海上空，根据某些规定的条件，限制飞机飞行的划定空域，它用时间和高度等条件限制飞机飞入或飞越，如炮射区、靶场等。空中危险区是指一个在某些规定的时间内对飞行有危险的划定空域，它在规定的时间和高度范围内禁止飞机飞越。

3. 空域规划

(1)空域规划的意义

空域规划是指对某一给定空域(通常为终端区)，通过对未来空域交通量需求的预测，根据空中交通流的流向、大小与分布，对其按高度方向和区域范围进行设计和规划，并加以实施和修正的全过程。其目的是增大空中交通容量，理顺空中交通流，有效地利用空域资源，减轻空中交通管制员工作负荷，提高飞行安全水平。

(2)空域规划的过程

①制定空域规划的工作计划，组成规划工作的任务技术工作小组。

②交通现状调查与分析。主要包括现有空域结构形式，进离场航路，空中走廊，航路交叉点，飞行冲突点，交通流量大小、流向与分布，空域空中交通流量统计数据，空域容量，导航台分布，禁航区，限制区，主要障碍物，机场所在地区航空运输市场现状等。

③交通需求分析与预测。研究国家国民经济发展计划和本地区社会经济发展战略，对机场所在地区航空运输市场前景、发展趋势进行预测；对通过交通现状调查所获得的数据进行分析，研究预测未来空域空中交通需求的模型。

④空域规划与评价。利用系统工程方法和空域规划技术，对给定空域提出规划方案。通过对社会、经济、技术性能的定性和定量分析，评价规划方案的优劣。

(3)空域规划的设计

空域规划设计的基本内容包括终端区区域设计、进离港航路走向设计、航路交叉点设计、空域运行结构设计。规划时，应考虑的问题有特殊空域，如军事区等；环境问题，如噪声敏感区、人口密集区、国家保护区、特殊建筑等；地形；通信导航设备的类型和特性；邻近设备的相互影响；机场情况，如跑道的数量、排列、长度、宽度和状况，跑道之间的靠近程度，障碍物等；扩建计划等。

空域运行结构可分为基本结构(最简单的一种空域运行结构，只有一个席位，但管制所有的空域)、扇区结构(通常按平行于主要跑道划分)、进离场结构(根据导航台的数量和位置划分)。

7.4.4 空中交通流量管理

1. 空中交通流量管理的意义

空中交通流量管理是当空中交通流量接近或达到空中交通管制可用能力时适时地进行调整，保证空中交通流量最佳地流入或通过相应的区域，以期尽可能提高机场、空域可用容量的利用率。

20世纪70年代以来，随着国际民用航空运输业的快速发展，空中交通流量增长较快，出现了世界范围内机场、空域和航线网的拥挤，这种拥挤不仅导致飞行冲突的频繁发生，而且还形成了空中交通网的“瓶颈”。因此，对空中交通流量管理问题的研究显得格外重要，逐渐成为国外较热门的研究方向。美国和欧洲根据本国、本地区的特点，利用先进、科学的空中交通流量管理方法，相继建立了各自的空中交通流量管理中心，这不仅对空中交通流量的协调、控制和管理起到了重要作用，而且还大大提高了空域利用率，减轻了管制员负担，增加了空中交通流量，提高了飞行安全水平。

2. 空中交通流量管理应考虑的问题

(1)空域结构和网络布局

空域结构与网络布局对空中交通容量有着重要影响，从而影响空中交通流量管理的效果，因而要考虑空域与网络的有关结构及其分布。

(2)空中交通容量

对空中交通容量的准确估计是空中交通流量管理的基础和前提，也是主管部门制定有关空中管制规章、合理配置空中管制保障系统设备与管制席位以及进行空域规划的重要依据。

通常，空中交通容量包括机场空中交通容量和空域空中交通容量两部分。机场空中交通容量主要由跑道容量、停机位容量和滑行道容量组成。其中，跑道容量是机场空中交通容量的关键。机场空中交通容量受气象条件、跑道状况、空域结构、空中管制设备、管制员能力等多种因素的影响。空域空中交通容量包括终端区和各扇区管制空域容量、航线网容量和航路交叉点容量等。

(3)需要的信息

①飞机实时动态信息。包括飞机在某一时刻的高度、速度、航向和位置信息。雷达等设备均能提供这些信息，其中雷达数据是主要的信息来源。

②由飞行计划所提供的区域、航线及相关机场飞行计划的数据信息，是完成空中交通流量预测和空中交通流量管理的另一个主要依据。

③实时气象信息。机场、终端区和航路气象条件的变化将直接影响管制区空中交通容量的大小，因而气象信息是决定空中交通流量管理方案的重要因素。

④设备状况信息。通信、导航、监视等设备运行的状况直接影响空中交通流量管理系统的运行和实现，同时还影响管制区空中交通容量的大小。

⑤人员状况信息。空中交通流量管理的决策方案，要由空中交通管制员来负责实施，因此管制员对空中交通流量管理系统的整体交通产生重要影响。此外，管制员状况的好坏、管制技能的高低将直接影响其所能指挥飞机的数量的多少，即管制区的空中交通容量。

⑥信息集成与共享。空中管制系统目前所拥有的信息是多种多样的，如由雷达数据处理系统提供的飞行动态信息、由飞行计划处理系统提供的飞行计划信息、自动转报系统提供的航班动态信息，以及由气象雷达提供的航空气象信息和情报系统提供的航行情报信息等。这些信息是分散的，各自独立，自成系统，要实施空中交通流量管理，要求集成与共享多方面的信息。

(4)硬件环境

空中交通流量管理系统应具备的硬件配置包括雷达数据处理系统、飞行计划处理系统、航空气象雷达系统、航空情报系统、通信系统、导航系统、流量管理计算机网络系统。

3. 空中交通流量管理的方法

空中交通流量管理方法，可分为长期法、中期法和近期法三类。长期法(从概念到实现一般要15年左右)包括建造机场、增加机场跑道、改善硬件设备环境、提高空中交通管制技术等，这些都需要大量的资金，周期长，见效较慢。中期法(从概念到实现一般要6个月到几年)包括增加空中航线、修改空域结构等，它使得空中交通流量在宏观上更加合理，能更加有效、经济地利用空域。近期法(从概念到实现一般在6个月以下)是通过采用地面等待、空中等待、修改飞行计划等策略，直接对空中交通流量进行控制，使空中交通流量与空域、机场的容量相匹配，从而减少拥挤的方法。由于长期法和中期法实施周期较长，见效较慢，在实际工作中大多采用近期法。因此，通常的空中交通流量管理方法是指近期法。

20世纪80年代末，美国麻省理工大学的阿米地奥·奥德尼教授首次对空中交通流量管理进行了系统的描述，提出了战术管制和战略管理两种空中交通流量管理模式。当飞机处于飞行状态时，实施战术管制，主要内容包括：

(1)高空等待、修改航线飞行计划等，以避免昂贵的低空等待；

(2)控制航线飞行速度，调整空中交通流量；

(3)优化机场飞机起飞和降落的次序，获得最大的机场跑道接收率。

这种空中交通流量管理方法控制了空中交通网中某些区域的交通流量，但其流量控制是有限的。空中交通流量控制的另一种方法是战略管理，其主要内容包括：

(1)在飞机起飞前，修改某些飞机的飞行计划，以避开空中交通网中的拥挤区域；

(2)延迟飞机的起飞时间，即采用地面等待策略调节空中交通流量。

7.5 民用航空运输组织

7.5.1 民用航空运输生产管理

1. 民用航空运输生产体系

民用航空运输是一个复杂的生产过程，它需要地面保障和空中服务等多方面的密切配合，通过运输生产体系(图7-2)中有关部门的综合协调来共同完成。

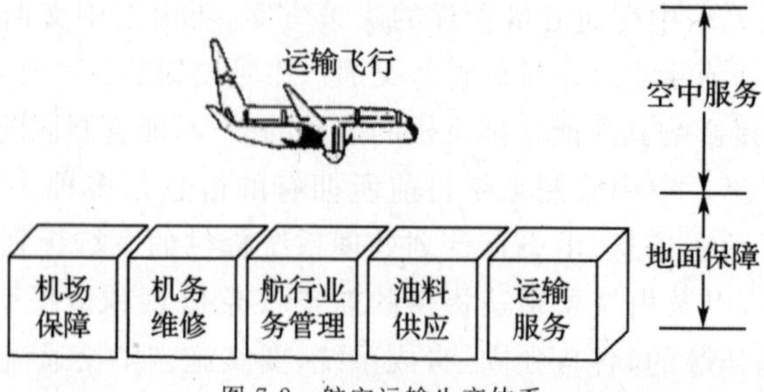

图7-2 航空运输生产体系

(1)机场保障。机场是航空运输生产的必备基地。机场保障为航空运输的地面准备和飞行提供跑道、灯光、特种车辆、旅客候机场所和相关服务设施以及安全检查和紧急救援服务。在国际机场,还设有边检、海关、检疫等派出机构,为国际航班旅客运输提供必要的服务。

(2)机务维修。机务维修是保证空中飞行安全的重要环节。它的主要任务是维护飞机正常运行,对发动机、通信导航和驾驶控制等机械与电子电气设备进行检测与维修,使飞机保持适航状态。

(3)航行业务管理。航行业务管理主要负责航行调度、通信导航、气象信息、航行情报以及空勤人员管理等工作,为航空运输提供一个完整的空中飞行保障体系。

(4)油料供应。油料供应主要为航空运输飞行提供航空燃油。在我国民用航空管理体制改革以后,民用航空系统成立了航油专业公司,负责航空运输必需的航空燃油供应和管理。

(5)运输服务。民用航空运输各部门的工作,应始终围绕着"安全正点、优质高效"这一宗旨为运输生产服务。运输服务部门负责制定运输生产计划、组织客货运输、提供运输飞行、保证服务质量、开拓运输市场,以达到最佳经济效益。

2. 民用航空旅客运输生产过程

民用航空旅客运输生产的任务是实施航班计划,完成旅客和行李从始发机场安全地运送到目的地机场的过程,其运输生产过程可分为如下五个阶段:

(1)航班计划阶段

航空公司根据公司的发展目标、航线计划、运力、人力资源以及资金等情况,在市场调查的基础上安排航班,确定飞行班次、航班频率和经停机场,并制定航班时刻表。航空公司和机场的所有生产活动,均以航班计划为核心进行组织安排,确保航班计划的顺利实施。

(2)市场销售阶段

根据航班计划,航空公司市场销售部门以及销售代理,在公布的订座期限内进行航班座位销售。市场销售是航空公司回收投资的主要环节,航班座位销售情况将直接影响航空公司的经济效益。

(3)旅客乘机阶段

航空公司根据航班时刻表,为旅客安排登机准备,接受旅客的行李交运。同时机场有关部门对旅客和行李进行安全检查,提供候机服务和咨询服务。

(4)运输飞行阶段

运输飞行阶段是实施运输任务的具体过程,分为飞行准备和飞行实施两部分。在飞行准备阶段,为了保证运输飞行安全和正点,航空公司的机务维修部门必须保证飞机各项性能指标符合适航标准,地勤部门必须保障机上服务用品(如配餐、用水等)充足;机场当局必须确保跑道等设施条件良好,提供登机桥和其他特种车辆服务;航务管理部门确保飞行高度和通信导航设备可靠,为飞机的起飞、飞行和降落提供可靠的航行指挥和通信服务设施;油料供应必须保障优质充足。在飞行实施阶段,飞机的空中飞行任务主要由机组和地面空中交通管制指挥部门协作完成;飞行旅途中乘务人员向旅客提供优质的空中服务。

在民用航空运输飞行中，我国将调派飞机、空勤组和对飞机进行飞行管理的现场调度指挥业务称为航行调度，而国际民用航空组织则称这项业务为航务控制。航行调度指挥机构的主要工作是做好飞机起飞前准备和掌握飞机起飞后的飞行状态，其工作程序为：

①根据飞机班期时刻表和临时需要，安排每日飞行计划并向空中交通管制部门提出飞行申请。

②在飞机预计起飞前2小时研究天气情况，取得着陆站（预定着陆机场）和备降站（在预定着陆机场不宜着陆时，可以飞往着陆的机场）以及航线的天气预报；选择有利飞行高度层，确定飞行航线、业务载重量和油量。当航线天气预报有较大的逆风，或有可能危及飞行安全的天气时，应与机长研究确定绕飞航线。当着陆机场或航线的天气不适航、在短时间内又不能转好时，则应向航空运输企业经理人员提出改变飞行计划的建议。

③在飞机起飞前1小时，了解各勤务保障部门的准备情况；办理放行飞机的手续，将有关机场和航线飞行的临时规定和指定的飞行高度层通知空勤组；通知运输服务部门安排旅客登机。

④当改变飞行计划或取消、延误飞行时，应及时发出通知。

⑤着陆站、备降站的航行业务部门在接到飞机起飞通知后，了解各项保障工作的准备情况。

(5)旅客离港阶段

在飞机安全抵达目的地机场后，运输服务部门安排旅客下机，卸运行李；航空公司为旅客提供查询和领取行李服务。

7.5.2 民用航空运输计划

航空运输计划是民用航空运输企业的主要生产计划，它根据国内、国际政治经济的需要，结合民用航空运输企业的生产能力，确定航线、机型、班次，计划客货邮运输的数量和距离。

航空运输计划不同于铁路运输计划，铁路的货运计划是根据各部门的托运计划拟定的。航空运输由于运量小且运量也不够稳定，故运输计划一般根据主观的飞行能力并结合客观需要来编制。这要求制定航空运输计划的工作人员必须加强调查研究，很好地分析主观的各种条件，及时掌握客观需要情况，力求航线、航班的安排满足客观需要。

航空运输计划是民用航空运输企业制定其他计划的重要基础，民用航空运输企业的其他计划如飞机利用计划、固定资产投资计划、飞机发动机大修计划、劳动计划以及运输收入计划、成本计划等都是以运输计划为根据编制的，而且又都以保证完成运输任务为目标，所以航空运输计划的编制质量对整个民用航空运输企业计划的编制质量有着重要影响。

1. 航线、航班概述

民用航空运输企业在获得航空运输业务经营许可证之后，可以在允许的一系列站点（即城市）范围内提供航空客货邮运输服务，由这些站点形成的航空运输路线称为航线。

航线由飞行的起点、经停点、终点、航路、机型等要素组成，它是航空运输承运人经营运输业务的地理范围，是航空公司的客货运输市场，也是其赖以生存的必要条件。航空运输企业为了便于组织客货运输，通常在航线起讫点和飞机经停点（航空港）派驻营业和服务机构。

航线应具备的条件是：有运输飞机定期飞行；有足以保证运输飞机飞行和起降所需要的机场及地面设备；经过相关部门批准。

飞机飞行的线路在本国国境以内的称为国内航线。目前，我国的国内航线分为两类，一类是连接北京和各省(区)以及连接两个或几个省(区)的航线，称为国内干线；另一类是在一个省(区)以内的航线，称为省(区)内航线或地方航线。飞机飞行的路线越过本国国境，通达其他国家的航线，称为国际航线。

飞机由始发站按照规定的航线起飞，经过经停站至终点站所作的运输飞行称为航班。航班分为去程航班和回程航班。班次是指在单位时间内(通常为一个星期)飞行的航班(包括去程及回程)数。在机型不变的情况下，班次增多表明提供的运输能力增强。班次根据客观需要和主观能力确定。

随着民用航空运输业的发展，航线、航班不断增加，用不同的号码对其进行表示，以便于区别，有利于业务上的处理。

2. 影响航班计划的因素

对于航空公司来讲，安排航班，特别是在一个能力稍有不足的主要枢纽机场安排航班，是一个复杂的问题。航班的安排需要相当的技巧及对公司经营策略的透彻理解。在需要考虑的诸多因素中，下列因素最为重要。

(1)飞机利用率和载运率

飞机是一种昂贵的设备，只有通过飞行才能带来收入。很明显，在其他因素相同的情况下，高利用率这一因素尤为重要。然而，利用率本身并不能单独成为安排航班的标准，它必须与高载运率相结合。离开了高载运率这个因素，飞机就可能被安排在低于不亏不盈的水平下飞行，对于从事远程运输的现代宽体飞机而言，这一水平应接近70%。

(2)远程航班安排的时间

航班的安排必须考虑在始发、中途及目的地机场的离港与进港时间。例如，从伦敦飞往悉尼的航班应在傍晚离港，以保证刚好在悉尼早上6点宵禁撤去之后到达。早上9点飞离伦敦希思罗机场，经孟买和珀斯到悉尼的航班，将于次日晚上9∶40到达，距离夜里11点的宵禁只有80分钟。除非有紧急情况，宵禁是不能豁免的。很明显，这样安排航班，一旦出现失误，回旋的余地很小。在安排航班离港时间的时候还要看到，旅客要从市中心赶到机场，并要在预定的离港时间之前的一个合理时间到达机场。

(3)短程航班的便利性

由于短程航班常常运送大量的公务旅行者，离港和进港时间对于航班市场至关重要。不能保证在当天的上下班时间左右往返的短程航班很难有市场。

(4)机组的保证

除了远程航班在途中要有短暂停留，以及机组要换班等特殊问题之外，所有的航班都要考虑维修、地面、空中、机组等多方面的可行性。因此，在所需机组人员的数量与航班安排之间存在着很强的相互关系，特别是当长短途航班需通盘考虑时，这种关系尤为重要。

(5)飞机的保证

鉴于机队所用飞机的类型、使用年限、用途等各不相同，某一具体飞机应具备的保证性也不同。一般来说，波音-747可连续运营120小时，此后便需要进行8小时的保养。包括进入维修地点和牵引时间，而这一时间就意味着要停工 12 小时。每三周要有 24 小时的进一步保养时间，每三个月要进行一次大检修。大检修可能是 2.5 天或 5 天，甚至是一个月，这要看飞机目前状况在其 20 000 小时保养周期中所处的位置。

(6)航班的衔接及航班离港或进港时间与公共交通运营时间的协调

对于枢纽机场，航班间的衔接尤为重要。同时，也应考虑离港或进港时间与城市公共交通的运营时间相协调。如果一周内有数个航班，一周内航班的连续性也十分重要。

(7)季节的变化

对于季节性交通(特别是在假期)，夏季与冬季在航班安排策略上有很大不同。服务于诸如美国海湾沿岸和地中海旅游胜地的机场，在需求方面可能有很大差异，这一点将影响到它们的服务所涉及的机场的航班安排。

3. 航班计划编制前的准备工作

(1)整理分析有关统计报告资料

整理分析有关统计报告资料主要是指整理航线运输统计分析、航站发运量和收入统计分析资料和工作。航线运输统计分析根据航线运输统计资料，主要分析各航线往返班次的生产率、航速、平均运程、每班载重和客货邮的比重，以全面了解各航线数量、质量指标情况，研究解决航线的单向性运输问题，以及个别以货运为主的航线是否应专门安排货运航班的问题。航站发运量和收入统计分析根据航站生产统计资料，主要分析各航站运量增长和费率变化情况，并据以提出有关航线、班次变动和新开航线的依据。

(2)预计报告年度主要指标的完成情况

在计划航班与实际出入不大的情况下，一般可采用前几个月实际完成数加上未来几个月计划数的方法，如前三季度实际数加上第四季度计划数，或上半年实际数加上下半年计划数(年度计划数减一、二季度计划数)。若航班变动较大，则应根据主客观实际和航班变动情况进行预计，力求接近实际数。

(3)航线经济调查

航线经济调查的目的在于，调查研究国民经济各部门对航空运输的要求，以便有计划地安排运输生产任务。航线经济的研究范围不仅限于现有航线所经停的地点，还必须了解其他经济中心对航空运输的需要，以此作为研究开辟新航线的具体资料。国际航线的开航主要根据我国与通航国家签订的通航协定确定，但开航前，也需作航线经济调查。航线经济调查的主要内容是：

①本地区行政区域的划分、地区人口的分布情况；

②本地区政治、经济情况和工矿企业生产情况，发展变化及产、供、销的关系等，国民经济各部门利用空运的物资(价值高、易碎、时间性强)及其数量、流向、季节性；

③重要的政治、经济、文化活动，国际友好往来和旅游事业对航空运输的要求；

④地区地面运输的客货邮概况、数量、流向和变化情况及其远景规划。

(4)主观运力的分析研究

民用飞机飞行能力一般取决于飞机和空勤组能提供各种机型的飞行小时数。因此，需要做到：

①向机务、航修、航材、油料供应等单位了解飞机现状，飞机、发动机、零附件修理，航

材、油料的供应情况和存在的问题，参照飞机完好率统计资料，编制飞机可用能力计划表。

②向飞行部门和训练部门了解空勤组现状、培训计划和存在问题，研究编制空勤组可用能力计划表。在确定空勤人员编组的计划时，正常情况下应以机长为准，即有多少名机长就编多少个空勤组，但在机长多、随机机械员和随机领航员不足的情况下，则应以最少的工种来确定编组。根据计划期内可编的空勤组数和规定的空勤人员的每年生产飞行小时定额，计算出全年可能提供的飞行小时。

4. 航班计划的编制

(1)编制航班计划的时间和分工

航班计划通常用班期时刻表的形式编制。国内、国际航线班期时刻表按现行规定每年制定两次，分别在每年的 4 月 1 日(夏秋班期时刻表)和 10 月 1 日(冬春班期时刻表)开始执行。

每年两次的航线班期时刻表的编制工作，由计划、航行、运输服务等部门协同合作，计划部门综合上报，具体分工如下：

①计划部门负责提出航线、机型、班次的安排意见，并对班期时刻表进行平衡，综合上报。

②运输服务部门负责提出国内、国际航班的班期意见，并负责征求外航对该班期时刻表的意见。

③航行部门负责提出对班期时刻表的意见。

(2)编制班期时刻表的基本要求

班期时刻表是民用航空运输企业组织日常运输生产的依据，同时也是向社会介绍民用航空生产活动的一种重要方式。编制班期时刻表是一项复杂细致的工作，必须周密考虑主客观各方面的情况，对生产中相互关联的多种因素进行反复平衡。对外要适应客观需要，对内要有利于充分发挥运输潜力，有利于各站点、各工种、各环节安排工作，互相协调，保证良好的运输秩序。班期时刻表在一定意义上又是对经营管理水平和技术水平的反映，要体现科学性、统一性和连续性。因此，对班期时刻表编制工作的基本要求应是：

①在总结上期班期时刻表的实践经验、分析历史统计资料、广泛征求民用航空运输企业内外各单位的意见、摸清客货流增长变化趋势的基础上，做出符合客观规律的半年业务预测，这是制定班期时刻表的根本依据。

②航线的布局和班次、班期、时刻，应当从整体出发统筹兼顾。对于衔接航线，在班期、时刻上要便于尽快中转，特别要保证国际联运的衔接。与地面交通工具经常有大量客货转运的航线，还要考虑空陆、空水转运的方便。有报纸纸型运输的航班及其衔接航班的班期时刻，应适应纸型运输的需要。

③对于原有航线的班期、时刻、航班号，除非绝对必要，不宜轻易变动，以保证连续性，便于乘客掌握利用，也有利于民用航空运输企业内部各部门的工作。

④班次不多的航线，班期间隔要力求均匀。

⑤班机的起飞、到达时刻要便利旅客，同时也要兼顾到各航站的工作安排，避免在高峰时间负荷过重。

⑥要考虑各种机型因大气条件或机场条件而发生减载的情况。

⑦国际航线要注意有关国家对机场的物理性限制(如噪声)和起降时间的限制。

⑧每次更换班期时刻表,最迟要在实行前14天对外公布,班期时刻表一经公布,就不宜再变动。

(3)航班计划的编制方法

编制航班计划主要是根据年度运输飞行的航线、机型、班次,并结合运量变化情况确定增减航线班次、调整机型。为此,计划部门应经常分析航班计划在执行过程中客货流量变化、运力情况和存在的问题,并重点做好拟调整的航线、机型、班次的调整工作。

①航线:新辟航线事先应经调查研究,进行业务预测,并写出开航报告,经批准后,才能列入航班计划。对于在起讫点已设有航站的航线,主要调查沿线经停各站当地客货流情况和地面运输运价情况,提出采用机型、班次、运价、经济效益和开航时间的初步建议,向当地有关领导汇报听取意见,然后写出调查报告报上级审批;对于在起讫点需要新设航站的航线,要由相关分管领导组织调查,计划、航行、运输、修建、通信等部门协同配合进行勘测选址,提出全面调查报告报上级审批,并附机场建设计划任务书。国际航线的开辟应根据我国与通航国签订的民用航空运输协定办理。现有航线的变动包括延伸、绕道、减少经停站。

②机型:国际航线根据对等原则,按协议规定确定机型。

③航班号:航班号即航班编号,在计划工作中,按航班飞行的编排方法编号。

④班次:班次是指每周飞行的密度,如北京—广州每天飞一班,即班次为"7"。航班密度根据上期班次执行情况和航线载运比率资料,以及了解到的售票旅客和收运货物积压情况并考虑计划期内各项因素的变动情况确定。

⑤班期:班期即航班飞行日期,是指该航班于星期几飞行。有的航班当天往返,即去程和回程为同一日期;有的航班往返在2天以上,则在去程和回程应分别确定去程始发日期和回程到达日期。

⑥起飞时间:起飞时间是指该航班起飞的时间,根据每年夏秋和冬春的日出日落时间、地面设施条件和空勤人员培训等因素确定。

(4)航班计划的综合平衡

①平衡的原则

a. 航线应从全局出发,统筹安排、合理布局。

b. 规定的航班应尽可能适应客货运输的需要。

c. 冬春日出日落时间、地面设备条件等应得到充分的利用。

②航空公司的平衡

a. 飞机使用的平衡。在做飞机使用平衡时,应力求最大限度地提高可用飞机利用率;力求各种机型每天发出的飞机架次均匀。为此,能一天飞行两个航班的,特别是省内短途航线,应尽量安排在一天飞行。结合机组培训要求,为培养、巩固和提高夜航机长的技术水平,应采取长短线穿插飞行的办法,适当安排一部分夜航,即可以上午飞一班短距航线,下午换机组接飞一班长距航线,最后一段是夜航。

b. 航线班期密度的平衡。在做航线班期密度平衡时,若航线牵涉两个以上航空公司,应做统一平衡。

③航站工作量的平衡

在做航站工作量平衡时，应力求航站每天进出港飞机架次均匀。为此，应做到：

a. 每周各天的进出港飞机架次首先应服从飞机使用的平衡。

b. 为了使地面服务人员和各项服务设施，如车辆、餐厅、加油、启动设备等能得到充分利用，避免忙闲不均，每天航班起降时刻要根据机型速度和人员设备条件适当错开，避免在一个较短时间内起降飞机过分集中。

7.5.3 民用航空空勤人员飞行计划

民用航空运输企业的生产能力主要是指飞行能力，即主要取决于空勤人员和飞机，其次取决于具有保证飞机起飞、降落和维护作用的一切建筑物和设备。

空勤人员的飞行能力是民用航空运输企业生产能力的一个重要方面，没有一定数量的空勤组，航空运输和专业飞行任务就不能完成，飞机利用率也不能提高。因此，只有根据民用航空事业发展的规划，正确计划空勤人员的需要数量，有计划地培训提高空勤人员服务水平，合理安排空勤人员的飞行，才能完成民用航空的运输生产任务。

空勤人员飞行计划包括生产飞行、训练飞行、熟练飞行和公务飞行等计划，它是航空运输和专业飞行生产计划的具体执行计划，是组织日常生产活动、完成航空运输和专业飞行生产计划的重要手段，也是有计划地安排空勤人员的生产、训练、疗养、学习的有效方法。

7.5.4 民用航空飞机利用计划

民用航空运输企业为了实现旅客和货物的位移，完成国家规定的运输任务，必须具有一定数量的飞机。

在生产率不变的情况下，若飞机利用率提高一倍，则同样数量的飞机可以增产完成一倍的运输量和周转量，或者说同样的运输量和周转量可以仅用一半数量的飞机来完成，从而减少飞机的需要量，减少国家的投资。

编制民用航空飞机利用计划的目的是根据运输和专业生产飞行的需要，科学地组织各种机型飞机的运用，在改进运输组织工作、加强民用航空运输企业内部各部门之间的协作、不断提高运输效率的基础上，本着不断提高飞机利用率的原则，确定合理的飞机利用计划，即确定年平均生产飞行小时指标。

1. 飞机利用计划

编制飞机利用计划，首先必须分析研究以往各种机型已达到的利用率水平；然后，再根据计划年度飞机在航线上经停时间和飞机发动机定期维护和修理时间缩短的可能、飞机正点率改善的程度、空勤组数量以及它们的编组情况和轮班制度等，分析研究确定每架飞机平均每年的飞行小时，即飞机利用率。另外，也可根据航线运输计划中所列的每种机型飞行小时和每种机型现有架数，计算飞机年利用率。如果按航线运输计划计算的飞机年利用率低于按分析方法计算的飞机年利用率，这说明现有飞机尚有潜力，可以增加原有航线班次或增加包机飞行小时。如果按航空运输计划计算的飞机年利用率高于按分析方法计算的飞机年利用率，那么就需要进一步提出措施以提高飞机利用率，或者购置新的飞机以提高总的飞行能力。总之，根据航空运输计划计算的飞机年利用率和根据分析方法计算的飞机年利用率必须相互比较，使之趋于平衡。

有时，按分析方法计算的飞机飞行小时是可以完成计划飞行任务的。但由于飞行航线的长短、机组的多少、航班的安排、飞机进厂修理等方面原因，飞机调度不开，数量不够用。因此，在编制飞机利用计划时，还应按如下方法对飞机的实际需要架数进行计算。

(1)编制各种机型飞机季度飞行计划；

(2)计算各种机型飞机检修占用天数；

(3)计算各种机型飞机需要架数。

2. 飞行利用计划的编制

飞行利用计划按运输飞机和专业飞机分机型编制。运输飞机和专业飞机的划分，按飞机所属飞行单位所承担的主要任务确定。

7.6 机场容量分析

7.6.1 机场容量

机场容量一般是指在特定的一段时间内，当要求连续服务时，一个机场能够接纳的最多飞机架数，即活动繁忙时期机场接受飞机的能力。在这里，要求连续服务是指总有飞机准备起飞或着陆。按这一方法定义的机场容量通常称为极限容量、饱和容量或容许吞吐量。

机场容量是反映机场性能和吞吐能力的指标。将现有的机场容量与预计的未来需求量加以比较，可以确定是否需要改进机场设施，扩大容量；通过比较各种不同构形的机场容量，可以选择确定有效的构形。

影响机场容量的因素有很多，主要有：

(1)跑道的构形，即跑道的条数、间距和方向；

(2)滑行道的构形；

(3)机位的安排、大小和数目；

(4)混合作业(如起飞并着陆)占用跑道的时间；

(5)飞机使用的各种设施的尺寸。

7.6.2 跑道容量

跑道容量一般是指在一段规定的时间内(通常为 1 小时)，当要求连续服务时，一个跑道体系所能承担的最多飞机架次，它等于服务的所有飞机加权平均服务时间的倒数。例如，加权平均服务时间为 60 秒，则跑道容量为每 60 秒一个架次，或每小时 60 架次。在这里，将进近航道同跑道一起视为一个跑道体系，并将空中的间隔时间或占用跑道时间中的较大数，作为跑道服务时间。

如果所有飞机在空中的间隔时间都能精确地符合空中交通规则规定允许的最小间隔时间，而且如果飞机能按管制员规定的到达空中进入点的那一瞬间准确地到达那里，那么就能形成一个没有误差的体系，但实际上这是不可能达到的。飞机不可能如此准确地到达其进近航道的空中进入点。也就是说，飞机到达空中进入点的时间肯定会有误差(即到达进入点时间误差)，假定这一误差服从中值为零的正态分布。在进入点和跑道入口之间也会有误差(特别是进近程度误差)，也假定它服从中值为零的正态分布。将进入点误差加到进入点和跑道之间的速度误差上，可得出进入点到跑道入口的空中进入点误差。假定一架飞机的误差不受其他飞机的影响，则可认为误差是相互独立的。

由于存在误差，所以管制员在使用空中交通规则所允许的飞机最小间隔时间时，还要增加一定的时间，这一增加时间被称为缓冲时间。已知最小间隔时间，就可计算出为满足保持离差最小值要求而增加的缓冲时间。

跑道服务时间也被认为服从正态分布，即有一个平均值和一个规定的标准偏差值。例如，对波音-707、道格拉斯 DC-8 和波音-747 这一级飞机来说，平均占用跑道时间为 50 秒，其标准偏差为 5～10 秒。

1. 影响跑道容量的主要因素

(1)飞机组合情况，通常按飞机的进近速度把飞机划分为若干级；

(2)各级飞机的进近速度；

(3)从进入点至跑道入口的共用进近航道长度；

(4)最小空中交通时间间隔规划，如果没有规划可循，则为实际观察的时间间隔；

(5)到达进入点时间误差和共用进近航道的速度误差；

(6)允许最小时间间隔偏差的规定概率；

(7)组合中各级飞机的平均占用跑道时间以及这些平均时间离差的大小。

2. 简单到达的形式

为简化计算，但又不至过多影响其准确性，可将飞机按不同的速度分成几级。为求到达的加权服务时间，首先需将每对飞机在跑道入口的最小时间间隔列成矩阵。有了这个矩阵和飞机组合中各级飞机所占的百分数，就可算出加权服务时间。加权服务时间的倒数就是跑道容量。

3. 混合作业的形式

混合作业的形式以下列四条作业规则为基础。

(1)到达的优先于离去的；

(2)在一段时间内只有一架飞机能占用跑道；

(3)如将要到达的飞机离跑道入口小于 δ_d 海里(δ_d 为一定的海里数值，在仪表飞行规则情况下通常为 3 704 米)，则离去的飞机不能放行；

(4)飞机连续离去的最小时间间隔等于离去服务时间。

7.6.3 机位容量

同跑道容量一样，机位容量可定义为在需要连续服务的一段给定的时间内，一个给定的机位数所能接纳的飞机最大数目。机位容量可以按加权平均占用机位时间的倒数计算。例如，飞机占用一个机位时间平均为 30 分钟，则机位容量等于每 30 分钟一架飞机，或每小时两架飞机。

1. 影响机位容量的主要因素

(1)机位数目和型别

机位的型别是指它接纳一架大型、中型或小型飞机的能力。这就是说,只有某些型别的机位才能接纳特大型飞机。

(2)机位占用时间

机位占用时间是飞机进出机位、上下旅客、装卸行李、加油、整理客舱以及进行其他例行服务和机务维修所用的时间。机位占用时间不仅取决于飞机的大小,同时也取决于该飞机是始发、终到,还是经停航班。

(3)需要服务的飞机型别

飞机型别主要是指接受服务的飞机的大小。

2. 机位容量的计算

计算机位容量一般采用两种机位分析形式。一种形式假定全部飞机都能使用一个机场的全部可用机位,而另一种形式则假定某种飞机只能使用专门为这种飞机设计的机位。

当机位的使用没有什么限制,即所有飞机都能使用全部可用机位时,机位容量(F) 可用下式表示,即

$$F = \frac{G}{\sum T_i M_i}$$

式中,G 为可使用的机位总数;T_i 为 i 级飞机占用机位时间;M_i 为在需要服务的飞机组合中,i 级飞机所占的比例($\sum M_i = 1$)。

第二种形式假定不是所有需要服务的飞机都能使用全部可使用的机位,但假定一大型飞机使用的机位能为全部较小的飞机所使用。

复习思考题

1. 简述航空运输的技术经济特征。
2. 简述航空运输的营运特征。
3. 民用飞机的适航管理包括哪些?
4. 简述航空港的意义及其组成。
5. 简述民用运输机飞行阶段划分。

第8章 城市道路交通管理设施

8.1 城市道路交通管理设施概述

城市道路交通管理设施是进行城市道路交通管理的重要条件，是实现道路交通管理科学化、现代化、规范化的重要保证。城市道路交通管理设施应该和道路基础设施建设同步进行，主要包括标志、标线、交叉口渠化、隔离墩、行人过街设施、信号控制等。

道路交通标志是用图形符号、颜色和文字向交通参与者传递特定信息，用于管理交通的设施。一般设置在路侧或道路上方(跨路式)。

道路交通标志给道路使用者以确切的道路交通情报，使道路交通达到安全、畅通、低公害和节约能源的目的。

道路交通标线是由标划于路面上的各种线条、箭头、文字、立面标记、突起路标和轮廓标记等构成的交通安全设施。它的作用是管制和引导交通，可以与标志配合使用，也可单独使用。高速公路、一级公路、二级公路和城市快速路、主干路应按中华人民共和国国家标准《道路交通标志和标线》(GB5768—2009)规定设置交通标线；其他道路可根据需要中华人民共和国国家标准《道路交通标志和标线》(GB5768—2009)设置反光或不反光标线。

交叉口是道路网的瓶颈，60%以上的交通事故发生在交叉口及其附近，多数交通阻塞现象也发生在交叉口附近。所以，如何规划、设计、运用交叉口，对于道路交通的畅通、安全极为重要。交叉口渠化就是针对与交叉口相关的各种问题，采取适当的措施以改善交叉口的性能。交叉口必要的、合理的信号控制对于提高路口通行能力、保障交通安全具有重要意义。

不同类型的城市道路交通，决定着不同形态的城市道路交通管理设施。本章重点以城市道路交通为背景，介绍城市道路交通管理设施。

8.2 道路交通标志与标线

8.2.1 道路交通标志与标线概述

1. 道路交通标志的种类

按国家标准化管理委员会批准的中华人民共和国国家标准《道路交通标志和标线》(GB5768－2009)规定，道路交通标志分为主标志和辅助标志两大类。

(1)主标志

主标志分为警告标志、禁令标志、指示标志及指路标志四类。

①警告标志:警告车辆、行人注意危险地点的标志。

②禁令标志:禁止或限制车辆、行人交通行为的标志。

③指示标志:指示车辆、行人行进的标志。

④指路标志:传递道路方向、地点、距离信息的标志。

(2)辅助标志

附设在主标志下,起辅助说明作用的标志。

2. 道路交通标志的设计原则

在极短时间内易于辨别和记忆是对道路交通标志的主要设计要求,这就是所谓的道路交通标志的视认性要求。决定视认性的要素有交通标志的形状、颜色和图符等。

(1)形状

不同形状的标志,在其辨认过程中是有差别的。实践表明,外形面积相等的标志,容易辨识的顺序是:三角形、正方形、正五边形、圆形及正八边形。可见棱角越多,视认性越差。矩形标志容易同广告及其他结构物相混淆。因此,联合国及许多国家的道路警告标志都采用三角形,但也有些国家如美国、日本、澳大利亚采用菱形作为警告标志,原因是菱形比三角形面积大,增强了视认性。

(2)颜色

多数心理学专家认为,颜色视觉是最能引起人们注意的一种刺激,不同颜色的刺激作用给予人们多种不同含义的思维反映,也即产生不同的视认效果,从而促成人们的视认能力。研究表明,在给定 230 米的视距下,不同颜色所对应的视觉清晰面积是不同的(表 8-1)。

表 8-1　不同颜色的视觉清晰面积

颜色	观察距离(m)	清晰面积(m^2)	颜色	观察距离(m)	清晰面积(m^2)
黄	230	1.3	蓝	230	1.9
白	230	1.5	绿	230	2.0
红	230	1.7	黑	230	3.3

由上表知,在相同视距下,标志颜色以黄色最明显,依次是白、红、蓝、绿、黑色。

在视认清晰度方面,颜色的组合选择也是至关重要的。一般明亮颜色与白色搭配,视觉的清晰度为最佳。

选择道路交通标志颜色时,除了从视距上考虑外,还应从人们的心理效果上考虑,因而各国道路交通标志颜色的选用基本上是相同的。

例如,红色给人的视觉刺激特别强,使人产生危险感,在交通上表示停止、约束之意,故红色常用于禁令标志;黄色比较醒目,能引起人们注意,含有警戒、警告之意,这种颜色常用于警告标志;蓝色具有宁静之意,多用于指示标志;绿色具有沉静、通向和平之意,具有安全感,在交通上表示安全通行。

(3)图符

图符是文字、符号及图案的简称。道路交通标志大多是以图符表示的。图符要求文字具有简洁性和准确性，符号具有直观性与单义性，图案具有形象性和通俗性。图符应一目了然，不易发生误解，以至外国人也能理解图符的含义。图符中尽量少用文字，只有在非常必要时才使用，对某些道路条件复杂地段的标志，使用简洁文字能收到准确、迅速地反映标志内含的效果。另外，在指示标志和指路标志中部应使用简洁易懂的文字。

在道路交通标志中必须要出现的数字号码，一律用阿拉伯数字表示。

道路交通标志的设计原则要从以上几方面综合考虑，它们之间既有各自特征，又有综合特征。道路交通标志总的设计原则是易于辨认、便于记忆。

3. 道路交通标志的设置原则

(1)根据客观需要设置

《道路交通标志和标线》(GB5768—2009)规定的各类标志，每一种都有一定的设置条件，应根据实际需要，结合具体情况合理设置，为保证交通畅通和行车安全服务。例如，某一道路机动车流量增加，可通过限制车速来减少交通事故，同时还可使一些车辆改道，起到分流作用。若不从实际情况考虑，在遇到道路发生多起交通事故时，不做分析研究，只在该路段连续设置警告标志，对驾驶员将起不到警告作用。

(2)统一性和连续性相结合

统一性是指在一定距离内，道路交通标志之间及其和交通设施之间应是协调的，即不矛盾的。总体考虑布局，避免出现标志内容相互矛盾、重复的现象，尽量用最少的标志把信息展现出来。例如，在 50 米内有禁止停放车辆及指示停放车辆两块标志，这将使驾驶员不知所措。另外，交通标志和交通标线、隔离墩、交通信号灯应是统一的。

连续性是指交通设施的设置使驾驶员在其观念上与时空上的连续性。一般驾驶员对城市道路交通标志设置有一个从不熟悉到熟悉的转变过程，最后形成相对稳定的观念。若道路交通标志的设置地点突然发生变化，则驾驶员对道路交通标志所具有的连续性观念将会中断，会使驾驶员心理紧张，发生辨认错误。故设置交通标志时应充分考虑驾驶员的心理特点，并做好宣传。

统一性是从整体上考虑布设道路交通标志，连续性是从时空顺序上考虑布设道路交通标志，它们既有联系，又有区别。

(3)设在易见位置

道路交通标志应设在车辆行进方向上最容易看清的地方，根据具体情况可设置在道路的右侧、中央分隔带或车行道出入口处。

若一个地点需要设置两种以上道路交通标志时，可以将它们安装在一根标志杆上，但最多不应超过四种。但解除限制速度标志、解除禁止超车标志、干路先行标志、停车让行标志、减速让行标志、会车先行标志、会车让行标志等应单独设置。标志牌在一根支柱上布设时，应按警告、禁令、指示的顺序，先上后下，先左后右的排列。

路侧式道路交通标志应尽量降低标志板面对驾驶员的眩光。在装设时，应尽可能与道路中线垂直或成一定角度，禁令标志或指示标志为 0°～45°(角度以道路中线与标志牌的法线之间夹角计算)，指路标志和警告标志为 0°～10°。

(4)昼夜性作用标志的照明或反光性

除少数道路交通标志在白天起作用外，大部分道路交通标志都是昼夜起作用的，故道路交通标志必须设置在照明条件较好的位置，装有发光或反光装置，否则将不能保证夜间行车安全。对夜间交通量较大的道路，应尽量采用反光标志。按以下原则选择反光方式可使反光标志获得最佳效果。

①禁止驶入标志、禁止通行标志、停车让行标志等由红、白两色组成的标志，采用全部反光。

②警告标志，采用黄底反光，黑色图案和边框不反光。

③其他禁令标志，采用红圈、红杠、白底反光，黑色图案不反光。

④图案比较简单（只指示行驶方向）的指示标志，可采用全部反光，也可采用白色图案反光，蓝底不反光。

⑤指路标志和图案比较复杂的指示标志，采用白色图案或文字反光，蓝底不反光。

⑥辅助标志，采用白底反光，黑字、黑边框不反光。

⑦道路交通标志照明方式可采用下列任一种：

a. 外部照明：光源安装在标志上方的旁边或下方。

b. 内部照明：光源安装在标志的内部或后部。

⑧其他有效设备。

4. 道路交通标线的设置原则

设置道路交通标线应考虑交叉口形式、交通量、车行道宽度、转弯车辆的比率、非机动车的混入率等因素，并遵循下列原则。

(1)要积极开辟左转弯车道。可利用削去中央分隔带的方法，也可利用缩窄车道宽度和偏移车行道中心线的方法开辟左转弯附加车道；

(2)路口的导向车道线的长度应根据路口的几何线形确定，其最短长度为 30 米。导向车道线应划白色单实线，表示不准车辆变更车道。

(3)在平交路口驶入段的车道内，应有导向箭头标明各车道的行驶方向。距路口最近的第一组导向箭头，设置在导向车道线的末尾。导向箭头重复设置的次数和距离，应根据平交路口驶入段的具体情况确定。一般计算行车速度大于 60km/h 的道路，导向箭头按导向车道线的长度重复三次；计算行车速度小于 60km/h 的道路，导向箭头按导向车道线的长度重复两次。

8.2.2 道路交通标线的分类

道路交通标线的分类如下：

(1)道路交通标线按设置方式可分为以下三类：

①纵向标线：沿道路行车方向设置的标线。

②横向标线：与道路行车方向成角度设置的标线。

③其他标线：字符标记或其他形式标线。

(2)道路交通标线按功能可分为以下三类：

①指示标线：指示车行道、行车方向、路面边缘、人行道等设施的标线。

②禁止标线：告知道路交通的遵守、禁止、限制等特殊规定，车辆驾驶员需严格遵守的标线。

③警告标线：促使车辆驾驶员及行人了解道路上的特殊情况，提高警觉，准备防范应

变措施的标线。

(3)道路交通标线按形态可分为以下四类:

①线条:标划在路面、缘石或立面上的实线或虚线。

②字符标记:标划于路面上的文字、数字及各种图形符号。

③突起路标:安装于路面上用于表示车道分界、边缘、分合流、弯道、危险路段、路宽变化、路面障碍物位置的反光或不反光体。

④路边线轮廓标:安装于道路两侧,用于指示道路的方向、车行道边界轮廓的反光柱(或片)。

(4)道路交通标线按标划形式可分为以下八类:

①白色虚线:划于路段中时,用于分隔同向行驶的交通流或作为行车安全距离识别线;划于路口时,用于引导车辆行进。

②白色实线:划于路段中时,用于分隔同向行驶的机动车和非机动车,或指示车行道的边缘;划于路口时,可用作导向车道线或停止线。

③黄色虚线:划于路段中时,用于分隔对向行驶的交通流;划于缘石上时,用于禁止车辆长时间在路边停放。

④黄色实线:划于路段中时,用于分隔对向行驶的交通流;划于路侧或缘石上时,用于禁止车辆长时间或临时在路边停放。

⑤双白虚线:划于路段中时,作为行车方向随时间改变的可变车道线;划于路口时,作为减速让行线。

⑥双黄实线:划于路段中时,用于分隔对向行驶的交通流。

⑦黄色虚实线:划于路段中时,用于分隔对向行驶的交通流。黄色实线一侧禁止车辆超车、跨越或回转;黄色虚线一侧在保证安全的情况下允许车辆超车、跨越或回转。

⑧双白实线:划于路口时,作为停车让行线。

8.2.3 道路交通标志设计的阶段

道路交通标志对驾驶员行为的影响,多数情况下取决于标志的规格、形状及颜色,汽车的流量,标志在道路上的适当位置,驾驶员对道路特征的评定,交通组织的其他技术设施对标志传递信息的加强。

根据作用系统,道路交通标志的设置最好采取以下程序对驾驶员传递各种信息:指示、警告和禁令。不论设置在有限范围起作用的标志还是设置在整个路线上起作用的标志,都应遵照这个程序。

设置道路交通标志示意图,分为以下几个阶段。

第一阶段,保证视线识别方向、驾驶员得到有关整条路线的情报及交通服务区的布置;在里程图上面出有名河流、名山、旅游点、居民点、交叉口附近预告方向的指示以及其他各种指示标志等。

第二阶段,分析危险路段的状况和可能造成交通堵塞的地方,检验道路交通标志是否适应营运特性的安全要求,对一年中各季节及每天各小时内的交通量是否有影响。因此要着重考虑以下因素:

(1)各组成部分和冲突区域的道路等级、尺寸、状态以及相互配合程度;

(2)所研究的路段内以及接近该路段的交通流特征;

(3)道路交通事故的数量、类型、严重程度及在道路全长上的分布;

(4)不利的环境条件、气象条件及其出现的次数;

(5)同时采用其他技术设施组织交通。

保证设置道路交通标志合理性的原始资料是:

(1)反映安全和事故系数的图表;

(2)发生道路交通事故地点的示意图;

(3)反映通行能力和交通量的图表;

(4)反映自由状态的行驶速度表、交通流的平均速度表、快速汽车的平均速度表;

(5)反映道路上的速度累积分布曲线。

根据对研究路段的营运特性与汽车实际交通状况相适应的情况分析,拟定设置指示标志、警告标志、禁令标志的地点,并根据各种标志对汽车交通状况作用的已知规律来选择标志类型。

第三阶段,根据拟设置的标志对汽车交通状况的影响来分析原始图表,更精确地决定标志的类型及在危险范围的安设位置。

尽可能在不影响交通安全的情况下减少道路交通标志的数量。评定在路段全长上或个别路段上限制最高车速和最低车速的必要性,消除有矛盾的道路交通标志。

分析危险路段时应标明以下发生冲突的地段:

(1)沿车行道或横穿街道的行人和自行车很多的地段;多路汽车与行人可能聚集的地段。

(2)汽车行车速度经常发生变化或比较机动的地段;公共汽车停车站、临时停车处;发生超车以及变换车道的地段;交叉口、分岔处、交织处、转弯以及行车轨迹改变的地段;自由状态下的车流速度发生急剧变化的地段;由于其他原因造成车流速度大大降低的地段。

(3)车行道的宽度、车道数、净空高度、侧向净空等指标比相邻路段小的路段。

(4)在平面和纵断面上视距受限制的地段。

(5)采用信号灯控制和单行地段。

8.2.4 交叉口渠化

1. 交叉口渠化设计的目的

(1)增大交叉口通行能力,提高道路通行效率

道路交叉口实行渠化后,影响人、车通行的因素将减少,机动车之间、机动车和非机动车及行人之间的相互影响将减弱,通行能力增大,交通更为通畅。例如,杭州市很多道路在机动车道和非机动车道之间设置了隔离带,减小了机动车与非机动车之间的干扰,但是在没有设置隔离带的道路上,机动车和非机动车之间的干扰还是相当严重的。

(2)减少交通事故发生

由于主客观方面的原因,机动车、非机动车及行人在狭小的路面通行时,交通参与者行为的随意性较大,相当一部分交通参与者交通意识淡薄,交通秩序混乱,交通事故极易

发生。将机动车、非机动车及行人进行渠化分流后，车辆、行人各行其道，交通行为合理导向，这将极大地减少交通违章和事故的发生。

(3)美化城市环境

交叉口空气质量是交叉口渠化设计环境效益分析的重要指标之一。据有关调查资料表明，交叉口延误对于交叉口周边区域空气质量影响较大。因此改善交叉口交通组织形式，减少车辆排队和延误，对于减轻汽车排放污染具有明显的作用。

2. 交叉口渠化设计的原则

道路交叉口渠化设计的总要求是有利于交通安全、提高通行能力和行车速度、减少延误以及方便行车行人。综合起来应该有如下八条原则：

(1)简单易懂

进行交叉口渠化设计的基本思路是尽量使交叉口简单、明确。也就是说，“十字形”和“T 字形”交叉口问题最少，是最理想的交叉口形状。所以在进行交叉口渠化设计的过程中，首先要将交叉口的形状尽量设计成接近“十字形”或“T 字形”；其次，为使车辆以一定轨迹通过交叉口，要明确地设计交叉口连接部和交叉口内部的几何结构以及路面标线。

驾驶员及行人等道路的使用者容易理解交叉口设计的意图。对于道路的使用者来说，复杂难懂的交叉口设计不利于其安全顺利完成交通行为。站在道路使用者的角度，进行交叉口渠化设计，设计方案简单易懂是进行交叉口渠化设计的一个重要原则。

(2)符合规范

交叉口渠化的一切措施如设岛、圈线、建立各种标志，均应符合国家有关规范的规定，其位置、颜色、尺寸大小、形状及高度等均应严格依据规范或标准的规定进行，不能随意变更和改动。

(3)有利安全

不同车种、不同流向、不同速度的交通流应尽可能采用划线或设置隔离墩(柱)或设岛的方法，使其分道行驶，以减少相互干扰或碰撞，以利于行车安全。

(4)方便直接

交叉口渠化时划线、设岛均应尽可能使行人和车辆的路线方便、直接、自然，可以用最短时间或以最短路程通过；切忌迂回、逆向回转或有可能引起碰撞的尖锐角度。

(5)保证视距

平面交叉口渠化应充分保证各方向、各车道的车辆和行人的视距，交叉口附近的所有绿化栽植和街道上的公用市政设施均应以不阻挡视线、不妨碍视线为原则，凡是妨碍视线的建筑或绿化均应拆除或砍伐以确保行车视距要求。

(6)美观醒目

交通岛的路线石必须醒目、美观，高度一般不超过 12～15cm，因为过高的岛状物对司机会产生心理压力，过低又没有约束作用，同时还要鲜明清晰，使人有美的感觉。

(7)便于认识

平面交叉口的渠化方案要尽可能的简单明确，一般采用比较集中的大岛。一般来说，5～7m^2 的交通岛既能一目了然，也不过多占用土地。

(8)位置合理

各种交通岛应设置在没有车流通过(或者通过比较少)的死点处，既不妨碍交通，又能限制车辆的活动范围，减少冲突区。

8.3 城市交通信号的设置与时间的优化

8.3.1 交通信号灯设置的目的、利弊与依据

1. 交通信号灯设置的目的

一般来说，只有当交通量增加到接近设有停车标志或让路标志的交叉口所能处理的能力时，才在交叉口上加设交通信号灯。

由于设有停车标志或让路标志的交叉口和采用信号灯控制的交叉口各有其适用的条件，所以，信号灯设得合理、正确，能够发挥信号灯的交通效益；设置不当时，非但浪费了设备及安装费用，还会造成不良的后果。

交通信号灯设置的目的包括：

(1)在时间上和空间上分隔交叉口不同方向的车流，控制车流的运行秩序；

(2)使在平面交叉的道路网上的人和物的运输达到最高效率；

(3)为道路使用者提供必要的信息，帮助他们有效地使用交通设施。

2. 交通信号灯设置的利弊

合理设计信号控制的交叉口，通行能力比没有停车标志或让路标志的交叉口大。设有停车标志或让路标志的交叉口的交通量接近其交通能力时，车流就会不畅，大大增加了车辆的停车与延误，特别是次要道路上的车辆，停车、延误更加严重。这时，把设有停车标志的交叉口改为信号控制的交叉口可能就恰到好处，可改善次要道路上的通行能力，减少停车与延误。如果交通量没有达到需要设置信号灯的程度，不合理地将设有停车标志的交叉口改为信号控制的交叉口，结果则可能适得其反。

以下从两个方面来说明不合理设置信号控制的后果。

在交叉口设有停车标志、让路标志，保证了主要道路车辆的畅通无阻，因此，主要道路上车辆停车与延误很小。改为信号控制交叉口之后，就要为少量次要道路的车辆放绿灯，势必给主要道路车辆增加许多不必要的红灯，从而使主要道路上的车辆产生大量的停车与延误。而在次要道路上，因车辆较少，有些时候亮着绿灯却无车通行。此时，主要道路上被迫产生的不必要的停车与延误，导致无谓的能耗与运行费用的浪费。

3. 交通信号灯设置的依据

我国《道路交通信号灯安装规范》的相关规定如下：

(1)当进入同一路口高峰小时及12小时交通流量超过表8-2所列数值及有特别要求的路口时可设置机动车信号灯。

(2)设置机动车信号灯的路口，当道路具有机动车、非机动车分道线且道路宽度大于15米时，应设置非机动车道信号灯。

(3)设置机动车道信号灯的路口，当通过人行横道的行人高峰小时流量超过500人次时，应设置人行横道信号灯。

(4)实行分道控制的路口应设置车道信号灯。

表8-2　路口设置信号灯的交通流量标准表

主干路宽度	主干路交通流量(辆/小时)		支路交通流量(辆/小时)	
	高峰小时	12小时	高峰小时	12小时
小于10m	750 800 1 200	8 000 9 000 13 000	350 270 190	3 800 2 100 2 000
大于10m	900 1 000 1 400 1 800	10 000 12 000 15 000 20 000	390 300 210 150	4 100 2 800 2 200 1 500

注：①表中交通流量按标准车计算；

②12小时交通流量为7～19时的交通流量；

③主干路指进入路口交通流量大的道路，支路指进入路口交通流量小的道路。

8.3.2　交通信号控制方式的种类与功能

1. 交通信号控制方式的种类

交通信号控制方式多种多样，在此，考虑选择控制方式的方便性，将交通信号控制分为点控、线控和面控。点控指独立控制各信号机；线控指同时控制沿着道路连续的几个信号机；面控是指把城市道路网分区域进行控制的方式。

决定交叉口交通信号控制方式是点控还是线控，目前为止无固定的标准，一般来说，可根据如下情况进行综合判断。

①相邻交叉口间距越小，线控的必要性越大。

②交通量(线方向)越多，线控的必要性越大。

③相邻两个信号机之间交通流的脉动越大，线控的必要性越大。

④在相邻交叉口饱和度的差很大、最优周期长不同但不是相差整数倍或整数分之一的周期长的情况下，应把实施线控的损失和不采用线控的损失进行比较后再决定是否采取线控。

(1)点控方式

点控方式适用于相邻信号机间距较远、线控无多大效果时，或者因各机位交通需求变动显著，对交叉口的周期长和绿信比的独立控制比线控更有效的情况。

①定周期控制

定周期控制是对应于交通需求的变动参数，将一天分为几个时间段，相应于不同时间段设定不同的周期长、绿信比等信号控制参数，由时钟来控制变换参数的控制方式。在日本一般多采用可设定低峰时间用、通常时间用、拥挤时间用等十个种类的程序(一套控制方案)。因为此方式采用内装日历的多段程序方式，即使在工作日和休息日的交通流实际变动模式有差别时也可以处理。定周期控制方式适用于交通流变动模式基本固定并可以预测的情况，但因某种原因变动使交通流模式发生变化时要修改控制参数。

②感应控制

感应控制是对应于交通状况的变动进行及时控制的方式，是根据使用车辆感测器测得的在比较短时间内的交通需求的变动，改变绿灯时间和周期长的控制方式。

③行人信号控制

人行横道的信号控制方式有“定周期控制”和“按钮式控制”。繁华路段、车站周围以及办公区、商业街等地点全天都有行人穿越人行横道，即使在高峰时间以外也大致平均每分钟有一人以上的交通需求量，所以进行定周期控制为好。按钮式控制适用于需求量随时间变动显著，存在着几乎无人过街的时间段或需求量不大的时间段（如购物、通勤、通学时所用的生活道路）等情况。

(2)线控方式

线控方式把一条道路延长线上的连续几个信号机在时间上相互联系起来进行信号显示，通过减少车辆停止次数，缩短停车时间达到交通畅通的目的；另外，此种控制方式有助于形成适当速度的交通流。

线控方式的主要特点是：对几个信号机设定共用的周期长（系统周期长）和确定各信号时间上的相互关系即相位差。

①定周期控制

线控方式的定周期控制与点控制方式的定周期控制大体相同，即根据交通需求的变动模式，将一天分成若干个时间段制定控制方案，把预先设计好的控制参数按时间表进行选择的控制方式。它适用于交通流比较稳定的路线区间，比如低峰时段、普通时段、拥挤时段分别有明确的交通模式的情况。与点控方式的定周期控制不同的是，线控方式的定周期控制参数中还有相位差。

②感应控制

感应控制方式是对应于变化的交通状况实时改变控制参数（周期长、绿信比、相位差）进行控制的方式。此方式可根据交通需求的变动进行实时的控制参数修正从而实现高度的线控制。因此，它适用于交通量的时间变动剧烈、交通量大、要求具有高度的交通处理效率的干线道路。作为该控制方式的手段通常有两种，一种是在线路上设置车辆感测器，监测交通流的变动，以这些测量值为基准，从预先设定的几个程序中（一套控制参数）选择最合适的控制程序；另一种是基于交通流的联机测量实时计算出控制参数，并根据此值设计控制方案。

(3)面控方式

对设置在大面积道路网上的多台信号机采用集中控制的方式称为面控方式。这种控制方式在原理上可看作是将线控扩大到面上。因此，面控是由若干个子区控制构成的。这里的子区是指用相同的周期长进行控制的区域，对每一个子区给出最佳周期长，在各个子区内可得到最优控制的效果。

2. 交通信号的功能

交通信号的功能是从时间上将相互冲突的交通流予以分离，使其在不同的时间通过，以保证行车安全；同时，交通信号对于组织、指挥和控制交通流的流向、流量、流速以及维持交通秩序等均有重要的作用。

8.3.3 交通信号的基本参数

1. 信号相位

交叉口各进口道不同方向显示的不同灯色的组合称为一个信号相位。我国目前多采用两相位或三相位控制方案。

两相位控制方案如图 8-1 所示，第一相位时，东西向两股交通流①、②均可直行、左转或右转，且起始和终止的运行时间相同，南北向交通流禁止通行。第二相位时，南北向两股交通流③、④均可直行、左转或右转，且起始和终止的运行时间相同，东西向交通流禁止通行。

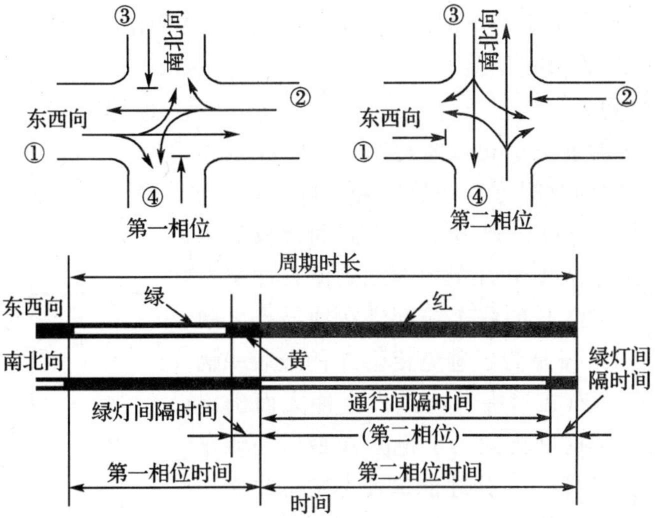

图 8-1　两相位控制方案及配时图

在上例中，如果交通流①、②的左转车较多，为保证左转车顺利通过交叉口，在东西向绿灯亮时，只准交通流①、②中的车辆直行和右转，不准左转，同时南北向交通流禁止通行，此为第一种显示状态，称为第一相位；之后东西向左转箭头的绿灯亮时，交通流①、②中的直行车和右转车禁止通行，只准左转车通行，南北向交通流仍禁止通行，此为第二种显示状态，称为第二相位；最后，南北向绿灯亮时，交通流③、④允许直行、右转和左转，东西向交通流禁止通行，此为第三种显示状态，称为第三相位，此时的控制方案称为三相位控制，如图 8-2 所示。

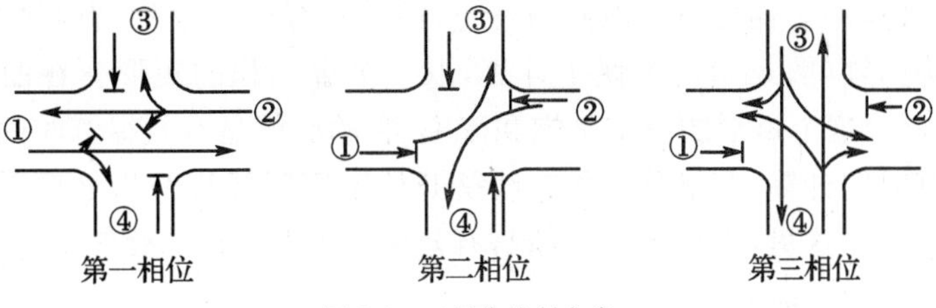

图 8-2　三相位控制方案

2. 信号周期、绿信比和相位差

信号周期是红、绿、黄信号显示一个循环所用的时间,单位为秒。一个交叉口的所有相位均采用同一信号周期。信号周期又可分为最佳周期时间和最小周期时间。最佳周期时间是通行效益指标最佳的交通信号周期时间。最短周期时间是车辆刚好能全部通过交叉口的周期时间的最小值。

绿信比是在一个周期时间内,有效绿灯时间与周期时间的比。周期时间相同,各相位的绿信比不一定相等。

相位差是联动信号系统中的一个参数。它分为相对相位差和绝对相位差。相对相位差是指在各交叉口的周期时间均相同的联动信号系统中,相邻两交叉口同相位的绿灯起始时间之差,用秒表示。这个相对相位差与周期时间之比称为相对相位差比,用百分比表示。在联动信号系统中选定一个标准路口,规定该路口的相位差为零,其他路口相对于标准路口的相位差称为绝对相位差。

3. 绿灯间隔时间

从失去通行权的上一个相位绿灯结束到下一个相位另一方向绿灯开始的时间称为绿灯间隔时间。假设需要确定在相位 A 失去通行权到相位 B 得到通行权的绿灯间隔时间,则需测量从相位 A 的停车线到潜在冲突点之间的距离 x,以及相位 B 的停车线到潜在冲突点之间的距离 y(图 8-3)。$x-y$ 是为了避免相位 A 的最后一辆车与相位 B 的第一辆车在潜在冲突点发生冲突而确定的行驶距离。绿灯间隔时间必须大于相位 A 最后一辆车驶过这段距离所需的时间,这样才能保证不发生冲突。

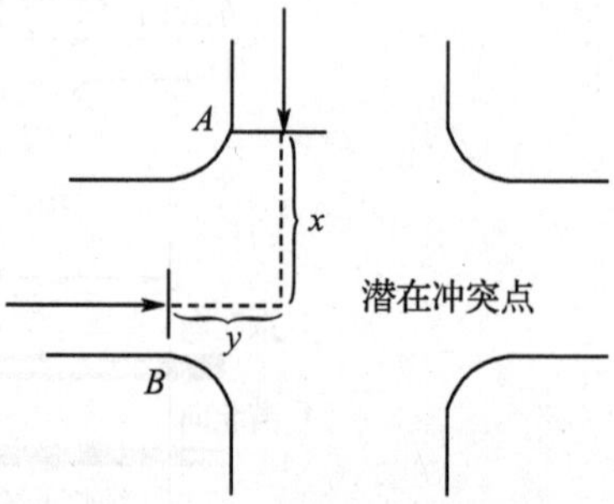

图 8-3　交叉口的潜在冲突点

在信号配时上,当计算的绿灯间隔时间小于 3s 时,用 3s 黄灯时间;当计算的绿灯间隔时间大于 3s 时,则在 3s 之内配以黄灯,3s 之外的间隔时间配以红灯。此时,所有相位信号全部是红灯,称为全红时间。绿灯间隔时间属信号换相(变换相位)的损失时间,这也是一个信号相位内的灯色组合之一。

在我国,绿灯间隔时间为黄灯加红灯时间或全红灯时间。当自行车和行人流量较大时,由于自行车和行人速度较慢,为了保证安全,需要较长的绿灯间隔时间。

4. 饱和流率和有效绿灯时间

当绿灯开始时,停在停车线后面的车辆不可能立即通过停车线,而是有一个启动延误时间。绿灯开始时,驶入率并不是立即达到最大,而是从零开始,逐渐达到最大。当绿灯结束时,驶出交叉口的车辆也不可能立即终止,而是在绿灯结束后,驶出中实线下面的面积由最大逐渐降为零(图 8-4)。为便于计算,取一个等面积的矩形套在曲线上,即图 8-4 中的矩形 $ABf'e'$。这个矩形的高就是饱和流率,它的底就是有效绿灯时间。

按有效绿灯时间计算,车辆驶出停车线是开始于实际绿灯开始之后而结束于黄灯结束(清尾时间)之前。这里,实际绿灯开始与有效绿灯开始(第一辆车通过停车线)之间的时间间隔称为启动损失时间。所以

$$\text{有效绿灯时间} = \text{实际绿灯时间} + \text{黄灯时间} - \text{总损失时间} \tag{8-1}$$

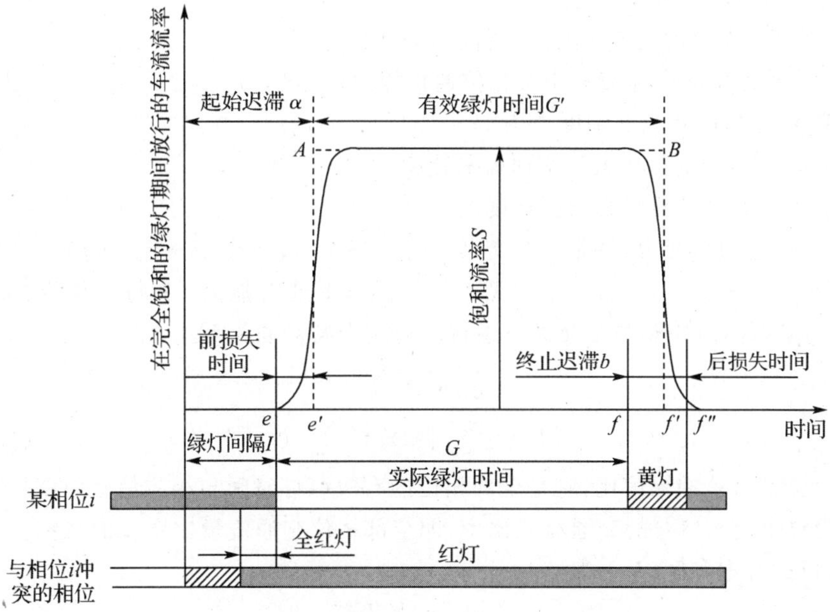

图 8-4 绿灯期间车流通过交叉口的流量图示

用公式表示为

$$G' = G + A - l \tag{8-2}$$

式中，G' 为有效绿灯时间(s)；G 为实际绿灯时间(s)；A 为黄灯时间(s)；l 为包括绿灯初和黄灯末的损失时间(启动损失时间和清尾损失时间)(s)。

例如，实际绿灯时间为 80s，总损失时间为 2s，黄灯时间为 3s，则有效绿灯时间为

$$G' = 80 + 3 - 2 = 81(\text{s})$$

5. 交叉口的通行能力与饱和度

交叉口各进口方向的通行能力是交叉口设计中最关键的因素。应先从一个相位着手，找出相位通行能力的计算方法，然后再对整个交叉口的通行能力及饱和度进行分析。

(1)信号相位的通行能力与饱和度

某一信号相位允许通过交叉口的车辆数(即通行能力)C 取决于该相位的饱和流率(S)及所能获得的绿信比(G'/c)，即

$$C = S \times G'/c \tag{8-3}$$

式中，c 为周期长度(s)。

一个信号相位的实际交通流量V与通行能力C的比值，称为相位(或车道组)饱和度，用 X 表示，以此强调通行能力与信号相位之间的密切关系。

$$X = V/C = V/(S \times G'/c) = (V/S)/(G'/c)$$

设

$$y = V/S, u = G'/c \tag{8-4}$$

则

$$X = y/u \tag{8-5}$$

式中，u 为绿信比；y 为交通流量比率。

为了保证交叉口的畅通，相位通行能力必须保证：

①$C > V$，即实际交通流量小于相位通行能力；

② 或 $X < 1$，即相位饱和度小于 1；

③ 或 $u > y$，即绿信比大于交通流量比率。

(2)交叉口的总通行能力与饱和度

交叉口的总通行能力，就是一个交叉口对于各个方向(全部车流)所能提供的最大允许通过流率。不言而喻，如果一个交叉口具有足够的通行能力，其每一相位都应满足不等式 $u > y$，因此，可得到整个交叉口通行能力应当满足的关系式，即

$$\sum u > \sum y \tag{8-6}$$

$$U = \sum u \quad Y = \sum y$$

式中，U 为交叉口总的绿信比，它是全部相位的有效绿灯时间与相应信号周期长度之比的总和；Y 为整个交叉口总的交通流量比率，即全部相位交通流量比率 y 的总和。

交叉口的总饱和度(X_c)为

$$X_c = Y/U \tag{8-7}$$

实际应用时，交叉口的总饱和度可取饱和度值最高的相位饱和度，而不是各个相位的饱和度之和。此时，对整个交叉口来说，若 $X_c < 1$，则全部相位的饱和度也都小于 1。这意味着，这个交叉口将在不饱和状态下运行。

从理论上说，交叉口饱和度只要小于 1 就应该能满足各方向车流的要求。实际上，当交叉口的饱和度接近 1 时，交叉口的运行条件便迅速恶化。因此，在交叉口的设计工作中，必须规定一个可以接受的最大饱和度极限值，即饱和度的“实用限值”。实践证明，饱和度的实用限值在 0.8～0.9，交叉口就可以获得良好的运行条件。如果饱和度的实用限值定得过低，势必要扩大交叉口的平面尺寸才能满足一定的交通流量要求，从而增加建设投资，这是不经济的。通常采用 0.9 作为饱和度的实用限值。在特定条件下，例如，交通流量很大而交叉口周围环境条件又很差时，为了减少交叉口的建设投资，可以采用更高的限值 0.95。但这时交叉口的运行状况是比较差的，即车辆延误时间长，停车次数多，排队长度也增长。

饱和度通常作为交叉口交通效益的一个评价指标，但也有一些国家用延误代替饱和度来评价信号控制交叉口的服务水平。

一般情况下，不侧重研究交叉口的通行能力，因为交叉口设计和信号配时总是满足主要车流方向，通常所提到的通行能力是就主要车流方向和进口道而言的。

8.3.4 单点信号控制

交叉口的单点信号控制，又称“点控”，用于单个有信号的路口，属于孤立交叉口的信号控制。根据交叉口的交通流量和流向，确定最佳配时方案，保证最大通行能力或最小延误。

交叉口的单点信号控制有定周期控制和感应控制两大类，这里介绍最基本的信号控制——单点定周期控制。

单点定周期控制设备简单、投资最省、维护方便，同时，它的信号控制机还可以升级，与邻近信号灯联机后可成为主干路控制或区域控制。下面着重讲述其信号配时的基本参数设计。

1. 信号周期设计

交叉口的信号配时应选用同一相位交通流量比率(V/S)中最大者进行计算。

(1) 最短信号周期(c_m)

采用 c_m 时，在一个周期内到达交叉口的车辆恰好全部被放行，即无滞留车辆，信号周期也无富余。因此，c_m 恰好等于一个周期内绿灯损失时间(L)加上全部到达车辆以饱和流率通过交叉口所需的有效绿灯时间(G')，因为对任一相位 i，由饱和度 $x_i = 1$，代入式(8-4)和式(8-5)可得到最大交通流量比率 $V_i/S_i = y_i = u_i = G'_i/c_m$，所以此时的有效绿灯时间 $G'_i = V_i c_m/S_i$，则

$$c_m = L + V_1 c_m/S_1 + V_2 c_m/S_2 + \cdots + V_n c_m/S_n \tag{8-8}$$

由式(8-6)得

$$c_m = L/(1-\Sigma y) = L/(1-Y) \tag{8-9}$$

式中，V_i 为实际交通流量；S_i 为饱和流率；u_i 为绿信比；y_i 为交通流量比率；Y 为全部相位交通流量比率。

(2) 最佳周期(c_0)

按照英国学者韦伯斯特的方法，在指定的条件下，使车辆总延误最小的配时方案即为最优方案。其目的是获得最佳的周期和最佳绿信比。

根据研究和实验，使车辆通过交叉口的总延误最小的最佳周期为

$$c_0 = (1.5L + 5)/(1-Y) \tag{8-10}$$

式中，L 为绿灯损失时间；Y 为全部相位交通流量比率。

该式针对的是孤立的交叉口，假定其交通流稳定地到达交叉口。为使 c_0 具有更好的适应性，应对其取值稍大些。

(3) 实用最小周期(c_p)

交叉口的饱和度为 0.9 时，道路的通行能力即已达到临界值。为此应对交叉口的通行能力进行折减，则实用最小周期为

$$c_p = 0.9L/(0.9-Y) \tag{8-11}$$

式中，L 为绿灯损失时间；Y 为全部相位交通流量比率。

在过街行人较多的交叉口，应选择较短的周期长度，以减少行人延误，但其值不应小于上式的计算值。

2. 有效绿灯时间与交通流量比率设计

为使延误最小，有效绿灯时间应与相位的交通流量比率大致成正比，即

$$G'_1/G'_2 = y_1/y_2 \tag{8-12}$$

式中，G'_1、G'_2 分别为第一和第二相位的有效绿灯时间；y_1、y_2 分别为第一和第二相位的交通流量比率。

对于多相位控制的交叉口有

$$G'_i/\sum G'_i = y_i/\sum y_i \text{ 或 } G'_i/(c_0 - L) = y_i/Y \tag{8-13}$$

式中，G_i' 为有效绿灯时间；y_i 为交通流量比率；c_0 为最佳周期；L 为绿灯损失时间；Y 为全部相位交通流量比率。

8.3.5 主干路信号协调控制系统

1. 主干路信号协调控制系统概述

(1)含义

主干路信号协调控制系统是一维信号控制，又称“线控”系统，主要用于城市的主干路。它把主干路上一批相邻的交通信号机联动起来，进行协调控制，以便提高整个主干路的通行能力。参与协调控制的交叉口采用相同的信号周期，但绿灯开始时刻错开一定的相位差，只要汽车按相同速度行驶，基本上可以在每个交叉口都遇到绿灯。我国把这种由有节奏地变化的绿灯所组成的交通控制称为“绿灯控制”。线控系统往往是面控系统的一种简化形式，控制参数亦基本相似。

(2)基本参数

①周期长度

单个交叉口的信号周期长度是根据交通量来确定的，由于控制系统中有多个交叉口，为了使系统协调，各交叉口必须采用相同的周期长度。为此，必须先按单个交叉口的信号配时方法，确定每个交叉口的周期长度；然后取最长的周期长度作为本系统的公共周期长度，其他交叉口也必须采用这个周期长度。

②绿信比

在主干路信号协调控制系统中，各交叉口的绿信比可根据交叉口各个方向的交通量来确定。

③相位差

相位差是主干路信号协调控制系统的关键参数。通常有两种相位差：

a. 绝对相位差：指各交叉口信号的绿灯或红灯起始时间相对于标准路口的时间差。

b. 相对相位差：指相邻两个交叉口信号的绿灯或红灯起始时间相对于标准路口的时间差。

(3)应用条件

采用主干路信号协调控制系统必须具备下列条件：

第一，纳入信号协调控制的交叉口应采用相同的周期长度；

第二，必须具备相同的时间基准(保证相位差的稳定)；

第三，交叉口之间的关联性应较大，这会使控制效果较好。通常相邻交叉口之间的距离应在 800m 以内。

(4)分类

主干路信号协调控制系统可分为两类：采用主控制器的协调控制系统和无电缆的协调控制系统。

①采用主控制器的协调控制系统

采用主控制器的协调控制系统可分为同步式协调控制系统、交替式协调控制系统和绿波协调控制系统。

a. 同步式协调控制系统

在同步式协调控制系统中，联结在一个系统中的全部信号，在同一时刻对主干路车流显示相同的灯色。车辆在相邻交叉口之间的行驶时间等于信号周期长度时，这些相邻交叉口正好可组成同步式协调控制系统，即当交叉口间距(S)、行驶车速(v)与周期长度(c)符合式(8-14)时，联动的相邻信号灯呈现同步显示，车辆可连续通过相邻的交叉口。

$$S = vc \tag{8-14}$$

当各交叉口的间距相当短，且沿主干路方向的交通量远大于交叉口交通量时，可把相邻交叉口看成是一个交叉口，采用同一个配时方案，绿灯启亮时刻也相同，以组成一个同步式协调控制系统，改善主干路车辆的通行状况。这种系统，由于前方信号显示全为绿灯，有驾驶员加速赶绿灯的缺点。因这种系统在使用条件上有很大的局限性，并有种种缺点，所以现在很少单独使用。

b. 交替式协调控制系统

该系统与同步式协调控制系统恰好相反，即在被控制路段内的相邻信号装置同时给予相反的信号显示，其目的是限定车辆在半个周期内通过一个交叉口，驾驶员如果超过或低于计算行车速度，将不得不在交叉口前遇红灯而停车。该系统不适合相邻交叉口之间的距离变化较大的道路。

上述两种控制方法，都要求道路上的车流量不能过大，否则驾驶员将无法控制车速。

c. 绿波协调控制系统

绿波协调控制系统不同于上述两种控制系统，在采用绿波协调控制系统的道路上，各个交叉口之间的距离各不相同，它根据固定的车速和各交叉口之间的距离决定各交叉口的绿灯开始时间(即相位差)。各交叉口的信号周期长度相同，但绿灯时间或绿信比不同。车辆在第一个交叉口遇绿灯通过后，若按相同的车速行驶，则在以后的交叉口均能遇到绿灯。由于实际道路条件的限制，有些车辆难以处处遇绿灯，这与绿波带的宽度有很大关系。

绿波带(又称通行带)宽度是指绿波通行时间的长度，以秒计。由于各交叉口之间距离不等和双向行驶的缘故，绿波带时间不可能为无限长。连续通行时间与周期长度的百分比称为系统的效率。为充分利用单行道绿波通行时间，绿波带的宽度可以窄一些，普通道路的绿波带则要设计得宽一些。实际上绿波带宽度就是关键交叉口沿控制方向所必需的绿灯时长。

②无电缆的协调控制系统

无电缆的协调控制系统是指执行协调控制任务的各信号控制器均调用由各自日历钟预先存贮的信号配时方案和相位差的控制系统。该系统不采用主控制器，因而没有主控制器与各个信号控制器之间的通信电缆并由此而得名。控制器内装有精度为±1s的日历钟，它按不同的计时单位不停地计时，并以适当的方式显示时间和调用相应的信号配时方案。这种控制系统是高科技的产物。

无电缆的协调控制系统是用编程器把预备好的信号配时方案表写入各控制器的可编程序存储器的芯片中，写入后该系统即可运行。信号配时方案写明各时段每个交叉口的信号周期长度、绿信比和相位差；在每个时段，所有被控制的交叉口必须采用相同的信号周期长度。相位差以第一个路口作为参照点(0 点)，其他路口的绿灯按绝对相位差开启。

2. 主干路协调控制系统的参数计算

对于主干路协调控制系统，可采取两种比较实用的方法(数学解析法和图解法)来协调相邻信号间的时差。

(1)数学解析法

首先，应根据各交叉口的交通量，按单点控制的方法计算每个交叉口的信号周期长度和绿信比，然后按下列步骤进行线控参数计算。

①确定初始条件

a. 整个线控系统应采用统一的系统速度，可根据该主干路各路段的车速调查结果，取其平均值。

b. 按单点控制的计算方法，求出每个交叉口的最佳信号周期长度和绿信比，从中选取一个中等偏大的周期长度，暂定为线控系统的共用周期长度。例如，暂定 $c=80$s。

c. 整个线控系统采用相同的通行带宽度。

d. 准确测量各交叉口某一流向的入口与停车线之间的距离。

②计算

a. 求出以系统速度在 1/2 周期内可运行的距离，以 10m 为单位表示计算结果。

b. 通过解析计算求出各交叉口与前一假想信号末端的距离间隔，找出间隔差值的最大值。

c. 确定与假想信号的最佳距离间隔。

d. 求通行带宽度。

e. 绘制时间-距离图。

(2)图解法

此法是在时间-距离图上协调线控系统的时差(相位差)，同时调整确定通行带速度和信号周期长度。

8.3.6 区域信号控制系统

1. 区域信号控制系统概述

(1)含义

区域信号控制系统是二维信号控制，又称“面控”系统，它把整个区域中所有交叉口的信号作为协调控制的对象。控制区域内各受控交通信号都受中心控制室的集中控制。对范围较小的区域，可以整个区域集中控制；对范围较大的区域，则需分区分级控制。分区的结果往往使面控系统成为一个由几条线控系统组成的分级集中控制系统，这时，可认为各线控系统是面控系统中的一个单元；有时分区还会使面控系统成为一个由点、线、面控制的综合性分级控制系统。

(2)应用条件

面控系统的应用必须考虑以下几个条件：

①控制性能的可拓展性。尽量使控制器能引入新的研究成果，但不改变原来的机器构成，即尽量利用老的信号机。

②控制范围扩大的可能性。随着城市的发展,城市规模的扩大,面控系统必须有扩大控制范围的可能,以扩大中央控制室的作用。

③高度的可靠性。所有机器都要有高度的可靠性,即系统中的一部信号机发生故障,系统中其他信号机不会出现异常,整个系统仍能照常工作,且能早期发现而予以修复。

④使用方便。随着交通状况的变化,对机器控制的内容及机器动作的监视和变更要比较容易,如出现暂时性异常,应能及时处理。

⑤在我国现实交通条件下,必须考虑合理处理自行车交通的问题。

(3)分类

区域信号控制系统按控制策略可分为定时脱机式区域交通控制系统及感应式区域交通联机控制系统两种。

①定时脱机式区域交通控制系统

定时脱机式区域交通控制系统,利用交通流的历史及现状统计数据,进行脱机优化处理,得出多时段的最优信号配时方案,存入控制器或控制计算机内,对整个区域交通实施多时段定时控制。

定时脱机式区域交通控制系统简单、可靠、效益-费用比高,但不能适应交通流的随机变化,特别是当交通流数据过时后,控制效果明显下降,重新制订优化配时方案将消耗大量的人力进行交通调查,其代表为交通网络研究工具(TRANSYT)。

②感应式区域交通联机控制系统

由于定时脱机式区域交通控制系统具有不能适应交通流随机变化的不足,人们进一步研究出能随交通流变化自动优选配时方案的控制系统。随着计算机自动控制技术的发展,交通信号网络的自适应控制系统应运而生。英国、美国、澳大利亚、日本等国家作了大量的研究实验,用不同方法建立了各有特色的自适应控制系统,归纳起来有方案选择式与方案形成式两类。方案选择式以悉尼协调自适应交通系统(SCATS)为代表,方案形成式以绿信比-信号周期-绿时差优化技术(SCOOT)为代表。

2. 定时脱机式区域交通控制系统

交通网络研究工具(Traffic Network Study Tool,TRANSYT)是定时脱机式区域交通控制系统的代表,是由英国道路运输研究所(TRRL)的D. I. 罗伯逊先生于1967年提出的脱机优化网络信号配时的一套程序。

TRANSYT自问世以来,随着交通工程的实践,不断被改进完善,到1986年已修改了9次,英国的型号为TRANSYT-7。美国将英国TRANSYT-7型改进为TRANSYT-7F型,法国也将英国TRANSYT-7型改进为THESEE型及THEBES型。

TRANSYT由两部分构成:其一是交通模型,其二是优化选择。

(1)交通模型

建立交通模型,其目的是用数学方法模拟车流在交通网上的运行状况,研究交通网配时参数的改变对车流的影响,以便客观地评价每一组配时方案的优劣。为此,交通模型应当能够对不同配时方案控制下的车流运行参数——延误时间、停车率、燃油消耗量等——作出可靠的估算。

(2)优化选择

将由交通模型得出的性能指标送入优化选择部分，作为优化的目标函数，TRANSYT以交通网的总行车油耗量或总延误时间及停车次数的加权和作为性能指标；用“爬山法”优化，产生较原始配时更为优越的新的信号配时；把新信号配时再送入交通模型部分，反复迭代，最后使性能指标达到系统最佳配时。优化选择的主要环节包括：绿时差的优选、绿灯时间的优选、控制子区的划分及信号周期长度的选择四部分。

3. 感应式区域交通联机控制系统

(1)悉尼协调自适应交通系统

悉尼协调自适应交通系统(Sydney Coodinated Adaptive Traffic System，SCATS)是一种实时自适应控制系统，由澳大利亚于20世纪70年代开始研究和开发，80年代初投入使用。

它的控制结构为分层式三级控制：中央监控中心＋区域控制中心＋子控制区，如图8-5所示。

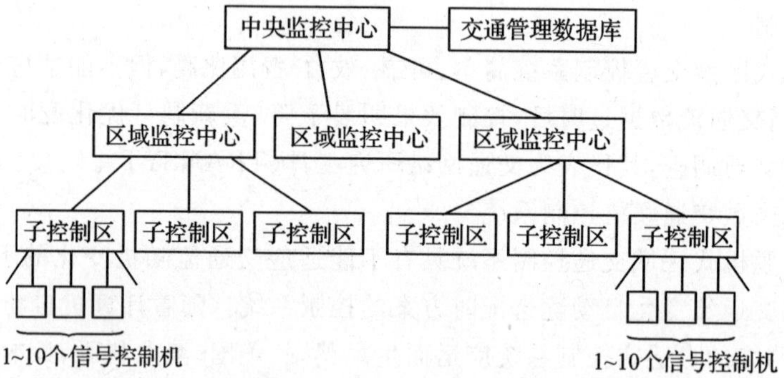

图8-5 分层式三级控制示意图

由区域控制中心对信号控制机实行控制时，通常将每1～10个信号控制机组合为一个“子系统”，若干子系统组合为一个相对独立的系统。系统之间基本上互不相干，而系统内部各子系统之间存在一定的协调关系。随着交通状况的实时变化，子系统的控制既可以合并，也可以重新分开。三项基本配时参数(信号周期长度、绿信比、绿时差)的选择，都以子系统为核算单位。

中央监控中心，除了对整个控制系统的运行状况及各项设备的工作状态进行集中监控以外，还有专门用于系统数据管理库的计算机，对各区域控制中心的各项数据以及每一台信号控制机的运行参数作动态贮存(不断更新的动态数据库形式)。

SCATS在实行对若干子系统的整体协调控制的同时，也允许每个交叉口“各自为政”地实行车辆感应控制，前者称为“战略控制”，后者称为“战术控制”。战略控制与战术控制的有机结合，大大提高了系统本身的控制效率。

SCATS正是利用了设置在停车线附近的车辆检测装置，才具有这种有效的灵活性。所以SCATS实际上是一种用感应控制对配时方案作局部调整的方案选择系统。

SCATS优选配时方案的主要环节为：

①子系统的划分与合并：根据交通流量的历史和现状资料、交通网的环境和几何条件

对子系统进行划分，被划分出的子系统就作为控制系统的基本单位；

②配时参数优化：将各配时参数进行比较，综合分析，选出最优配时参数；

③信号周期长度选择：根据子系统中饱和度最高的交叉口来确定应采用的信号周期长度；

④绿信比方案选择：此选择在每一信号周期内都要进行一次，即在每一信号周期内，都要对事先给定的四种绿信比方案进行对比，对它们的“入选”进行“投票”。若在连续三个周期内某一方案两次“中选”，则该方案即被选为下一周期的执行方案；

⑤ 绿时差方案选择：在 SCATS 中，绿时差分为内部绿时差（子系统内部各交叉口之间的绿时差）和外部绿时差（相邻子系统之间的绿时差）两类，每类又包含事先给定的五种不同方案。在选择内部绿时差时，若五种方案中有一种能在连续五个周期内四次“当选”，则被选为付诸实施的方案。外部绿时差的选择方法与内部绿时差相同。

(2)绿信比-信号周期-绿时差优化技术

绿信比-信号周期-绿时差优化技术（Split-Cycle-Offset Optimization Technique，SCOOT）是一种对交通信号网实行实时协调控制的自适应控制系统，由英国 TRRL 研制开发，1979 年正式投入使用。

SCOOT 是在 TRANSYT 的基础上发展起来的，其模型及优化原理均与 TRANSYT 相仿，它的基本结构及工作流程如图 8-6 所示。

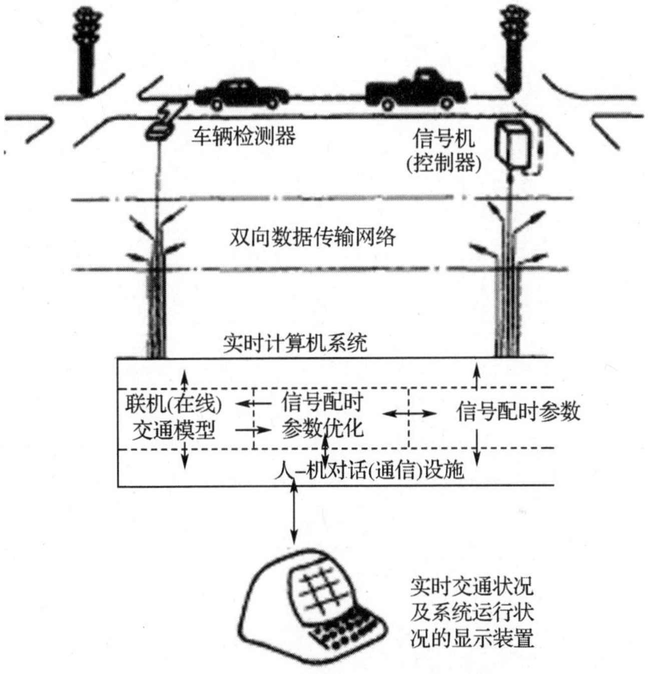

图 8-6　SCOOT 基本结构及工作流程图

不同的是，SCOOT 将由安装在各交叉口每条进口道上游的车辆检测器所采集到的车辆到达信息联机处理，形成控制方案，连续地实时调整绿信比、信号周期长度及绿时差三个参数，使之同变化的交通流量相适应。

SCOOT优选配时方案的主要环节包括：

①交通检测：实施对交通流量、车辆占用时间、道路占用率和拥挤程度等参数的检测；

②小区划分：应事先判定SCOOT中的小区划分，系统运行以小区为依据，运行中小区不能合并、拆分；

③模型预测：包括车队预测、排队预测、拥挤预测和效能预测等；

④系统优化：包括控制策略优化、绿时长-绿信比优选、绿时差优选和信号周期长度优选等。

复习思考题

1. 道路交通标志的种类包括哪些？
2. 简述道路交通标线的设置原则。
3. 简述道路交通标线的分类。
4. 简述道路交通标志设计的阶段。
5. 简述交叉口渠化设计的目的。

第9章 城市交通安全管理

9.1 城市交通安全管理概述

交通运输业是国民经济中一个重要的物质生产部门，它对推动生产发展、促进物质交流、改善人们生活、国防等具有十分重要的意义。随着工业化的进程，交通运输业迅猛发展，这一方面促进了社会经济的发展，但另一方面，由于交通事故所造成的损失也以惊人的速度增长。

交通安全是国民经济发展和社会安定的重要方面，也是道路交通管理的两项基本任务(安全和通畅)之一，交通安全情况通常用交通事故次数、受伤人数、死亡人数、财产损失等来描述。

1. 交通安全的现状

(1)世界交通安全的状况

自从汽车问世以来，全球死于交通事故的人数逐年增多，到目前为止累计死亡3 300多万人。目前，全世界每年的交通事故死亡人数约为 120 万人，受伤人数为 2 000 万～5 000 万人，造成的经济损失约占国民经济总产值的 1%。

近年来，一些发达国家的汽车保有量虽然不断增加，汽车密度已接近饱和，但由于道路条件的不断改善，管理水平的不断提高，交通事故情况相对稳定。

(2)我国交通安全的状况

我国交通安全的状况十分严峻，到 2001 年，我国的机动车保有量约为 7 000 万辆，交通事故次数已达到 760 000 次，因交通事故死亡的人数达 106 367 人，受伤人数约为 549 000 万人，直接经济损失达 30.9 亿元。而由于交通事故引起的间接经济损失往往是直接经济损失的 10～15 倍。

近年来，我国在改善道路情况和加强管理方面做了大量的工作，机动车万车死亡率在逐年下降，从 1970 年的 227.63 人/万车下降到 1999 年的 15.34 人/万车。我国的机动车万车死亡率同美国、日本等发达国家的机动车万车死亡率不到 4 人/万车相比，差距达一个数量级。

2. 交通事故的基本概念

(1)交通事故的定义

《道路交通事故处理办法》规定，交通事故是指车辆驾驶人员、行人、乘车人以及其他在道路上进行与交通活动有关的人员，因违反《中华人民共和国道路交通管理条例》和其他道路交通管理法规、规章，过失造成人身伤亡或财产损失的事故。

从交通管理的角度出发，交通事故可以定义为：凡车辆在公用道路上行驶的过程中，由于过失或者意外，造成人、畜伤亡或财产损坏的意外事件，统称为交通事故。

构成交通事故必须有6个缺一不可的要素，它们在定义中十分明确具体，且具有特定的内容。

①车辆：包括机动车和非机动车；

②在公用道路上：是指形态发生时的位置；

③在运动中：至少有一方的车辆在行驶过程中；

④发生事态：指发生碰撞、碾压、刮擦、翻车、坠车、爆炸、失火等其中的一种或几种现象；

⑤造成事故的原因是人为的：即事故是由于违章所造成的，而不是因为人力无法抗拒的其他原因；

⑥有后果：指人、畜的伤亡或车辆的损坏。

(2)交通事故的分类

根据人身伤亡或财产损失的程度和数额，交通事故分为轻微事故、一般事故、重大事故和特大事故，其分类标准见表9-1。

表9-1　　交通事故的分类标准

项　目	轻微事故	一般事故	重大事故	特大事故
死亡/人			1～2	≥3
重伤/人		1～2	3～10	>10
轻伤/人	1～2	3～10	>10	
直接经济损失/元	<200(机动车) <50(非机动车)	200～5 000(机动车) ≥50(非机动车)	5 000～10 000	有重大政治影响的事故

注：死亡、重伤、轻伤、直接经济损失四项指标，达到其中之一即可认定为相应类别的事故。

此外，根据事故发生的原因，交通事故可以分为责任事故、机械事故和道路事故。按事故现象可分为撞车事故、翻车事故、撞人事故、失火事故；按事故地点可分为平直路段事故、交叉口事故、弯道事故、坡道事故；按人员伤害程度可分为死亡事故、重伤事故、轻伤事故。

(3)交通事故的主要形态

交通事故发生的形态，基本可分为碰撞、碾压、刮擦、翻车、坠车、爆炸和失火7种。

①碰撞

碰撞指交通强者的机动车车体某部分与他方接触。主要发生在机动车之间、机动车与非机动车之间、机动车与行人之间，以及机动车与其他物体之间。根据碰撞时的相对运动状态，机动车之间的碰撞还可分为正面相撞、侧面相撞、追尾相撞、左转弯相撞和右转弯相撞。

②碾压

碾压指交通强者的机动车对交通弱者如自行车、行人等的推碾或压过。

③刮擦

刮擦指交通强者的机动车的侧面部分与他方接触。机动车之间的刮擦，根据当时的运动状态,可分为会车刮擦和超车刮擦。

④翻车

翻车指车辆没有发生其他形态,两个以上的侧面车轮同时离开地面。

翻车一般分为侧翻和大翻两种。两个同侧车轮离开地面称为侧翻;四个车轮均离开地面称为大翻。此外,也有 90°、180°、360°翻车。

⑤坠车

坠车指车辆或者车辆装载物的坠落。且在坠落的运动过程中,有一个离开地面的落体过程。

⑥爆炸

爆炸指车内有易爆物品,在行驶过程中,因振动等原因引起的突爆。

⑦失火

失火指车辆在行驶过程中,因人为或车辆自身的原因引起的火灾。

交通事故发生的形态有的是单一的,有的是两种以上并存的。对两种以上的形态,一般采用时间先后顺序加以认定,如刮擦后翻车、碰撞后失火等;也有按主要形态认定的,如碰撞后碾压,简称碾压。

3. 交通安全的研究方法

交通安全的研究一般从以下几个方面着手:

(1)交通事故调查与分析

①交通事故调查主要研究交通事故现场处理和交通事故统计管理等方面的内容。交通事故现场处理包括现场迹证收集、取证,为事故处理搜集有效的证据等。

②事故分析可以分为宏观分析和微观分析两种。

a. 宏观分析:主要针对地区、省市、国家和世界范围内的事故发生情况,运用概率统计的原理,对大量统计数据进行统计整理,通过统计图表描述事故的统计特性和规律。

b. 微观分析:主要针对发生在某个特定交通网、设施或某个地点(城市出入口、交叉口、特殊路段等)的事故进行分析,进而找出规律,为事故的预防和改善提供依据。微观分析又可进一步分为对单个事故的事故再现研究和多发事故点研究。

事故再现研究就是从可得到的各种信息中分析确定事故发生当时的实际情况。事故再现研究的内容包括以下 4 个方面:

i. 碰撞分析:确定解释碰撞事故的全部物理因素。这些物理因素包括碰撞前后车辆的速度大小和方向、碰撞点、碰撞后车辆、伤员及散落物的位置、车头方向、车身旋转等。

ii. 受伤分析:确定解释受伤产生的全部物理因素。包括乘员与车辆的接触、车辆内部设计、车辆安全装置、人对碰撞的耐受力等。

iii. 事故避免分析:确定涉及避免事故的全部因素。包括车辆事故避免的潜在可能性、驾驶员的知觉反映和视野分析、车辆的技术状态等。

iv. 受伤避免分析:确定涉及可能减轻或避免受伤的全部因素。包括安全装置的设计和使用、车辆内部设计及人对碰撞的耐受力等。

多发事故点研究以单个事故的报告为依据,寻求事故形态的规律性特征,为采取预防措施提供科学依据。

(2)交通事故预防

交通事故预防主要通过研究人、车、路、环境等交通因素的改善,减少或避免交通事故的发生。

减少遭遇和冲突是改善道路交通安全状况的主要措施,在这方面通常采用立交、渠化、信号控制、单向交通等方法来改善交通、预防事故。此外还可以从道路环境、道路线形(纵向及横向几何尺寸)、道路材料、交通标志、标线等方面来预防事故的发生。

近年来,随着汽车技术的革新,汽车主动安全方面的设计也得到了普遍的重视。动力性方面,提高超车加速能力,安装驱动防滑系统;操纵稳定性方面,提高操纵稳定性和轻便性;制动性方面,安装辅助制动系统、防抱死系统和缓速器;驾驶舒适性方面,改善驾驶员的驾驶视野,配置信息显示系统,改善驾驶员的驾驶环境。

(3)减轻事故伤害程度的研究

减轻事故伤害程度的研究主要体现在以下两个方面:

一方面是汽车被动安全性的设计,可分为碰撞安全性设计和碰撞后安全性设计。碰撞安全性设计又可分为对车辆自身及乘员的保护和对对方的保护。对车辆自身的保护措施如设置车辆整车的变形区、设置保险杠,对其乘员的保护如配置吸能转向盘、安全座椅、安全带、安全气囊、头枕、车内饰件软包设计以及防止乘员被抛出的门锁等;对对方的保护主要是车辆前部无凸形零件,软化外部覆盖件,车尾增设尾部吸能防护栏、防钻撞护栏、防卷入护栏等。碰撞后安全性设计主要是防火及快速撤离设计。

另一方面是道路安全设施设计,如安全护栏、防撞垫等安全设施的采用,都可以在事故发生时减轻对车辆的损坏和车内驾乘人员的伤害。

9.2 交通事故调查与处理

9.2.1 交通事故调查

1.交通事故现场调查

(1)交通事故现场的概念及分类

交通事故现场是指发生事故的地点及有关的空间场所。

根据现场的完整、真实程度一般可分为三类。

①原始现场

原始现场指没有遭到任何改变或破坏的现场。在现场的车辆和留下来的一切物体、痕迹仍保留事故发生后的原始状态。

②变动现场

变动现场指由于某种人为的或自然的因素,致使现场的原始状态有一部分、大部分或全部面貌改变的现场。变动原因常有抢救伤者、保护不善、自然影响、特殊情况、肇事逃逸等。

③伪造现场

伪造现场指当事人为了逃避责任,毁灭证据以达到嫁祸于人的目的有意改变或布置的现场。

(2)现场调查的含义和内容

现场调查,是对交通事故现场的情况(当事人、车辆、交通条件),用科学的方法进行时间、空间、心理和后果的实地验证和查询,并将所得结果完整、准确地记录下来的工作。

①时间调查

确定发生交通事故的时间坐标(这是人类活动的最基本坐标之一),是分析事故过程的一个重要参数。

②空间调查

调查各有关物体(车辆、散落物、痕迹、尸体等)的相对位置,用来确定车辆相互运动的速度、路线和接触点。

③心理(书证)调查

调查当事人的心理状态、身体与精神状况,以及交通条件(车、路、环境)对当事人的影响。

④后果调查

查明人员伤、亡情况,致伤、致死的部位和原因,车量损坏和物资损失情况。

现场调查是取得客观的第一手资料的唯一途径,也是交通事故处理的核心,更是采取事故预防对策的关键。

现场调查的程序主要有:尽快赶赴事故现场,采取应急措施,保护现场,现场勘察,确定并监护事故的当事人,询问当事人和调查证人,现场复核,处理现场遗留物,疏导、恢复交通。

(3)现场丈量及绘图

①现场丈量

现场丈量包括确定方位、选定坐标、现场定位、实际丈量四个内容。

a.确定方位:确定肇事路段的走向。通常用道路中心线与指北方向线的夹角来表示。若肇事路段是弯道,可用进入弯道的直线与指北方向线的夹角和转弯半径表示。

b.选定坐标:在事故现场附近选定一固定点作为确定现场的基准点。

c.现场定位:把事故现场的一个主要点确定在一个固定位置。

d.实际丈量:丈量道路应先勘察道路的走向,附近道路的交通标志、安全设施、停车视距,后丈量路面、路肩、边沟的宽度和深度。

丈量主要物件及痕迹包括确定肇事车辆停放的方向、位置和勘察丈量现场痕迹,现场痕迹主要是制动印痕,碰撞压印,刮擦、挤压等痕迹,其他微小痕迹,遗留物,死者和其他物体的位置等。

丈量肇事接触部位主要是丈量车与车、车与人、车与畜或其他物体上相对应的部位,以及肇事接触部位距地面的距离、形状的大小(长、宽、深)、受力方向等。

②绘制现场图

现场图的绘制包括现场草图和平面图的绘制,其要求如下:

a.现场草图:通常包括现场位置和周围环境情况,以及遗留有痕迹、物证的地点,肇事车的运动关系。该草图应能给人以事故现场情况的总体印象,要求内容完整、物证齐全、尺寸准确。

b.平面图:是以出事地点为中心,把痕迹、其他物体的相互位置,按比例、图例标准绘制的现场图。要求内容完整、准确、规范。

2. 当事人及目击者调查

(1)确定并监护事故当事人

交通事故当事人，是指车辆驾驶人员、受伤(死亡)人员和其他有关人员。除当事人逃逸的死亡交通事故外，当事人多数是明确的。有的事故当事人单一，而有的事故当事人互相交叉。

(2)当事人陈述

当事人陈述包括车辆驾驶人员陈述驾车过程、发生交通事故的经过，以及对事故原因、责任的认识；受伤人员就自己发生事故的经过和看法所作的陈述以及其他当事人就交通事故发生的情况所作的陈述。

(3)调查重点当事人的内容

一般包括重点当事人的自然情况，如姓名、年龄、民族、籍贯、文化程度、职务、工作单位、政治面貌、驾驶经历、准驾车类、驾驶证字号、有无违章肇事前科等；出车目的、行车路线、装载情况；出车前是否检查过车辆技术状况、休息是否充足、有无思想负担；出事故时车辆驾驶者的驾驶状态；发生事故形态的具体情况；对方在发生事故前、后的车速、行驶方位或行人行走动态；采取安全保护措施情况；事故发生后的停车、抢救伤员和保护现场情况，报案的时间、方式；对事故发生的原因、责任的看法和认定依据等。

3. 车辆调查

车辆调查是对交通事故车辆技术状况进行检查和鉴定，对与交通事故有直接关系的乘员、装载情况进行了解和认定。其内容主要包括：转向、制动、挡位、轮胎、喇叭、灯光、后视镜、刮水器及乘员、装载的具体情况。有的事故必要时可鉴定机械内部状况。对各项调查都要做好记录，如检验内容、试车路面、试车次数、检验结果等。车辆调查主要检查与车辆行驶安全有关的车辆转向系统和行车制动装置。

4. 道路调查

交通事故与道路条件和交通环境有着密切关系，必须认真检查和鉴定交通环境，分析交通事故的道路原因，吸取教训并提出改进措施及方案。

道路调查的内容是：路面状况、车道宽度、路基、路边构造物状况、桥涵的质量、道路的坡度、弯道、是否超高和视距等。判断道路条件的依据是交通部颁布标准《公路工程技术标准》(JTGB01—2003)。

9.2.2 交通事故处理

1. 交通事故处理流程

交通事故发生后，从受理报案开始，到赶赴事故现场、执行事故现场管理、救护伤员、现场调查、现场记录等有关现场处理事项，此外，还有责任认定、事故统计等后期工作。

2. 交通事故处理程序

交通事故处理是国家公安交通管理机关，按照特定的程序，依法处理事故案件的一系列活动的总称。

(1)现场调查及迹证鉴定

交通事故处理从事故现场勘查开始，现场勘查完毕后，交通处理部门、当地交通事故鉴定委员会等部门对现场迹证进行鉴定、分析，形成事故鉴定参考资料，为事故责任认定做好先期资料准备工作。

(2)事故责任认定

①交通事故责任的分类

交通事故一般是因为违章而造成的人畜伤亡或财产损失事故，因此涉及民事、刑事和行政责任，其责任关系如图 9-1 所示。

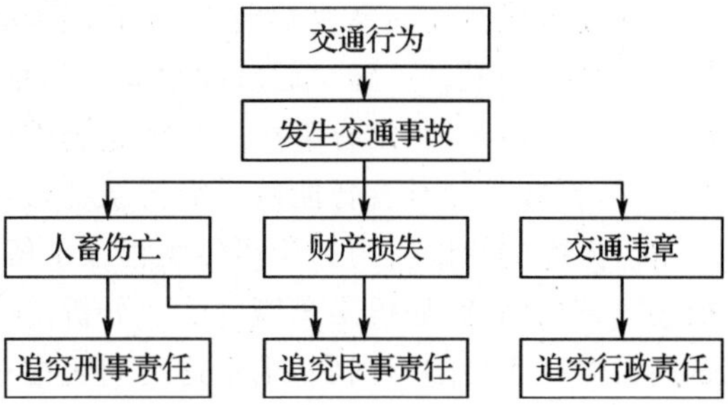

图 9-1　交通事故责任关系图

若交通事故是由于违章造成的，应追究当事人行政责任；若交通事故是当事人或第三者出于过失或无过失造成的，不管是否违章，都要追究其民事责任；若交通事故出于故意或可预见其发生而不加以防范、纵容其发生造成的，当以刑事犯罪论处。

交通事故责任认定是交通事故处理工作的核心。交通事故责任是对交通事故当事人的交通行为与造成交通事故的关系及其应承担责任的表述。

认定交通事故责任的依据主要有：交通法规，现场调查，证人证言，当事人陈述，技术鉴定，实验资料。

②交通事故处理的法规

交通事故处理所依据的法律、法规、规章种类繁多、涉及面广。有国际公约和国际惯例，如《维也纳外交关系公约》；有我国宪法，法律，如《刑法》、《刑事诉讼法》、《民法通则》中的有关条款；有法规、规章，如《治安管理处罚条例》、《道路交通管理条例》、《道路交通事故处理方法》等；有法律、法规认可的标准，如《道路交通标志和标线》(GB5768－2009)、《机动车运行安全技术条件》(GB7258－1997)；有被赋予解释权的公安机关根据法律、法规做出的解释、规定、标准，如《道路交通事故处理程序规定》、《道路交通事故受伤人员伤残评定》(GA18667－2002)等。

(3)交通事故损害赔偿

交通事故损害赔偿，是指交通事故的责任者，对于事故损害后果所应承担的赔偿损失的责任。

交通事故损害赔偿具有明显的民事损害赔偿特征，但又不同于一般民事损害赔偿。交通事故损害赔偿也不同于行政处罚措施。

损害赔偿原则是交通事故处理原则的主体部分，主要包括：

①以责论处原则：交通事故造成的损害按责任承担。

②人身伤害补偿原则：从我国实际情况出发，人身伤害造成的损失还达不到全额赔偿的水平，而是进行补偿。

③车物损坏恢复原状(修复)原则：车物损坏修复后对其价值影响不大时，以修复费用为基础制定赔偿标准。

④折价赔偿原则：车物损坏修复后的贬值、牲畜死残和车物损坏无法修复时折价赔偿。

⑤机动车方无过错赔偿原则：赔偿最多不超过对方经济损失的 10%，总额最高不超过交通事故发生地 10 个月的月平均生活费。

9.2.3 交通事故处理的新技术——道路交通事故智能处理系统

伴随现代科技的高速发展，人工智能为处理道路交通事故提供了一种十分有用的现代科学技术手段。道路交通事故智能处理系统是利用摄影测量技术、人工智能技术（模式识别和专家系统）并结合事故力学理论的综合高科技系统。人工智能属计算机科学的一个分支，旨在设计具有智能的计算机系统，以模仿人类的自然语言、理解、学习、推理、问题求解等方面的智能行为。运用传统程序求解的问题主要是那些能够完全用数学模型精确描述的结构问题，如桥梁车辆的受力分析、信号配时计算等，但现实生活中普遍存在的问题则大多属不良结构问题，求解这类问题往往不存在可供使用的方法，唯有凭经验的、尚未完全形成科学体系的知识来解决。事故处理专家拥有的知识就属于此类。

道路交通事故智能处理系统由信息快速采集、迹证智能鉴别、事故过程再现和事故责任认定专家子系统（结案处理软件）组成，如图 9-2 所示。

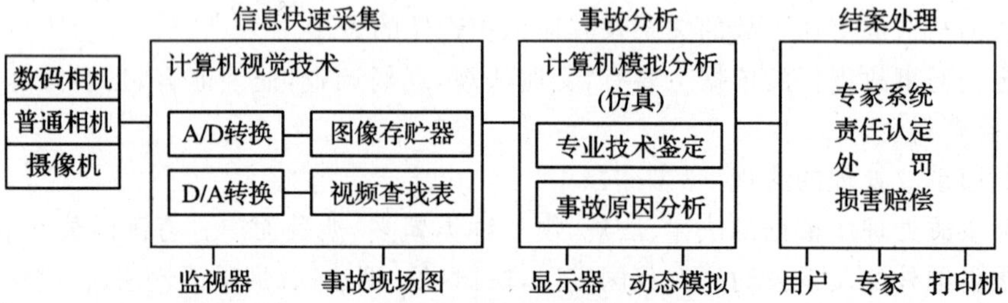

图 9-2　道路交通事故智能处理系统框图

1. 信息快速采集子系统

信息快速采集子系统由普通相机或摄像机或数码相机（高科技产品）及计算机图像处理硬件和软件组成。将采集到的图像作为依据，以不同方式输入计算机，根据透视学射影变换原理和图像识别技术，获取图像特征参数和三维画面的几何尺寸，结合计算机绘图技术绘制出事故现场图。

2. 迹证智能鉴别子系统

道路交通事故现场迹证智能鉴别子系统运用先进的计算机技术，将图像处理、模式识别、照相测量、计算机视觉、模糊聚类、神经网络、图像数据库等技术运用于迹证的鉴定中。本系统包括现场迹证辅助收集子系统，提示现场勘察人员详尽、完整地收集现场所有重要的迹证；迹证鉴别子系统，对现场轮胎痕迹、油漆片等迹证进行鉴别，通过现场拍摄的照片自动测量车辆刹车痕迹的长度和肇事车辆的轮距、轴距，为后续事故再现工作提供数据；通过现场拍摄的轮胎印痕照片，鉴别该处印痕的轮胎型号，进而结合轮距、轴距、油漆等信息得出肇事逃逸车辆较详尽的信息，从而提高肇事逃逸案件的侦破效率。

3. 事故过程再现子系统

事故过程再现子系统是在采集上述信息的基础上，完成必要的关于人、车、路要素的专业技术鉴定后，利用事前所建立的各种分析方法的数学模型库和数据库，以三维动画形式再现事故现场的动态过程，找出事故发生的原因和违章行为。

4. 事故责任认定专家子系统

该子系统的主要任务是完成事故的责任认定，这是道路交通事故处理的核心，直接关系到当事人的切身利益，是一项专业性很强的工作。用现代科技成果来实现道路交通事故的处理是最理想的解决办法。事故责任认定专家子系统就是存贮在硬盘上的专家经验，是人工智能的一个重要分支。它可以用规则的形式，将大量有丰富经验的事故处理专家的知识输入到专家系统中，这个专家系统就可以同用户（缺少经验的事故处理人员和事故当事者或保险公司人员）进行“交谈”，运用存贮于其中的规则进行推理，最后向用户提供咨询服务，甚至可以向用户解释自己推理的方法和过程。

9.3 交通事故统计分析与管理

9.3.1 交通事故的统计分析

1. 交通事故统计分析的作用

交通事故的统计分析就是对交通事故的统计报表进行分析，即对事故总体进行的调查研究活动。目的是查明交通事故的总体现状，发现事故动向和各种影响因素对事故总体的作用和相互关系，以便从宏观上定量地认识事故现象的本质和内在规律。

交通事故的统计分析对综合治理交通问题和保证道路交通安全有着重要的作用。

(1)发现和识别事故高发区域、交叉口和路段；

(2)可以分析交通事故成因、特征、规律及交通安全管理工作中的薄弱环节，明确交通安全管理工作的重点及对策；

(3)可以证实道路几何设计、车行道设计、交叉口设计、交通信号控制装置的设置及参数选择的合理性；

(4)可以证实交通建设投资的合理性；

(5)可以鉴定某些交通管理方法的实际效果；

(6)可以为交通管理机构设置的合理性提供论证资料；

(7)检验交通法规中所规定的款项的合理性，了解哪些款项应进一步完善和补充；

(8)检验驾驶员技能培训、交通安全教育的作用；

(9)检验道路交通规划的合理性；

(10)可以分析出影响交通安全的诸因素及其影响的轻重程度，预测交通事故的发展趋势。

2. 交通事故统计分析指标及统计分析方法

(1)交通事故统计分析指标

交通事故统计分析指标可以反映事故总体的数量特征。由于交通事故的复杂性，需要用一系列的指标才能反映事故总体各方面的数量特征，揭示事故总体的内在规律。

①交通事故的绝对数字

交通事故的绝对数字（事故次数、死亡人数、受伤人数、直接经济损失数额）能反映某地区某一时期交通事故的规模、总量和水平。交通事故的绝对数字逐年逐月地累积还可以反映出交通事故的发展趋势，也可用来衡量每年、每月不同国家或各省、市、县等的交通安全状况。

②万台车事故死亡(致伤)率

表示在所研究的区域内,平均每1万辆机动车在1年内所造成的交通事故死亡(致伤)人数。用公式表示为

$$\text{万台车事故死亡(致伤)率(人/万台车)}=\frac{\text{交通事故死亡(致伤)人数}}{\text{机动车拥有量}}\times 10^4 \quad (9\text{-}1)$$

用万台车事故死亡(致伤)率来宏观评定交通事故的严重程度,是国际上一种通用做法。

③10万人口事故死亡(致伤)率

表示在所研究的区域内,平均每10万人口在1年内因交通事故而死亡(致伤)的人数。用公式表示为

$$\text{10万人口事故死亡(致伤)率(人/10万人)}=\frac{\text{交通事故死亡(致伤)人数}}{\text{人口总数}}\times 10^5 \quad (9\text{-}2)$$

用10万人口事故死亡(致伤)率宏观评定交通事故的严重程度也是国际上一种比较通用的做法。

④亿车公里事故死亡(致伤)率

表示在所研究的区域内,平均每运行1亿车公里的交通事故死亡(致伤)人数。用公式表示为

$$\text{亿车公里事故死亡(致伤)率(人/亿车公里)}=\frac{\text{交通事故死亡(致伤)人数}}{\text{总运行车公里数}}\times 10^8 \quad (9\text{-}3)$$

与万台车事故死亡(致伤)率和10万人口事故死亡(致伤)率相比,亿车公里事故死亡(致伤)率较为科学。国际上通常用此来比较国与国之间的交通事故严重程度。例如,1980年美国、联邦德国、法国的亿车公里交通事故死亡(致伤)率分别为2.21人/亿车公里、3.8人/亿车公里和4.6人/亿车公里。

⑤百万车公里行车肇事死亡(致伤)率

这是我国用于考核公路运输企业安全生产的一项重要指标。它说明某企业平均每运行100万车公里所造成的交通事故死亡(致伤)人数。这个指标的计算方法与亿车公里事故死亡(致伤)率相类似,可以用公式表示为

$$\text{百万车公里行车肇事死亡(致伤)率(人/100万车公里)}=\frac{\text{交通事故死亡(致伤)人数}}{\text{总运行车公里数}}\times 10^6 \quad (9\text{-}4)$$

我国交通部规定的国家二级公路运输企业的百万车公里行车肇事死亡率标准是不超过0.17人/100万车公里。

(2)交通事故统计分析的主要方法

在交通事故统计分析中,常采用以下几种方法:

①计算主要指标法

主要的事故指标可以说明事故总体的基本规模和水平。我国最常用的事故指标是某一时期内的交通事故次数、负伤人数、死亡人数、直接经济损失等四项绝对指标,以及这四项指标的增减速度。

②统计表格法

根据不同的分析目的,将统计分析的结果编列成各种表格。表格内可包括各种必要的绝对指标和相对指标的具体数值,统计表格法是交通事故统计分析中常用的一种方法。

③直方图法

直方图由一横坐标及一系列高度不等的矩形组成。横坐标可以是性质不同但互相有联系的各种因素,也可以是同一因素的数值分段。各矩形的高度代表对应横坐标的某一指标数。

④排列图法

排列图法也叫巴雷特图法,是找出发生交通事故主要原因的一种有效方法。交通事故排列图如图 9-3 所示。

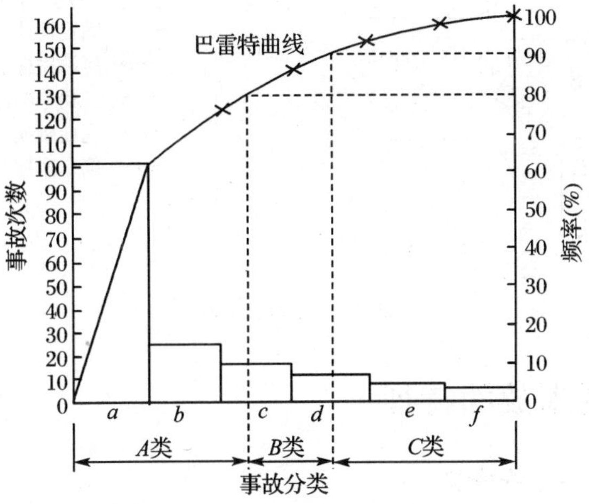

图 9-3 交通事故排列图

排列图中有两个纵坐标,一个横坐标,几个直方形和一条曲线。左边的纵坐标可以是事故次数、伤亡人数等;右边的纵坐标是频率,用百分比表示。横坐标表示要分析的各个因素。例如,事故的原因、现象、当事人、车辆、道路情况等。按频率大小,也就是按影响程度的大小,从左向右排列,直方形的高度就是该因素的比重,曲线的各拐点是影响因素的累计百分数。通常把累计百分数分成三类,即

A 类——0～80%,称主要因素。

B 类——80%～90%,称次要因素。

C 类——90%～100%,称一般因素。

制作排列图时,主要因素不宜多于 3 个,这样便于找出主要矛盾。如并列因素较多,则应重新考虑因素分类;若一般因素较多,可放入其他栏,置于横坐标的末端。

⑤事故分析图法

事故分析图法用来分析交通事故在道路上的分布情况和事故多发点。在事故分析图上,用约定的简明符号将实际发生的交通事故时间、事故形态、事故前车辆的行驶状态和方向、行人或自行车的行进方向、事故后果等标注在相应的位置上。图 9-4 为事故分析图的一例。

⑥因果分析图法

因果分析图也叫特性因素图，因其形状又被称为树枝图或鱼刺图。因果分析图对于分析交通事故的原因是非常适合的，它直观、逻辑性强、因果关系明确，但它只能做定性分析而不能做定量分析。因果分析图既可以对交通事故总的方面进行宏观分析，也可以对单项原因和具体案例进行微观分析。

此外，还有统计调查分析表法、坐标图法、圆图法等分析方法。

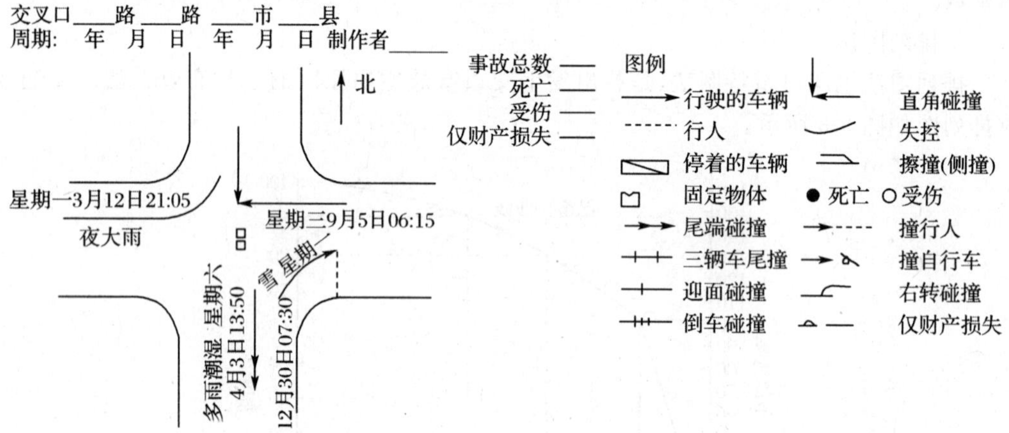

图 9-4　事故分析图

9.3.2　交通事故的特征

1. 研究交通事故特征的意义

采用科学的统计分析方法对事故总体进行描述，可以查看出交通事故总体的现状、变化趋势和各种特征，从宏观上定量地认识事故现象的本质和内在的规律性，从而对交通事故进行预防，确保道路交通的安全通畅。

交通事故特征可以反映出交通事故与各相关因素的关系。研究交通事故特征对于指导交通管理、道路设计和规划具有重要意义。

2. 交通事故的时空特征

(1)交通事故的时间分布

交通事故的时间分布是指事故随时间变化而变化的统计特征。

除了按年进行统计外，还可以按不同季度、不同月份、不同周或日进行统计。对于一个地区，在社会环境稳定的情况下，交通事故随时间的变化有一定的规律，如从季度变化特征来看，由于受运输量的影响，事故数和死亡人数各季度是不一样的。详细情况可参看公安部交通管理局每年公布的《中华人民共和国交通事故统计资料汇编》(以下简称《资料汇编》)。

(2)交通事故的空间分布

交通事故发生的地点是指城市、农村、国道、省道和县道，以及路段、交叉口和车道出入口等。由于交通环境不同、交通组成不同、交通分布不同等原因，交通事故在空间上有不同的分布特征。详细情况见《资料汇编》，该汇编中，关于地域的分布包括：

①各省、自治区、直辖市交通事故分布；

②各地区(省、市)交通事故与上一年同期的比值；

③36个大中城市交通事故分布；

④各地区(省、自治区、直辖市)万车事故率、死亡率及伤残率。

3. 交通事故的形态(类型)特征

交通事故形态是指正面相撞、侧面相撞、尾随相撞、撞固定物、对向刮擦、碾压、翻车、坠车、失火等事故现象。

4. 交通事故的原因特征

在处理交通事故中，必须查清事故的原因，并确定事故的责任。因此，事故的责任分布及伤亡人员分布也是交通事故的重要特征，对交通事故预防有一定的意义。

(1)事故责任分布

①各种交通方式事故责任分布；

②各种交通方式肇事致死亡人数构成分布；

③各种机动车肇事致死亡人数构成分布。

(2)伤亡人员分布

①伤亡人员交通方式分布；

②伤亡人员出行目的分布；

③伤亡人员类型分布；

④伤亡人员年龄分布；

⑤伤亡人员性别分布。

9.3.3 交通事故的管理

1. 交通事故统计报告

交通事故统计报告是采用数字的形式，记录、整理、汇总、报告交通事故发生的情况，交通事故统计报告具有很强的说服力，是掌握交通安全情况的重要途径和基本工具之一，是制定方针政策、采取措施、提供决策的依据。

(1)交通事故统计报告的要求

交通事故统计整理工作的基本程序是：逐级审查报表、统计分组、计算汇总、编制统计表和统计图。在进行统计时，必须严格遵守有关规定的要求。交通事故统计报告要求真实、准确、及时且注意保密。

(2)交通事故统计指标

交通事故统计指标的形式分为绝对数、相对数和平均数三类。

①绝对数

绝对数是实际发生的事故数，反映交通事故的实际情况和水平，它又分为时期数和时点数。时期数是一个时间间隔内的数字，例如，某地某年、某月的交通事故数；时点数是某一时刻的数字，例如，机动车数、驾驶员数、人口数等。

②相对数

相对数是两个相关指标之比，通常是两个绝对数之比，用百分数来表示。交通事故统计报告中的相对数是反映交通事故数量关系的一个抽象化指标，它更便于分析和说明问题。

相对数包括计划完成相对数、结构相对数、比较相对数、强度相对数和动态相对数等。

③平均数

a. 简单算术平均数

简单算术平均数是平均数计算中最简单的一种形式，即将各个数值相加再除以数值的个数就是简单算术平均数。

b. 加权算术平均数

加权算术平均数与简单算术平均数的差别，在于加权算术平均数考虑了单位数量权数的影响。

c. 几何平均数

各变量连乘积的项数次方根就是几何平均数。

2. 交通事故档案管理

交通事故档案是全部地、客观地记录交通事故处理全过程的卷宗。它不仅是交通安全管理工作的业务技术资料，也起着法律依据的效力。交通事故档案具有客观性、完整性、系统性、证据性等特征。

(1)交通事故档案的作用

交通事故档案是分析交通事故的原始素材，通过对大量交通事故的分析，找出交通事故各方面的原因和内在规律，进而研究制定预防交通事故的措施和决策。同时，交通事故档案在法律上起到证据作用，是交通安全宣传教育的重要资料，在一定时间内，还可供复核案件使用。

(2)交通事故档案的内容

交通事故档案的内容包括事故报案登记表，现场勘察材料，鉴定材料，呈报审批文书，认定、调解、判定文件及其他材料。交通事故档案要求全面、清楚、分卷，并采用结案归档、系统编目、全宗建档的方法，妥善保管。

各类交通事故档案保管的年限是：轻微事故 2 年以上，一般事故 5 年以上，重大事故 20 年以上，特大事故长期保管。

9.3.4 交通事故地理信息系统简介

1. 地理信息系统(GIS)概述

地理信息系统(Georgraphical Information System，GIS)，是为特定应用目标而建立的空间信息系统，是在计算机硬件、软件及网络支持下，对有关空间数据进行预处理、输入、存贮、查询、检索、处理、分析、显示、更新和提供应用的技术系统。"地理"在这里指"空间"，即地理实体的空间位置关系。

从一般情况来看，一个地理信息系统主要由 5 个部分组成，即数据硬软件、网络、规范标准、技术队伍和组织管理。

地理信息系统从原始数据的输入到结果的输出，可以划分为 4 个阶段，即数据采集与输入、数据储存与管理、数据处理与分析、成果生成与输出。建立地理信息系统的基本技术如图 9-5 所示。

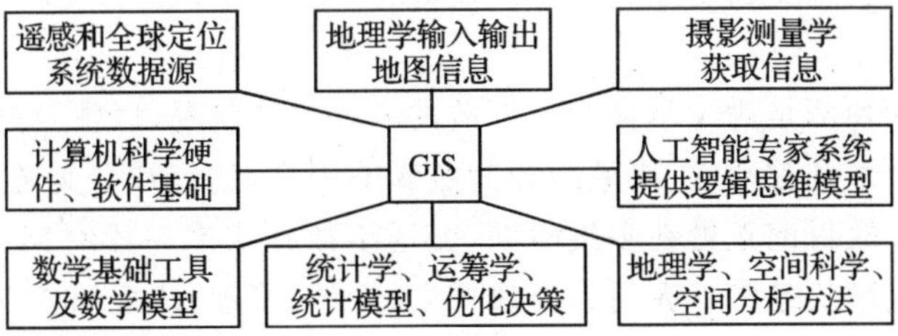

图 9-5 建立地理信息系统的基本技术

2. 交通事故地理信息系统

交通事故地理信息系统即将地理信息系统的功能及其所具有的丰富的图形界面引入交通安全的实际工作中，快捷、方便地提供事故现状和动态信息，使各级领导和事故处理人员的宏观管理与微观分析具有充分的科学依据。交通事故地理信息系统对现实宏观世界提出的问题的处理过程及其与外部世界的关系如图 9-6 所示。

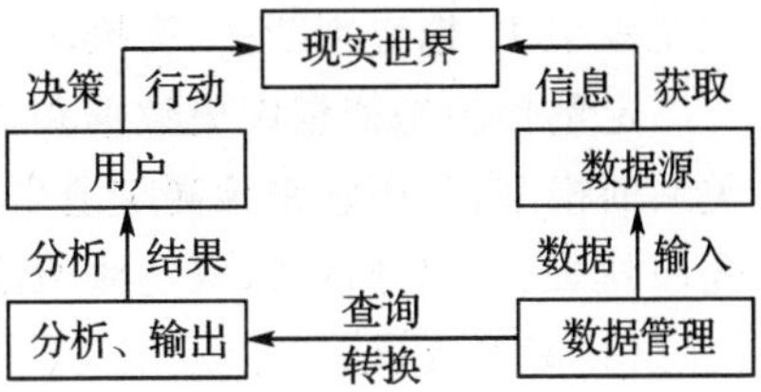

图 9-6 交通事故 GIS 的处理过程及其与外部世界的关系

下面简要介绍公安部交通安全管理地理信息系统 GAGIS-1.0 中运行的主要模块及其功能。

(1)图形数据管理模块

主要用于图形及其属性数据的录入和校验。图形采用设备无复位图(DIB)格式，并进行游程长度编码(RLC)，以压缩占用的磁盘和内存空间。

(2)属性数据管理模块

完成与图形数据有关的事故、事故相关因素及其具体内涵信息的编辑校验、属性数据的算术运算、数据排序、信息查询及报表输出等。

(3)图形图像操作模块

在屏幕监视器上，进行交互图形图像操作，包括开窗缩放、编码解码、图像漫游、图像叠置、图像查询、加注符号标记等。

(4)数据综合分析模块

采用定量分析的方法，将数学模型代码化，通过调用属性数据库中的数据进行运算，寻找事故的微观、宏观规律。

(5)决策辅助模块

服务于宏观和微观的事故对策研究。由于事故数据不足和治理方法不规范化，目前只处于规则库开发阶段，并为推理机知识库的加入留有接口。

9.4 交通事故预测及预防

9.4.1 交通事故的预测

1. 交通事故预测的概念及意义

交通事故预测就是对交通事故未来的形势进行估计和推测。它是通过对交通事故的过去和现在状态的系统探讨，并考虑其相关因素的变化，所做出的对交通事故未来状态描述的过程。认识并利用交通事故的客观发展规律，对交通事故的发展变化进行科学预测是可行的。

对交通事故的预测是为了掌握交通事故的未来发展状况，以便及时采取相应的对策，避免工作中的盲目性和被动性，有效地控制各影响因素，达到减少交通事故的目的。

我国的交通事故目前正处在多发时期，交通事故在未来一段时期内还将随着车辆保有量的迅速增加呈增长趋势。在道路交通规划、设计、管理、法规和教育等方面，交通安全的科学决策显得越来越重要。因此，做好交通事故预测工作，对提高交通安全管理水平，具有十分重要的意义。

2. 交通事故预测的方法

交通事故预测方法可分为定性预测和定量预测两大类。

定性预测是在数据资料掌握不多，或需要在短时间内做出预测的情况下，运用专家的经验和判断能力，用逻辑思维方法，对有关资料进行加工，对交通事故的发展趋势和特征做出定性的描述。常用的定性预测技术有判断法、专家会议法、德尔菲法（专家调查法）、主观概率法、趋势判断法、类推法和相互影响分析法等。

定量预测是依据历史数据和统计资料，运用数学或其他分析技术，建立可以表现数量关系的模型，利用它来预测交通事故在未来可能出现的数量。常用的定量预测技术有时间序列法、回归分析法、灰色预测法和组合预测法等。

(1)专家会议法

用这种方法预测交通事故简便易行，有助于互相启发与补充，容易产生一致意见。但在实施过程中容易受社会压力、多数人的观点和权威人士意见的影响，预测结果不一定能反映各位专家的真实想法。

(2)德尔菲法

德尔菲法融合了专家个人判断法和专家会议法的优点，同时又避免了二者的缺陷，它具有匿名性、反馈性和收敛性等特点。因此，采用德尔菲法可能比采用其他判断方法的预测精度要高一些，但该方法还是专家的主观判断。

(3)时间序列法

时间序列法也称时间序列趋势外推法，是根据时间序列简单地外延类推，它属于定量预测方法。在交通事故预测中，常用的时间序列法有移动平均数法、加权移动平均数法、指数平滑法和趋势调整指数平滑法等。

①移动平均数法

这是一种初级的定量预测方法。方法简单实用，但是预测精度不高，对趋势变化反应迟钝。考虑到这种不足，在对其进行加权修正后，便得到加权移动平均数法。移动平均数法认为，越靠近预测期的数据对预测值的影响越大，因而对不同时期的数据应采用不同权数进行预测。

②指数平滑法

这是采用递推预测的方法，即仅用本期的实际值与本期的预测值来预测下一期的值。原始数据经过平滑处理后，便呈现出内在的变化趋势。在实际预测中，对平滑值做适当计算，构成相应的线性或非线性趋势预测模型。指数平滑实际上包含了所有的历史信息，通过权系数的大小来反映新旧数据对趋势变化的影响，但权系数对数据变化的速率响应仍然是滞后的，为减小其对预测结果的影响，可以采用趋势调整指数平滑法来修正。

时间序列法适用于县、区小范围的、微观的短期交通事故预测。

不同的预测方法有不同的适用特点和时空范围，要根据实际情况选择合适的预测方法。

9.4.2 交通事故成因分析

对交通事故成因的分析是交通管理、路政管理及交通运输管理等部门必须进行的一项主要工作，通过分析，找出相关的事故诱发原因，从而为管理好和指挥好交通、养护好道路、管理好运输公司提供有力依据。

交通事故是在特定的交通环境影响下，因人、车、路、环境诸要素配合失调而偶然发生的情况。因此，分析交通事故成因最主要的是分析人、车、路、环境对交通事故形成的影响。

1. 人为因素

人既是交通事故的制造者，又是交通事故的受害者。同时，人是交通安全中的一个能动因素，所以人是交通安全的主体。人对交通事故形成的影响，主要表现在以下几个方面：

①自身的生理、心理状况等不符合交通安全的要求；

②自身违章行走、操作、装载、行驶等酿成事故；

③对他人的交通动态及道路变化、气候变化、车况变化观察疏忽或措施不当等引起的交通事故。

从交通事故发生的原因分析中可以看出，有80%～85%的交通事故是由于人的违章行为造成的。

(1)由驾驶员造成的交通事故分析

从机动车驾驶员方面来分析，驾驶员责任事故的发生主要是在行车过程中反应、判断和操作三个环节上的某一个或几个环节出现了错误。

①反应迟缓

据有关资料统计，因驾驶员反应迟缓或大意而引起的交通事故，主要是因为驾驶员注意力在其他事情上，没有及时发现紧急情况或者认为自己车前后没有其他车辆和行人的威胁造成的。这是由于心理上或生理上的原因，没有能够充分掌握情况或者驾驶时精神不集中，与人谈话或东张西望的结果。

除上述两方面原因外，车外环境的变化和车内其他人员有趣的谈话等也会影响驾驶员精神的集中，造成反应迟缓以致酿成事故。

②判断失误

在日本，由于驾驶员判断错误引起的交通事故，约占交通事故总数的35%。因为驾驶员的性格、经历等各不一样，所以，即使是对同一对象，也会因每个人的情况不同而做出不同的判断，就是同一个人也会因时间、地点的不同而做出不同的判断，而判断的失误往往是交通事故的直接起因。

③操作错误

由于操作错误引起的交通事故，按其内容可以分为：

a. 由于驾驶技术不熟练而发生操作错误；

b. 由于情绪不安而发生操作错误；

c. 由于对车辆维护不良，致使制动或回避动作不充分而发生操作错误。

操作上的错误，大多数与反应、判断的迟缓或错误有直接关系，这是操作错误肇事的一大特点。

(2) 驾驶员主客观原因分析

对驾驶员的责任事故主要可以划分为两类，一类是客观操作上的原因，如果驾驶员在驾驶中有思想麻痹、操作和判断失误等，就会造成交通事故。另一类是驾驶员主观行为上的原因，这些行为主要可以总结为酒后驾车、疲劳驾驶、超速行驶、违章驾车、人工直接供油、准驾车型不符、疏忽大意等。

此外，驾驶员的操作水平和年龄层次、驾龄、性别、受教育程度等都会对交通事故产生一定的影响，具体请查找有关统计资料。

2. 车辆因素

车辆是现代道路交通的主要运输工具。车辆技术性能是影响道路交通安全的重要因素。

由于车辆技术性能不良引起的交通事故比例并不大，但这类事故一旦发生，其后果一般都是比较严重的，这类事故的起因通常是由于制动失灵、机件损坏和车辆装载超高、超宽、超载及货物绑扎不牢固。另外，由于车辆在行驶过程中，各种机件承受着反复交变载荷，当载荷超过一定数量时，车辆也会突然发生疲劳而酿成交通事故。除此之外，由于一些单位维修制度不完善，车辆检验方法落后，一些车辆常常因带病行驶而肇事，这也是车辆本身造成事故的原因。非责任事故统称为"车辆机械事故"。

近年来，世界上机动车的发展速度很快，首先是汽车的操纵难度有了明显的降低。同时，汽车的加速性、最大速度和爬坡能力有了明显的提高，加之我国的公路条件也有了明显的改善，驾驶员缺乏在有坡条件下驾驭高速车辆的能力。现代车辆上的视觉减速功能、操纵的简易化等往往是诱导驾驶员超速行驶的原因。

另外，车辆种类的多样化使驾驶员对所驾车辆的功能不熟悉，而我国又缺少对新技术、新功能的(机动车)培训和咨询，这也是导致交通事故发生的一个主要原因。

3. 道路因素

道路交通的安全与否取决于交通过程中人、车、路、环境之间是否保持协调，因此，除了前两个因素以外，道路本身的技术等级、设施条件及交通环境作为构成道路交通的基本要素，对交通安全的影响是不容忽视的，在某些情况下，它们可能成为导致交通事故发生的主要原因。

(1)道路线形与交通事故

道路线形几何要素的不合理以及种种不良的线形组合，均可能导致交通事故的发生。

①直线

过长的直线路段，容易使驾驶员对行进前方过于一目了然，且道路景观一般是静止的，容易因单调而使驾驶员视觉疲劳，注意力不集中，从而造成反应迟缓，一旦发生意外情况就可能会因措手不及而肇事。另外，驾驶员为了尽快驶出直线路段，往往高速行车，车辆进入路段末端的曲线部分时速度仍很高，从而造成车辆失控。据我国多年的统计资料显示，发生在直线路段的交通事故数远远高于发生在其他道路线形的事故数。

②曲线

据美国公路部门统计，在弯道上发生的事故次数约为直线路段发生事故数量的10%以上，特别是弯道与坡路和滑溜路段结合在一起时，发生在弯道上的事故会更多。

a. 平曲线

平曲线与交通事故关系很大。英国一学者进行的调查表明：曲率越大，事故率越高。原因是曲率越大，汽车在运行中的转弯半径越小，而所受的横向力越大，容易发生侧滑；另一方面，曲率越大，驾驶员的行车视距越小，视盲区越大，事故的隐患就大。

b. 竖曲线

当道路的凸形竖曲线半径过小时，会影响到驾驶员的视距，使其视野变小，这也是酿成事故的一个原因。

有关调查结果表明，凸形竖曲线的视距越短，交通事故率越高。

c. 纵坡度

20世纪80年代，苏联的一项统计调查表明，在平原地区、丘陵地区和山区道路上，因道路因素发生的交通事故分别占总交通事故的7%、18%和25%。坡道上交通事故率高的原因，主要是：

i. 在车辆下坡时，驾驶员为节油而常常采取熄火滑行的操作方法，一旦遇到紧急情况来不及采取应急措施，这类事故约占坡道事故的24%；

ii. 在车辆下坡时，重力作用使行驶速度过高，制动非安全区过长，遇有紧急情况不能及时停车，这种原因引起的事故占坡道事故总数的40%；

iii. 车辆上坡行驶时，由于超越停放或后备功率较小的低速行驶车辆所造成的坡道事故占18%左右。

③线形组合

行车安全性的大小与不同线形之间的组合是否协调有密切的关系。下列不良的线形组合往往是导致交通事故发生的重要原因：

i. 线形的骤变，如长直线的末端设置小半径的曲线；

ii. 在连续的高填方路段，如果没有良好的视线引导，驾驶员容易使车辆偏离车道中心线，可能冲出路面，酿成车祸。

iii. 短直线介于两个不同向的曲线之间，形成所谓的断背曲线，这样容易使驾驶员产生错觉，把线形看成反向曲线，在直线过渡段造成翻车事故。

iv. 在直线路段的凹形纵断面路段上，驾驶员位于下坡时看到对面的上坡段，容易产生错觉，把上坡的坡度看得比实际的坡度大。这样，驾驶员就有可能加速以便冲上对面的上坡路段；在下坡路段遇上行车，驾驶员未觉察自己是在下坡，因而有可能发生事故。

v. 在凸形竖曲线与凹形竖曲线的顶部或底部插入急转弯的平曲线，前者因没有视线引导造成必须突然急打转向盘；后者，在汽车下坡速度增加的地方仍然要急打转向盘，这些都是容易引发交通事故的因素。

vi. 在凸形竖曲线的顶部或凹形竖曲线的底部设置断背曲线，前者，视线失去诱导的效果，在公路上行驶的车辆好像突入空中状态，给驾驶员不安的感觉，车到顶点才知道线形开始向相反的方向弯曲，故在操纵转向盘时是非常紧张的；后者会因为道路排水不畅，造成看起来道路是扭曲的，使驾驶员视觉产生偏差。

vii. 在一平面曲线内，如果纵断面反复凹凸，即形成只能看见脚下和前方而看不见中间凹陷的线形，这样的线形容易发生事故。

viii. 转弯半径较小的平曲线与陡坡组合在一起时，会使事故从数量和恶性程度上剧增，德国的比兹鲁在高速公路上进行的事故调查已证实了这种结论。

(2)道路路面与交通事故

道路路面与交通事故有着密切的关系，这个关系主要表现在路面和车轮之间的附着性，也可以认为是摩擦系数。附着性和道路路面的材料有关，不同的路面材料有着不同的摩擦系数，即使是相同的材料，路面表面的粗糙程度、干湿程度以及路面的完好程度都会成为交通事故发生的诱因。

因路面光滑发生事故有两种情况，一种是发生在制动前，路面光滑使驾驶员控制不住汽车；另一种是发生在制动后，在预定距离内驾驶员不能减速或停车。因此，对路面进行防滑处理，增大其摩擦系数，可以有效地减少事故的发生。

(3)道路类型与交通事故

不同类型的道路，由于车道数、车道宽度、道路路肩、中央分隔带等设置的不同，对交通安全的影响程度也不同。

(4)道路交叉口与交通事故

交叉口是道路交通的枢纽，驾驶员在交叉口处要选择自己的行车路线，从而与其他车辆交织或冲突，因而平面交叉口往往是交通事故的高发点。国外统计资料表明，平面交叉口的交通事故约占全部事故的50%。这是由于交叉口附近的交通流既有汇聚，又有分散，不同方向的车流在交叉口处形成了较多的冲突点和交织点。

4. 交通环境因素

驾驶员的行车状态，不仅受道路条件的影响，而且还受到道路交通环境的影响。

(1)交通量的影响

在影响驾驶员行车的诸多交通因素中，交通量起着主体作用。交通量的大小，直接影响着驾驶员的心理紧张程度，也影响着交通事故率的高低。

研究表明，在交通量很小时，车辆的行驶主要取决于车辆本身的性能。这个阶段的交通事故往往是由高速行驶、冒险行车、汽车的运行与道路条件不相适应所致。随着交通量的增加，交通条件逐渐成为影响安全行车的主要因素，由于车辆的相互干扰、超车不当、避让不及等，常导致交通事故的发生。因此，在行车中，妥善掌握行车速度是减少交通事故的重要环节。

(2)交通混杂程度与行车速度的影响

据相关人员在德国高速公路上的调查发现，在稳定的小客车交通流中，若混入载货汽车，交通事故率将随载货汽车混杂率的增大而急剧增大。

我国的道路多为双车道，且为混合交通，由于各种机动车在同一条道路上行驶，其动力性不同、行车速度相差很大，特别是机动车和非机动车的差异更大。对交通流中大型车辆的混杂率的研究是比较复杂的，虽然我国经过初步研究验证了这条事故规律，针对混合交通，分析其中各种车辆数量的比重，有人提出了交通“熵”的概念，但是，还未找出与交通事故量之间比较成熟的关系。混杂率与交通事故之间关系的数量分析虽然有待进一步研究，但客观现实已使我们认识到，我国的混合交通和交通混杂程度严重是交通事故率高的重要原因之一。

(3)交通信息特征与交通事故

汽车是在错综复杂的环境中行驶的，行车过程中，驾驶员总是通过自己的视觉、听觉、触觉等从不断变化着的交通环境中获取信息，并通过对它们的识别、分析、判断和选择，做出相应的反应。

不同的信息特征，经驾驶员分析、判断后会产生不同的心理反应，也就有不同的安全感，即驾驶员的安全感与道路的安全保证的不同组合，决定着道路交通安全程度的高低。

当道路的安全保证较高，而驾驶员的“信息”却认为并非十分安全，这种道路交通环境为最佳组合；最差的组合是不具备较好的安全行驶条件却给予驾驶员的“信息”是相当“安全”。交通管理的任务之一，就是通过改善交通环境、设置合适的交通标志来调节道路的安全保证与驾驶员安全感之间的关系，使其转向有利于交通安全的组合。

9.4.3 交通事故的预防方法

交通事故预防，是交通安全的主要任务之一，也是交通工程学研究的重要内容。从交通工程学的角度，认为预防交通事故应从法规、教育和工程三个方面出发；从构成道路交通四要素——人、车、路、环境——的角度，认为预防交通事故也应从这四个方面着手。

1. 健全交通法制

《中华人民共和国道路交通安全法》(以下简称《道路交通法》)由全国人大常委会或国务院制定，作为国家的基本法典，规定大的原则和基本要求，在全国范围内统一实行。

《道路交通法》是关于管理公共道路交通的法律，是国家有关道路的基本法典，它具有社会性强、通用性强、统一性强的特点。

《道路交通法》的内容主要包括：道路通行权规则、交通指挥信号、车辆检验标准、机动车驾驶员应具备的条件、驾驶执照核发与使用的规定、道路交通缴纳税费的规定、交通事故处理的规定等。

2. 加强交通安全教育

(1)积极开展交通安全宣传

交通安全宣传活动是宣传群众、教育群众的重要方法。进行宣传活动应重视取得的实际效果，要把交通安全和每个人的切身利益联系起来，引起人们对交通安全的关注。要采用群众喜闻乐见的宣传形式，寓教于人们日常工作生活之中，于文化娱乐之中。同时，宣传活动必须尽最大可能调动社会的力量，力求宣传的深度和广度，保证宣传质量。

(2)加强交通安全教育

交通安全教育应像其他文化知识教育一样，从幼儿开始就进行系统的教育。在高中以前的各个教育阶段都将“交通安全”列为必修课，使学生从接受教育开始就不断地树立交通法制的观念、交通安全的观念、交通道德的观念和安全通行的观念。对社会面上的教育，要针对不同对象，采取不同的方式、方法，有的放矢地进行。开展交通安全大检查活动，也是宣传教育的组成部分。

3. 提高车辆安全性能

车辆方面预防事故的措施，可分为主动安全措施和被动安全措施。

(1)主动安全措施

在减轻驾驶员负担方面，要改善侧面和前部的视野，安装倒车灯和倒车警报器，以预防因盲区而引起的交通事故；提高挡风玻璃的透视性能，以预防因雨雪和结霜而引起的交通事故；要采取防眩目的措施，提高前照灯的照度，以预防因眩目和前照灯照度不足而引起的交通事故；动力性方面，提高超车加速能力，安装驱动防滑系统；操稳性方面，提高操纵稳定性和轻便性；制动性方面，安装辅助制动系统、防抱死系统和缓速器、制动系统故障的报警系统，提高轮胎的防滑性能等措施，借以保障安全。

在车辆本身预防事故措施方面，还要提高车辆的被视认性能，包括后部、标志、行驶方向的被视认性，以预防事故的发生。

(2)被动安全措施

车内措施主要有：尽可能增加乘员空间，即车身的强度，以减轻碰撞时的变形；采用钢化玻璃或隔层玻璃，以减轻发生事故时玻璃对乘员的伤害；加大转向盘的面积，使之具有一定的弹性；车内的开关、旋钮、把手等要尽量圆滑并柔软；车门和篷顶具有足够的强度，以保护乘员的安全和便于抢救。此外，预防火灾设施的性能和安全带、安全气囊对乘员安全的防护均有重要的作用。

车外措施主要是指尽可能减轻碰撞对自行车和行人造成的伤害。如保险杠应尽可能的圆滑并有弹性，活动式的后视镜和挡泥板，与挂车连接部分的防护网等，对保护交通弱者都会起到一定的作用。

4. 加强道路及其交通安全设施建设

道路及其交通安全设施是影响交通安全的重要因素，其改善对于交通事故的预防有着重要的意义。

(1)改善公路条件

从道路线形设计方面考虑，应严格按照设计道路的平曲线和竖曲线，使弯道、坡道符合《公路工程技术标准》。各种线形组合要充分考虑安全性。

从路面方面考虑，应保证路面的宽度，路肩的坚实度，路面的平整度和粗糙度。

(2)完善道路安全设施

道路安全设施主要包括分隔带、安全护栏、交通标志、标线、视诱导设施和防眩设施等，对于城市交通还包括行人过街天桥、地道、交通安全岛等。具体设计应参照相关技术标准手册。

(3)实施交通控制

交通控制可以分为交通信号控制和交通法规控制。交通信号控制是指在道路入口和交叉口处设立交通信号灯，合理控制车辆的行驶。交通法规控制包括设立单向交通路段，变向车道、公交车专用车道等。

(4)建立交通信息系统

交通信息也称交通情报,公安与管理部门为保证行驶于汽车专用道路或城市主干路上的车辆的安全、迅速,应及时向司机通报道路交通阻塞情况、天气情况、前方道路施工或临时交通管制的情况,以便驾驶员及时采取对策。

(5)改善道路交通环境

道路交通环境的改善主要从两方面入手。一方面改善道路环境,使驾驶员具有良好的行车视距和不断变化的视觉效果,改善易使驾驶员产生疲劳、烦躁的单调环境;另一方面改善交通流环境,尽量保持良好的稠密程度,且尽量避免混合型交通流。

9.5 驾驶员行车安全影响因素与措施

保证规定的车速是《公路工程技术标准》的基础。经观察表明,汽车在严格按照《公路工程技术标准》要求设计的道路上行驶时,各个路段的实际速度分布极不均匀,而且驾驶员不能充分利用汽车的动力性能。

1. 吸引驾驶员注意力的因素

如果在行车速度沿道路长度变化的图上标明道路交通事故的地点,可以发现,除沿道路全长大致平均分散的事故以外,其中一部分事故始终集中在较短的路段内,同时,交通流速度在该路段明显降低。显然,这些地方的道路条件对某些驾驶员会造成一种虚幻的感觉,认为交通状况不错。也就是说,不同道路条件的行车速度与驾驶员对道路条件的心理感觉特点有关。

在道路上行车时吸引驾驶员注意力的三组因素:

(1)与道路有直接关系的因素。包括影响汽车驾驶的路边环境和道路的各组成部分(平面上的转弯和纵断面上的变坡、道路标志、路面不平整度、交叉口以及道路的连接和分叉)。在正确设计的道路上,以安全行车速度行驶时,驾驶员对道路的各组成部分可以有较长的时间进行观察,以便来得及在正常的情况下采取措施。

(2)与其他汽车、摩托车、自行车以及行人等交通实体有关的因素。

(3)与交通没有直接关系的因素。令人注目的建筑物、路肩上的物体、路旁上的丛生植物、周围的景观部分以及吸引力较强的事物。

在行车过程中,驾驶员要注视道路和路弯地带,考虑到保证汽车运行的一切必要因素。在行车不紧张的情况下,驾驶员可用一定时间观察与道路交通无关的事物。在平原地区公路上行驶时,驾驶员用大部分时间沿着车行道、路面边缘和路基特征线扫视,好像沿着已经形成的驾驶员识别方向的导向系统一样。道路环境、车流密度、超车和迎面来车的次数以及当地地形等情况,引起驾驶员注意的目标不断发生变化,反映出驾驶员的精神紧张程度,最后又反映在驾驶员选择的行车速度上。

驾驶员有一个最适宜的观察目标密度,在这种情况下,驾驶员的情绪不怎么紧张,并有把握驾驶汽车,对道路环境的变化也能及时做出反应。目标密度最适宜以及引起注意的目标多样化,会使驾驶员的注意力最集中。当没有外界刺激因素时,例如,在单调的平原地带交通量很小的情况下,驾驶员负担不大,常常会出现中枢神经活动处于“抑制”状态的现象，昏昏欲睡，这样很容易发生事故。

目标密度大道——“情报过载”，例如，车辆通过道路条件、交通条件复杂及行人交通无组织的居民点时，要求驾驶员高度集中注意力。在注意驾驶的同时，需要选择一些可能的观察目标(如果数量太多)，放弃一些与行车方便和交通安全无关的目标。根据目标的多少以及离车行道的远近，应着重估计某些目标的实际意义。在交通紧张的情况下，道路旁边的行人实际上不会引起驾驶员的注意。在单调的平原公路上，若交通量较小，路旁与安全行车无关的刺激能较长时间地吸引驾驶员的注意力，造成注意力偏离，这样就容易发生事故。

如果汽车在无交通管理的情况下沿道路行驶，同时又不受其他汽车的影响，驾驶员注意的情报过载时，就会本能地降低速度。因此，汽车在进行分流、合流时和在交叉口附近以及在人行道附近等处，总要降低速度。

汽车在饱和交通流中行驶或驾驶员以同样的车流速度列队被动行驶时，都会对驾驶造成极其困难的条件。跟随车队或车组行驶时，与前面汽车保持很小间距，没有经验的驾驶员经常处于不适合的复杂环境中行车，当遇有引起事故的危险时.以致连采取措施的时间都极其有限，交通紧张时驾驶员更是没有反应时间。

突然高速行驶到复杂的路段上，对驾驶员会造成一系列驾驶困难。需要迅速判断道路条件与交通条件，毫不迟疑地采取必要的措施。在这种情况下，道路条件的任何不利因素都会成为发生事故的原因，而在其他环境中，驾驶员很容易排除这种不利因素。

正如上面所述，在由某些因素造成的交通复杂路段上，驾驶员本能地想减轻精神的紧张程度而降低行车速度。由于个别汽车有可能发生交通事故，这就会降低路段的平均行车速度，汽车营运指标下降。驾驶员的神经和心理越紧张、汽车驾驶环境越复杂，则该路段的车流降低速度的幅度就越大，这可能就是道路通行能力降低以及发生周期性阻塞的原因。

2. 道路路线各组成部分的组合对交通条件的影响

汽车从道路的一个路段过渡到另一个路段，行车条件发生了变化，驾驶员神经和心理紧张程度也随之发生了变化。其原因是：行车处于过渡过程时，汽车驾驶环境比较复杂，必须放弃在过来的路段上已形成的运行规律、视距的变化、路边环境的变化等。过渡过程是很复杂的，在这个过程中驾驶员需要一面熟悉前面新路段的交通环境，一面改变行车状况，使之适应新的道路条件。在建设公路过程中，加宽曲线车行道，设置缓和曲线及速度缓和段，但是从驾驶员在道路上行驶时的心理变化来看，其效果如何，还不能用一个适当的方法予以评定。

道路路线的几何组成部分的尺寸改变越大，则驾驶员的不舒服程度和发生交通事故的危险性亦越大。道路的几何组成部分组合得恰当，驾驶员的紧张情绪会显著减轻，行车速度无骤然变化，交通状况保持稳定时间较长，驾驶员不易疲劳。这样，有利于驾驶员集中注意力，缩短反应时间，在这种情况下行车最安全。要保证驾驶员驾驶时心理活动处于最佳状态，其方法之一是设计使驾驶员视线开阔的道路路线，坚持路线空间畅通原则以及便于驾驶员识别方向的原则。当道路改建和组织道路交通时，更应遵守这一原则，以保证提高运输车流的行车准确性。

识别方向一般选择平行于汽车行车轨迹的目标——路面边缘、路基边线混凝土路面纵向接缝。广泛采用的道路划线，实质上是一条人为的识别方向的导向线。

如果需要超车或绕过车行道上的障碍物，驾驶员需要找到视线特征点，以便能拟定变化轨迹的位置。

天然和人工识别方向系统构成了驾驶员的导向走廊，促使驾驶员方向意识的形成。道路垂直组成部分、路旁地带、观赏植物以及安装在路基边的导向标志都能使这个走廊具有很大的精确性和空间性。广泛采用沿路边设置反光物——反光镜以及带玻璃球的薄片，在汽车头灯照射下供夜间识别方向。有些国家采用在路边林荫树干上粘贴反射光线的薄片，对夜间行车非常有利。

违反人们心理特性是造成道路上发生很多事故的原因。在道路原来方向上继续协调行驶的驾驶员，对在前进路段视距范围外的道路突然分叉或有回头曲线等急转弯是毫无准备的。

道路对驾驶员的导向作用，使驾驶员在选择行车方向时产生特殊的惯性作用，这是驾驶员选择行车状况的相当有力的手段。

正确利用视觉规律可以使道路指示驾驶员继续前进的方向；相反，如果忽视视线识别方向的原则，则会使驾驶员对道路上某些地点产生模糊，会造成驾驶员迷失方向，这是构成道路交通事故的潜在原因。

3. 交通状况和交通安全与交通量的关系

驾驶员在行车时的状况不但取决于道路条件还决于交通状况。

交通量在很大程度上影响驾驶员的心理紧张程度，影响到行车的速度以及发生交通事故的多少。

在交通量非常小的情况下，驾驶员仅仅根据对道路环境的感觉进行操作。在没有同向汽车或逆向汽车干扰的情况下，驾驶员根据自己的习惯选择行车速度。绝大多数驾驶员都保持符合汽车的动力性和刹车灵敏度的安全行车速度。个别驾驶员的速度过高，冒险行车，特别是在视线受限制、窄桥、车行道不足、路面不平整等危险路段，这样更危险。在注意力降低的情况下高速行车时，进入危险路段，就会更危险。所以，虽然在交通最小的道路上交通事故的绝对数量不大，但相对数量有可能超过交通量较大的道路。

随着交通量的增大，驾驶员开始注意到同向汽车的影响，迫使驾驶员暂时改变行车状况。起初这种影响并不大，甚至有时还会提高交通流的平均行车速度，因为当驾驶员看到前面汽车以很慢的速度向前行驶时，自然会加快车速，以便在预先没有取得超行汽车和与被超汽车速度相当的情况下实现“立即”超车。

迎面汽车明显增加，一般来讲，驾驶员应更加注意。

当交通量进一步增大时，超车必须选择适当时候，因而“立即”超车是不可能的，超车方式要改变。当汽车在高速行驶时，一旦接近被超行的汽车，驾驶员必须将车速降低到与其相同，只有等到合适的时机，再行超车。交通流的平均速度由于这些等车的时间而被降低。

随着交通量进一步增长，等候能够超车的时间随之延长。为了等候便于超车的时机，由两辆、三辆以至更多辆汽车组成一列，以很小的车距尾随前车行驶。超车之后，这些汽车又重新获得单独汽车行驶状况的可能性。这种行车状况的特点是所谓的“稳定汽车流”。

由于交通量的不断增加，与超车有关的机动车道路交通事故的相对数量不断增加。同时，事故的增加与平均每昼夜的交通量成正比。

交通量越大，超车的风险越大，超车也越困难。同时超行车对迎面车流的行车形成障碍，使迎面车流的车速降低，有时需要刹车，甚至将车开到路肩上去。

只有在不超车的情况下，用缩小车队车头间距的办法提高交通密度，才能进一步增加交通量。车辆处于跟随行驶，彼此速度相差不大。个别汽车的行车速度在车流的平均速度附近变动时，导致汽车间距的变化。

在复杂路段，某些驾驶员降低行车速度是交通流降速的原因。尽管跟在后面行驶的汽车有时想超车，但是在交通流降速的情况下是没有可能的。所以，在道路条件不利的情况下，交通流平均速度的降低与单独汽车在同样条件下速度降低相符合。显然，在这种情况下，提高交通流速度的根本途径是改善道路条件，消除造成驾驶员减速的原因。

4. 提高道路使用效率、提高通行能力及交通安全方法

在目前交通量不断增长的情况下，交通管理部门的工作人员不能对道路通行能力问题漠不关心。在道路使用过程中必须采取措施，使之成为最适宜的交通状况，保障道路安全、方便、经济，具有足够的通行能力。

交通组织应尽可能地利用道路几何组成部分提供的可能性，在复杂的路段建立起交通秩序，使交通安全和方便的要求尽可能同较大的通行能力相结合。

交通组织的原则在于把交通流引导到正确方向，必要时按不同车速分组，确定道路每一路段的合理速度，把有关路线和道路条件特征的情报及时提供给驾驶员。

每一条独立路线上的行车速度可通过下列方法拉平：

(1)建立速度缓和段，使汽车从连接道路转入或驶入交通流；

(2)为上坡慢行的汽车修建辅助车道；

(3)强行限制高速汽车的行驶速度；

(4)禁止通行低速运输工具和农业机械，规定行车速度；

(5)禁止在个别路段上超车；

(6)禁止行人和自行车通行。

给驾驶员提供及时的情报，是交通安全和交通组织的重要组成部分。最理想的情报来源应该是道路本身，因为它表示了一条路线，提示了与地形的相互结合，运用了视线识别方向和交通状况的方法。专门的情报设施应该补充那些道路本身不能提示的情报。

道路的通行能力和交通安全直接同交通流的速度有关。速度的变化与汽车在道路平面和纵断面的位置以及与驾驶员对道路条件和交通条件、交通环境的感觉有关，它很快反映在上述交通特征上。

道路行车速度图上的减速路段，说明这些地方由于通行能力不足或者发生道路交通事故的可能性较大而不符合交通要求。

9.6 城市道路安全保障机制设计

随着社会经济的快速发展，人民生活水平日益提高、机动车辆及人们出行需求量的增加，尤其是在一些原来不发达的地区，这一点表现更为明显，随之带来的问题是交通阻塞严重，交通事故急剧增加，以及环境污染的加剧。我国加强交通安全工作已迫在眉睫。加强交通安全工作对保障人民生命财产安全、减少经济损失、促进社会经济发展都具有重要意义。

9.6.1 交通安全措施

1. 统一协调全社会的各种力量

由政府牵头启动交通安全工程交通行为涉及道路的建设与维修、车辆的管理、法规的制定与执行、驾驶员的培训与管理，以及所有交通参与者对交通法规的认识理解等社会的方方面面，是一项综合性、社会性的系统工程。所以，交通安全的实现不是某一个职能部门所能胜任的工作，它需要在政府最高决策者高度重视下，统一协调全社会的各种力量。

(1)成立城市政府直接领导的交通安全委员会，启动“交通安全工程”，将交通安全管理作为全市的重点工作内容之一。乡镇成立交通安全领导小组，协助交通管理部门进行本地的道路、车辆管理工作。

(2)制定交通安全管理长期及近期规划，用科学的、系统的方法有针对性地、逐步地解决交通安全问题。

(3)鉴于交通事故给社会带来的巨大经济损失和给人民带来的巨大精神痛苦，政府应每年拨出专门款项用于交通安全研究、交通安全设施的建设维护和交通安全宣传教育。

(4)建立交通安全责任制度，形成交通安全管理的社会化体制。具体来说，就是要通过制定法律(或地方性条例)、制定公约、签订合同等多种具有约束效力的方式，来明确各级党政机关、学校、企事业单位、个人的交通安全责任。例如，线路牌的核发、标志标线和安全设施的设置、农用运输车的管理、公路广告牌和“马路市场”的监督管理、汽车制造维修厂家的管理、机动车保险和第三者责任保险、交通安全宣传教育网络、事故医疗急救体系等问题，目前的责任人还不十分明确，出了事故相互推卸责任。如果不落实责任问题，所有的方案都无法变成现实。因此，在交通安全对策中最关键的一步是交通安全责任的落实。

(5)加强交通规划部门、道路建设部门和交通管理部门的合作，促使道路建设一次性到位，避免出现交通工程设施的设置与道路建设不配套的情况，在道路设计时充分吸收交警的合理建议，重视交通管理部门的意见，对事故多发路段进行帮治和维修。

2. 加强交通安全教育

预防交通事故要以人为本，这既是理论分析得出的科学结论，也是发达国家在与交通事故的斗争中总结出的经验。教育是加强全民交通安全意识的根本途径。

3. 加强道路基础设施和交通工程设施建设

交通事故是发生在道路上的，道路条件对事故的发生影响很大，再好的驾驶员遇上不良的道路条件也会对事故防不胜防，这需要加强道路上的安全设施建设，从硬件上防止事故的发生。

(1)加快高等级道路的建设

高等级道路通行能力大、速度快、效率高，鉴于我国许多城市目前道路平均等级不高、道路负荷大的情况，应着手加大高等级道路的比例。

不要因为目前高等级道路上事故多，就产生畏惧心理，只要保证交通安全设施配置得当，并对驾驶员和行人进行相应的教育，高等级道路给社会带来的将是福而不是祸。但是在修建时一定要严格按照标准规范，保质保量建设道路，杜绝为了降低一次性投资而忽略道路质量和必备的交通工程设施，为交通安全提供质量可靠的设施环境。从发达国家的经验来看，欧盟各成员国的公路基本上都是全封闭式高速公路，它们非常注重公路质量，一般都规定了维修年限，到期即使路面完好，也要挖掉重新修建；路面质量好，标志标线齐全，可视性强，一般不受天气干扰；公路车道之间隔离带比较宽，以有效避免对面来车的灯光干扰；不管是几条车道的高速公路，都设有一条预留车道，供警车和救护车辆应付突发事件；有的国家不管是高速公路还是一般公路，一律安装路灯。由于道路设计合理、保养工作做得好、管理得当，不但道路通行能力高，而且交通事故率也很低。

(2)做好道路维护工作，及时清理路障，保持路况良好

道路的维护工作、路障的及时清理同样也是加强道路基础设施和交通工程设施建设的一项重要工作，只有这样才能使道路保持良好的状况，确保道路基础设施和交通工程设施的顺利使用。

(3)坚决取消"马路市场"，修建专门贸易市场

专用农贸市场利用率不高，但"马路市场"对于道路交通安全的影响已经到了必须治理的程度。为了人民的生命安全，各地政府部门一定要开辟专门用地，投资兴建专用农贸市场，并在原"马路市场"道路沿线采取隔离、导流措施。在开始的一段时间内，通过行政和法律手段，强制性地引导人们利用专用市场。与由交通事故造成的损失相比，由建造市场的投资和利用率低造成的不经济是非常值得的。

(4)完善标志标线，设置具有适当安全感的警告标志

一般的驾驶过程可以描述为：接受外界信息—分析判断—做出相应动作。其中，外界信息会直接影响后续步骤。从安全的角度来考虑，当信息的安全感高于实际的安全程度时，容易诱发交通事故，因此在道路上，尤其是在事故易发路段，应注意向驾驶员提供安全感略低于实际安全度的信息，使驾驶员提高警惕，但也不能让驾驶员产生过于紧张的心理。

(5)对事故多发路段的处理办法

首先，对事故多发路段进行彻底改造，从硬件上防止交通事故发生。对急转弯、视野不良路段，考虑取直线路、增大转弯半径、拓宽改造，并清除弯道内侧的建筑物，侧边坡种植低矮植被，以消除视线遮挡。对路面光滑的道路进行重新铺装，增大路面摩擦系数。其次，可以通过设置交通工程设施，如在视野不良路段设置反射镜和预警标志，降低交通事故发生的可能性。再次，在道路危险地带，如急转弯、陡坡、深沟悬崖边缘，设置坚固的防护设施，一旦车辆失控撞击护栏，尽量保证车辆不翻入沟底，以减少人员的伤亡。路边防护设施从有到无要注意缓慢过渡，以免防护设施突然消失使驾驶员产生惊慌。

(6)对非机动车和行人穿行的处理办法

对于车道较宽、运输量较大的主干路，要尽量减少平面交叉口。尤其在村落之间，道路两侧实施了物理隔离的主干路，应有一段较长的封闭距离，使机动车能够安全、平稳地行驶。为了解决与主干路交叉的道路上机动车与非机动车穿行的问题，如果与主干路相

交的道路等级很低，基本上是当地居民的自行车、农用车、摩托车、拖拉机等低速机动车通过，车流量也很少，则可以在主干路的底下修建规模不大的涵洞，供当地居民通行。如果与主干路相交的道路等级比较高，则应考虑修建立交桥，在经过村落、集镇的路段，步行者和自行车量较大，则可以考虑修建过街天桥，减少路面的混合交叉。

考虑到立交桥、涵洞和过街天桥的造价，在穿行流量很大的道路上，可以保留平面交叉方式，但在车行道前方，一定要设警告标志和减速带，在准许穿行处要用醒目的颜色画出斑马线。在必要的地方，设置行人过街按钮式信号灯、行人过街信号灯，给行人和自行车通行权，从时间、空间两个方面进行交通分离，解决行人过街问题。

(7)对平面交叉口处的处理方法

从车流交叉形式来看，平面交叉口大致分为五种：①无任何控制；②由交警人工控制；③设停、让车标志；④交通信号控制；⑤环岛交叉。当交通流很小时，采用第一种方式；交通流稍大时采用第二种方式，依次类推。

对于交通事故频发的平面交叉口，可以考虑改变其交叉的类型。

要改善交叉口的行车安全状况，第一，要扩展入口宽度，去除遮挡视野的障碍物，使处于交叉口处的驾驶员互相能够看见。第二，入口道路的坡度应平缓些，路面上设置减速设施，并根据具体情况设置停车让行或缓行标志，降低车速，避免相撞事故。第三，通过设置隔离墩、花坛、栏杆等，对交叉口进行渠化，减少可能的冲突点，减小平面冲突的面积。第四，由于左转和右转造成的交通事故非常多，最好能设置左转和右转的专用车道。在交通拥挤的路口，可以考虑采取禁左、单行线等措施。

(8)在道路拓宽、等级提高后，相连桥梁的通行能力要与道路配套

当道路拓宽、等级提高时，相连的桥梁便成为该区域道路网的瓶颈线路，因此，需要采取相应措施确保桥梁通行能力与道路通行能力的提升相配套。

(9)增加道路照明、夜间反光等设施

对夜间交通量大，穿行村落的路段增设照明设施，在弯路、有障碍物等路段设置夜间反光装置，降低夜间的交通事故率。

4. 严格的交通安全管理和合理的交通组织相结合

根据上文对交通事故原因的分析，人为因素，如驾驶员和行人的违章行为、车辆失修、道路的非法占用等，在绝大部分交通事故中起了主要作用，因此，以杜绝和减少上述人为因素为目的的交通安全管理是抑制交通事故发生的直接方法。从管理对象上分，交通安全管理可以分为对人(驾驶员、行人、乘客等)的管理、对车的管理、对路的管理；从管理场所上分，交通安全管理分为道路外的管理和道路上的管理。具体来说：

(1)道路外对人的管理：首先，加强对驾驶培训学校的管理与监督。公安交警部门可以通过对驾驶培训学校的抽查情况、申报考试学员的合格率等对各学校进行评价，取缔或整改不规范的驾驶培训学校。其次，在考试、核发驾驶证时严格把关。再次，建立完备的驾驶员档案资料库。

(2)道路上对人的管理：一是建立驾驶员记分制度，驾驶员随身携带驾驶证，以备执法人员检查和进行违章处理。二是针对超员、超载严重的现象，在合理路段设卡检查。三是加大对违章行为的经济惩罚力度，对严重违章的事故责任者、肇事逃逸者付诸法律制裁。

四是用巡逻监督的形式，加强对违章占道、车辆乱停乱放等的管理。

(3)道路外对车的管理：一是对纳管的车辆严格把关；二是把好年检关；三是对汽车修理厂、废旧汽车配件市场进行全面清理和整顿，从严处理违规经营者，防止私自改型改装和拼装车辆等现象。

(4)道路上对车的管理：交警利用巡逻、设卡等方式，检查过往车辆，对车辆安全情况进行全面检查，并提出整改建议；严格禁止不符合条件的破旧车辆、无牌无证车辆上路；严格限制低速车进入高速路。

(5)加强对道路设施的管理，严禁违章占用道路、破坏道路附属设施。

无论哪方面的交通安全管理，都要注意长期性，不能忽紧忽松；要注意深入性，不要以罚款代教育、代管理。

值得特别提出的是，鉴于交通事故时间、空间分布的不均匀性，在交通安全管理上要重点抓好事故多发点的管理，加强在平面交叉口、非正常路段等事故多发路段上的警力配置，在早上10点左右、中午1点到2点之间、晚上6点左右，要特别提高警惕。

严格的交通安全管理对于交通事故的遏制确实有着毋庸置疑的作用，但单凭管理并不能杜绝交通事故的发生，上述的交通安全管理，只能回答“什么不安全”、“哪里不能走”的问题，但驾驶员和行人迫切需要知道的是“哪里能走”、“哪里安全”的问题。要解决这个问题，交通管理部门要做的一项工作是交通组织。交通组织是否合适，直接关系到交通冲突的频繁程度，因此与交通事故状况直接相关。此外，交通组织得好，人们出门办事的效率高，对现状满意度高，违章现象就会少，从这个角度出发也会大大减少事故的发生率。

合理的交通组织，首先要充分考虑交通出行者的实际需求，包括穿行、停车、休息、加油等，并主动为需求的满足提供方便，变违章行为为遵章行为，变无序为有序。

合理的交通组织，并不意味着对需求的盲目满足，而是“疏”和“堵”的有机结合。它意味着，为了达到社会效用的最优化，可能使某些个体的局部利益受到一定的损害。例如，为了减少交通冲突，在部分交叉口实行禁左；为了提高道路通行能力，在部分道路上实行单向交通；为了防止过境车辆对市内交通的干扰，要求过境车辆绕行等，这些措施可能使某些个体出行的时间变长。但是，随着道路功能的明确化，不同流向、不同特点、不同目的的交通量得以分开，交通冲突得以减少，交通秩序得以改善，道路的使用效率得到提高，这又必将反过来缩短个体的出行时间，有利于个体的生命安全。

因此，作为交通管理部门不可分割的两项工作——交通安全管理和交通组织，其成败与交通事故的多少有着密切的关系。做好这两项工作，能够减少事故的发生。

5. 加大科技投入，提高交通安全管理和交通组织水平

不论是严格的交通安全管理，还是合理的交通组织，要做到质量高、范围广，都必须利用现代科技手段。建议考虑实施以下项目：

(1)利用计算机手段对全市的交通事故进行详细统计和科学分析，建立交通事故数据库及与之相联系的道路设施数据库和交通量数据库，应用安全性评估方法，找到交通事故多发点，为有针对性的个别整治提供依据。对交通事故进行详细的调查研究，形成交通事故多发点统计档案。

(2)加强交通信号控制。已有的数据表明，在有交警指挥控制下发生的交通事故数量仅占交通事故总数的0.4%～0.7%，而在无任何控制条件下发生的交通事故数量占交通事故总数的67%。因此，在目前广大驾驶员以及行人自觉遵守交通规则意识比较差的条件下，大力增加交通信号的数量，对减少交通事故具有重要意义。

(3)超速监视。在公路上事故多发、较为平直、容易超速等路段设置车辆超速监视装置，如摄像机等，监视并记录车辆的超速行为，将信息反馈到各地的交通指挥控制中心。设置提示牌，告知驾驶员该路段设有速度监控系统，提醒驾驶员按规则驾驶，防患于未然。

(4)事故紧急救援系统。建立完善的事故紧急救援系统，公路沿线设置报警专用电话，还可以利用网络通信方式进行事故信息的采集与传输。同时配备专门的紧急救援组织和设备，在得到求救信息后能迅速赶到现场，排除故障，使驾驶员在行驶过程中有安全感，创设出一个有保障的交通环境。

日本在这方面的做法是在全国范围内设立日本机动车联盟(JAF)，驾驶员每年交纳数额不多的会费而成为该联盟的会员(一年的会费一般是月薪的1/50左右)，当车辆出现故障时(包括非事故性故障，如没有汽油了、因钥匙丢失或落在车内而打不开车门等)，驾驶员可以在全国的任意地点拨打JAF电话，30分钟以内JAF救急车辆即能赶到，一般故障随时处理，不能处理的故障由JAF车辆免费将故障车辆送到最近的汽车修理厂。因为有了这种救援系统，驾驶员行驶在任何地方都有一种安全感。当然这需要政府提供财政支持，并培训一批能够胜任该工作的技术人员。

(5)建立全市范围内的驾驶员信息系统，各县区能够查询其他县区的驾驶员信息，便于进行违章处理。

9.6.2 交通安全教育

交通安全教育是遏制交通事故的根本途径。从实际手段来看，交通安全教育是一个系统工程，需要交通管理部门、媒体、教育部门等在政府的统一协调下进行长期的、有计划的努力。从教育方针来看，可参考日本的提法，即以珍惜自我和他人的生命为基本宗旨，培养尊重他人的风气，不断加强安全意识和自觉遵守各项规章制度，人人成为交通社会的合格成员。从教育对象来看，交通安全教育应包括对全民的普遍教育、对驾驶员的重点教育、对流动人口的强化教育、对儿童和青少年的阶梯式教育。

1. 对全民的普遍教育

根据目前的统计分析，通常在一条公路建成通车后半年内事故较多，以后则逐渐减少。这是因为人们普遍的交通安全意识不强，总是要等到出现了伤亡事故，付出了血的代价之后，才认识到交通安全的重要性。为了降低这种伤亡代价，要加强普遍的交通安全意识教育，特别是对道路沿线区域居民的教育。建议采取以下具体措施：

(1)在公路两侧、危险路段、村民容易穿行公路的地方树立有关交通安全的标语牌，在交通事故死亡现场设置交通事故死亡现场标示牌，警示他人，营造氛围，提醒人们注意交通安全。

(2)在市、县各级电视新闻媒体开设交通安全知识讲座和安全教育栏目，讲解有关交通安全的常识，分析省内及市内重大、特大交通事故的原因和造成的损失，使人们认识到交通事故的严重性和后果的可怕性，树立安全意识。同时开办交通新闻专题节目，及时、如实地报道市内或县内每天发生的交通事故，随时提醒人们注意和提高警惕，使全社会都关注交通安全。

(3)与乡村政府配合，继续做好“交通安全村”工作，交警或交通安全管理人员定期给村民上交通安全课。

(4)每年定期开展交通安全宣传周活动，利用广告、条幅、宣传册、街头志愿者服务等方式进行广泛的宣传。

2. 对驾驶员的重点教育

(1)注重心理素质和职业道德教育

目前的驾校教程中，比较重视对驾驶技术和法规条文的教育，缺乏对危险的预测和心理素质教育。驾校的培训内容除驾驶技能外，应加强安全意识、车辆安全性能、危险预测能力和职业道德等方面的课程和考试内容。

(2)注重车辆性能、安全行车等科学知识教育

对驾驶员的教育不应停留在传授操作技能的层面上，而应使驾驶员对车辆性能和行车机理有一个理性的、深刻的认识，使他们能够自觉规范驾驶行为。例如，车辆的行驶速度、人的反应速度与停车距的关系，车速与视野之间的关系，路面的材质、湿润状态与单轮摩擦力对停车距离的影响，驾驶员的视野死角范围，车体大小与内外轮差，载重量的大小与车辆的惯性以及对停车距离的影响，发生交通事故时救助伤员的基本医疗常识等。

(3)提高驾校教官的专业水平和综合素质

俗话说，“正人先正己”，驾校教官的行为举止和思想作风对将要成为“手握方向盘，掌握人的生命”的机动车驾驶员来说，起到榜样的作用。他们在教学过程中，除了向学员传授驾驶技能之外，还要担负起思想素质、职业道德的教育任务，所以应努力提高驾校教官的综合素质。

(4)重视对驾驶员的继续教育

对驾驶员的交通安全教育应该是终生教育。应利用年审、换证等机会对已经取得驾驶执照的驾驶员进行安全意识、安全知识、安全行车方法的教育。例如，观看交通事故典型案例的录像，使驾驶员在头脑中对交通安全能够警钟长鸣；免费发放宣传安全常识的安全教育小册子，指导安全行车；对违章达到一定程度的驾驶员集中培训，并重新进行考试。对一年内扣分达到12分者进行集中教育，效果显著。这个方法在日本已实行多年，一方面对驾驶员的违章行为起到明显的约束作用；另一方面，给违章严重的驾驶员提供再教育的机会。

3. 对流动人口的强化教育

流动人口指的是居住在本地而户籍不在本地的人。一方面，他们中的很多人文化程度不高，对交通规则不清楚、不理解，因而谈不上自觉遵守；另一方面也存在不熟悉本地道路情况、地方规章等客观问题。随着外地民工的大量涌入，流动人口在城乡交通事故当事人中的比重越来越大。对他们的交通安全教育必须引起重视。

对流动人口的交通安全教育，可以在他们申领蓝印户口、务工证、营业执照时或在劳务中介服务机构寻找劳务时进行，也可以与外来民工集中的单位联系，对他们进行集中强化教育。

4. 对儿童和青少年的阶梯式教育

对安全的重视和对规则的遵守,从本质上来讲属于一种观念、一种思维习惯。因此,交通安全意识必须从小培养,并在成长的过程中不断巩固,因为一旦养成了不良的行路、行车习惯,要纠正就需付出更大的代价。因此,树立一代人的交通安全观念,需要漫长的教育培养过程。

(1)编写幼儿交通安全教材,通过图画、歌谣、游戏、玩具等形式,对幼儿进行交通安全教育,目标是使幼儿关心日常生活中与交通安全有关的事物,养成注意交通安全的习惯和态度。

(2)对中小学生,可在"思想道德"或"社会常识"课程中加入交通安全常识的内容,教育他们懂得有关交通安全的必要知识,提醒他们留意在身边的交通环境中随时会出现的危险场面,使他们懂得如何作出正确的判断,并具有采取安全措施的实际能力和习惯。对每天需要穿行道路上学的中、小学生,可借鉴日本的做法,组织集体穿行道路,并统一制作颜色醒目(如黄色)的帽子,组织家长轮流值班陪同学生一起过马路。

(3)对大学生的交通安全教育可纳入有关协会的活动,利用讲座、录像、展览等进行更深入的教育。

(4)在有条件的地方,面向中小学生,建立交通公园或交通安全教育中心,寓教育于娱乐之中,通过各种生动活泼的形式对少年儿童进行现代交通安全意识教育。

综上所述,由于交通事故发生的原因和机理多种多样,交通安全对策也必然不是单一的、僵死的,但万变不离其宗的是要以提高全社会的交通安全意识为根本,借助全社会的力量来减少交通事故,这就需要政府的高度重视和统筹安排。为了消除交通事故中的人为因素,有必要严格交通安全管理;为了创造安全的交通环境,必须做好交通组织工作,减少交通冲突,提高交通畅通条件;交通管理和交通组织都不能单凭人工的力量,要适应现代化的交通就要采用先进的交通安全管理和交通组织手段。无论交通管理的组织手段多么先进,如果交通参与者始终站在管理者和组织者的对立面,管理效率就不可能得到提高,因此要加强交通安全教育,变交通参与者的被动接受为主动遵守。然而,人的警惕性和自觉性毕竟是有限的,因此特别要注重道路交通安全设施的设计和维护,使驾驶员和行人能够在自然而然的状态下按照道路和交通安全设施的暗示进行交通行为,还可以利用先进的信息手段向他们提供实时的信息。最后,无论多么严密的防范也难免还是会在某些条件下发生交通事故,这就需要一个灵活机动的事故紧急救援体系。

复习思考题

1. 简述交通事故的主要形态。
2. 简述交通安全的研究方法。
3. 简述交通事故调查与处理内容。
4. 简述交通事故统计分析指标及统计方法。
5. 简述交通事故的时空特征。

第10章 城市交通与管理现代化

10.1 城市交通现代化

10.1.1 新型公共交通系统

随着科学技术的进步，经济发达国家正研制开发新的公共交通方式，并在大城市进行试运行。

美国城市交通调查研究报告指出新型公共交通应符合八项标准。

(1)居民出行的平等性。应为不会开车和没有汽车的人以及老人、儿童、残疾人提供平等的交通工具。

(2)交通服务质量。提供能与私人汽车抗衡的优质公共交通服务。

(3)缓和交通混乱。减少由于交通阻塞带来的时间上的损失。

(4)有效利用交通设施。提高交通设施投资效益，充分利用交通系统。

(5)有效利用土地。尽量减少交通系统的占地面积，减小受地理条件制约的影响。

(6)低公害。减轻大气污染及噪声污染。

(7)城市开发的适应性。能够适应多样化的城市开发类型带来的多种交通需要。

(8)完善制度。修改阻碍采用新技术、新方式的法律和财政、行政的制度。

美国参照上述八项标准，对近300个项目进行了可行性研究，认为以下几个系统在技术上、经济上是可行的。

①预约公共汽车。亦称电话预定公共汽车系统，是根据乘客要求运行的由公共汽车组成的运输系统。

②单一轨道运输系统。是在专用网络线路上不设驾驶员的自动运行的汽车，也称无人驾驶出租车系统。

③双轨机动车系统。与普通机动车一样，在一般轨道上由驾驶员控制，进入专用轨道就可以自动行驶的小型车辆系统。

④自动两用公共汽车系统。这是把双轨机动车系统的车辆用于公共汽车系统，在通过城市之间的专用轨道上以自动行驶来实现大运量、高速度运输的目的。在市中心普通道路上可由驾驶员控制，从而满足城市运输的多种需求。

日本已先后在四个城市(神户、大阪、千叶县、埼玉县)建设了四条线路，均为中型车辆串联运行的中量轨道运输系统。中量轨道运输系统的运输能力为5 000～15 000人/小时。为了有效利用空间，大多是在普通公路上设高架铁道。英国于1984年建成了伯明翰机场与市内车站联结的线性驱动的小型磁悬浮系统;加拿大于 1986 年为温哥华交通博览会修建了线性驱动的小型铁路;法国的地铁列车很早就使用橡胶轮胎,里尔市的 VAL 系统为了与中量交通运输设备相适应,把地铁车厢的宽度缩为 2m,并减少隧道的断面,从而降低了建设费用。

法国于 1983 年在里尔市修建了 12.6km 的与日本中量轨道运输系统相似的路线。联邦德国于 1970 年开始开发"常电导磁悬浮"系统(M-Bahn),并转向高速系统领域。戴姆勒·奔驰公司正在研制一种利用复式高速交通系统(O-Bahn)的公共汽车。这种公共汽车在一般道路上和普通公共汽车一样,由驾驶员驾驶,进入专用轨道后,安装在前车轴的水平导向轮就被限制在列车侧壁的导轨上,由滑环机构控制前轮,驾驶员只需控制启动、停车和速度。这种公共汽车的优点是:在机械式自动驾驶时,轨道可以比人工驾驶时窄,车身的重量也比电车轻,从而降低了轨道建设的成本。

在 500～1 000m 距离内,大量输送乘客的方式,如机场候机厅的乘客运输,火车站与办公区的运输等,目前使用自动传送带的速度只有步行速度的一半,对超过 1 000m 的距离来说,速度过慢,所以要研制提高速度的加速式传送带。巴黎计划在市内试验安装大型复合式自动扶梯;美国的坦帕国际机场候机大楼与相距 237～305m 的四个卫星候机楼,分别由两条直线形单轨联结,自动行驶的胶轮汽车最高速度为 48km/h,可乘坐 100 人,单向行驶时间为 40 秒;联邦德国一家医院的运输系统,一辆乘坐 12 人的线性驱动的悬挂式轻轨汽车(车厢内能放一张病床),在相距 580m 的病房间,运行速度为 20km/h。

随着社会经济和科学技术的发展、新交通系统的不断研制,必将会有更多的新型公共交通系统投入运行,人们的出行将更加方便。

10.1.2 智能公共交通系统

1. 智能公共交通系统概述

智能公共交通系统(APTS),就是在公交网络分配、公交调度等关键基础理论研究的前提下,利用系统工程的理论和方法,将现代通信、信息、电子、控制、计算机、网络、GPS、GIS 等高新科技集中应用于公共交通系统,并通过建立公共交通智能化调度系统、公共交通信息服务系统、公共电子收费系统等,实现公共交通调度、运营、管理的信息化、现代化和职能化,为出行者提供更加安全、舒适、便捷的公共交通服务,从而吸引更多的出行者选择公交交通,缓解城市交通拥挤,有效解决城市交通问题,创造更大的社会和经济效益。

作为智能交通系统研究的一项重要内容,APTS 主要以出行者和公交车辆为服务对象。对于出行者而言,通过采集与处理动态(例如,客流量、交通流量、车辆位置、紧急事件的地点等)和静态交通信息(例如,交通法规、道路管制措施、大型公交出行生成地的位置等),并使用多种媒体为出行者提供动态和静态公共交通信息(例如,发车时刻表、换乘路线、出行最佳路径等),从而达到规划出行、选择最优路线、避免交通拥挤、节约出行时间的目的。对于公交车辆而言,APTS 主要实现对车辆的动态监控、实时调度、科学管理等功能,从而达到提高公共交通服务水平的目的。

2. 智能公共交通系统研究现状

美国、日本、加拿大、英国、法国、韩国等国家都投入了较大的人力从事智能公共交通系统研究，在国际上处于领先地位，并已取得了显著成果。

自20世纪80年代以来，许多国家公共交通部门开始应用先进的信息与通信技术进行公交车辆定位、车辆监控、自动驾驶、计算机辅助调度及提供各种公共交通信息以提高公共交通服务水平。美国城市公共交通管理局（UMTA）已经启动了智能公共交通系统项目（Advanced Public Transportation）。经过现场试验，其评价是：可以显著提高公共交通服务水平，吸引更多乘客采用公共交通和合伙乘车的出行模式，从而带来了减少交通拥挤、空气污染和能源消耗等一系列社会效益。据1998年美国运输部联邦公共交通管理局（FTA）出版的《APTS发展现状》，美国的APTS的主要研究是基于动态公共交通信息的实时调度理论和实时信息发布理论，以及使用先进的电子、通信技术提高公共交通效率和服务水平的实施技术。具体包括：车队管理、出行者信息、电子收费和交通需求管理等几方面的研究。其中车队管理主要研究通信系统、地理信息、自动车辆定位系统、自动乘客计数、公交运营软件和交通信号优先。出行者信息主要研究出行前以及在途信息服务系统和多种出行方式接驳信息服务系统。

日本城市公共交通智能化的发展经历了三个阶段：20世纪70年代末开始应用公共汽车定位系统——公共汽车接近显示系统；80年代初开始应用公共交通运行管理系统，其中包括乘客自动统计、运行监视和运行控制；进入90年代，由于机动车数量的增长和交通拥挤的影响，要保持正常行车速度十分困难，由此引起的公共交通的不便性和不可靠性导致乘客数量急剧减少。东京都交通局开发了城市公共交通综合运输控制系统（CTCS），旨在改进公共汽车服务，重新赢得乘客。在CTCS中，公共交通运营管理系统是一个基本的框架，其目的是通过掌握运行情况和积累数据，实现精确平稳的公共交通运营服务。它在运营中的公共汽车和控制室之间建立信息交换，并利用诱导和双向通信的方法，将服务信息提供给公共汽车的运营人员和驾驶员，同时信息也通过进站汽车指示系统和公交与铁路接驳信息系统提供给乘客。

欧洲许多国家同中国一样具有悠久的历史，城市街道一般都比较狭窄。但是，它们通过实施公共交通优先政策，设立公共交通专用道，为公交车提供优先通行信号，布设智能公共交通监控与调度系统等措施，提高公交车辆运行速度和公交服务质量以吸引公众乘坐公交车出行，从而有效地缓解了城市交通压力，解决了城市交通问题，并取得了明显的社会经济效益。

与欧美国家相比，我国的公共交通事业还比较落后。然而，面临着大中城市日益严重的交通拥挤和环境污染等问题，只有大力发展公共交通才是获得城市交通可持续发展的根本途径。

我国各级政府一直高度重视公共交通事业的发展，每年都给予巨额财政投入，以改善目前落后的公共交通状况。同时，我国政府还积极实施公共交通优先发展政策，对于先进技术的引入给予大力支持，这为智能公共交通系统在我国的实施提供了有利条件。我国已经有杭州、上海、北京等地安装了电子站牌、车载GPS定位设备，实现了车辆的实时跟踪、定位、公交车与调度室的双向通信，以及电子站牌上实时显示下班车位置信息等功能。由于上述功能，调度过程有据可依，并实现了计算机辅助管理，节约了劳动力，减轻了劳动负担，同时提高了车辆运行正点率和服务水平，吸引了大量客流。

3. 智能公共交通系统结构框架

智能公共交通系统是城市智能运输系统的一个关键组成部分，它与其他系统都有着密切的联系，分工协作，从不同角度共同解决城市交通问题。比如，智能公共交通系统从交通管理与控制系统获取交通流量、路段占有率数据，用于实时的公交车辆调度，或者通过与城市交通信号控制系统的有效配合，实现公交车辆的信号优先等；再比如，利用智能卡等技术与电子收费系统相连接，实现公交电子收费等等。因此，智能公共交通系统绝不是一个孤立的系统，它是一个开放的、与其他系统有着广泛信息共享的系统。

在对智能公共交通系统的社会效益、经济效益和服务水平进行评价时，可将智能公共交通系统分解为以下四个子系统：

(1)智能公共交通优化与设计子系统。该子系统是对公交线网布局、线路公交方式配置、站点布置、发车间隔确定、票价的制定等进行优化和设计，从规划方面提高公交服务水平。

(2)智能公共交通调度子系统。该子系统由调度中心、车载设备、电子站牌等几部分组成，其主要功能是实现公交车辆的自动调度和指挥，保证车辆的准点运行，并使出行者能够通过电子站牌了解车辆的到达时刻，从而节约出行者的等车时间。

(3)智能公共交通信息服务子系统。该子系统通过媒体(例如，可变信息牌、信息台、互联网等)将公交信息(例如，出行线路、换乘点、票价、车型等)发布出去，使采用公交方式的出行者可以方便地获得这些信息，从而吸引人们采用公交方式出行。

(4)智能公共交通评价子系统。该子系统通过建立一套科学的评价公交系统的指标体系对智能公共交通系统实施前后的经济效益、社会效益和服务水平等方面进行评价。

4. 智能公共交通系统实施框架

智能公共交通系统以调度系统为核心，实行公交调度中心、分调度中心和公交车队三级管理。公交调度中心与分调度中心用专用数据线相连，以满足二者快速准确交换信息的需要。公交调度中心主要实现车辆监控与大屏幕显示、公交运营管理、分调度中心之间协调车辆调度、公交信息采集与发布、公交线路网规划与评价等功能。分调度中心负责所管辖的各线路运营车辆的调度及与附近的机场、火车站、港口相联系，相互传递静态信息(如发车时刻表)和动态信息(如客流信息、到达时刻信息)等。公交车辆内安装接收设备和双向通信设备，能够实现车辆自动定位，并将定位信息发送给分调度中心使其能够实时监测车辆的运行状况，向车辆发布加速、减速、越线、折返等指令。当车辆在行驶过程中遇到交通阻塞、交通事故，或者在车内发生抢劫、火灾、乘客纠纷、故障、拥挤等紧急情况时，司乘人员可通过车载设备上的相应按键向分调度中心发出路阻、事故、故障、拥挤、纠纷、救助等短信息，分调度中心接收到信息后，及时与公交调度中心取得联系，并与紧急救援中心、交通管理与控制中心相配合完成事故处理、人员救助、疏散交通等任务。同时，依据当前客流信息、交通流量、路段占有率等数据合理调度车辆。公交车辆内还可设有电子收费、乘客计数、电子公告板等装置，实现乘车服务的自动化和信息化，便于公交公司统计客流情况，为线路网规划与行车时刻表的编制提供可靠数据。另外，公交调度中心还可根据交通管理与控制中心提供的实时交通数据、信号配时方案，预测车辆在站点间的行程时间，并将相关信息显示在电子站牌上。

智能公共交通信息服务子系统通过多种媒体向出行者提供出行前和在途公共交通信息。

乘客可通过安装在车内的电子收费装置使用IC卡付费。

10.2 城市道路交通管理的现代化

10.2.1 智能交通管理系统对城市道路交通管理的影响

城市交通是城市社会经济活动的动脉。随着经济的发展,交通需求的迅速增长与交通基础设施缓慢变化的供求不平衡的矛盾日趋尖锐。为综合解决城市交通拥挤、交通事故、环境污染和交通能源问题,我们不仅要努力规划建设交通负荷小的城市,优先发展公共交通,形成合理的交通结构,而且要通过实现城市交通的科学化、现代化管理,使现有交通基础设施得到最有效的利用。

1. 智能交通管理系统的内涵

智能交通管理系统是最近几年提出的新概念,其涵义是综合运用先进的信息通信、网络、自动控制及交通工程技术等,改善交通运输系统的运行情况,提高运输效率和安全性,减少交通事故,降低环境污染,从而建设一个智能化、安全、便捷、高效、舒适、环保的综合运输系统。

由于智能交通管理系统的发展取决于城市经济、交通及相关尖端科技的发展水平,因此,美国、日本和欧洲与智能交通系统相关的研究与应用发展较快。由于他们各自不同的区域特点、城市结构模式以及交通系统构成等,他们在智能交通管理系统的研究内容与研究重点有所不同,然而,他们一致认为,实现智能交通管理系统是使城市道路交通系统的三要素——人、车、路——间相互联系的智能化、信息化的主导性解决方案。

下面以日本为例,介绍智能交通管理系统的研究开发体系。根据1996年7月由五家政府部门联合制定的《日本智能交通系统(ITS)的整体规划(Comprehensive Plan for ITS in Japan)》和交通智能化推进协会的总体设计,日本的智能交通管理系统开发包括如下九大方面:

(1)旅行、道路交通、驾驶情报提供系统

通过卫星导航系统能迅速实时地收集信息,提供旅行所需时间、交通管制、服务等情报,以实现舒适、快速地移动,提高利用者的方便性;此外,通过车载导航装置向驾驶员提供个体服务信息,包括道路交通情报提供系统、综合交通情报系统、卫星导航动态路线引导系统等。例如,提供交通道路情报和最佳目标线路指南以及旅馆、餐厅、车站、高速公路入口指南,提供海陆空交通情报、最佳交通手段和组合的选择方案。在日本,交通情报服务株式会社从1995年4月开始的道路交通情报服务系统(Vehicle Information and Communication System, ATIS),1996年春季开始的道路交通情报通信系统(Vehicle Information and Communication System, VICS)的服务都属于此类系统的服务。

(2)自动收费系统

通过自动收费系统的开发与应用,达到消除道路收费站交通拥挤、实现无现金化,为驾驶员提供方便，降低管理成本的目的。

自动收费系统包括自动收费、收税系统、电子卡自动费用转账系统。例如，在道路收费处以及停车场出口等利用电子卡自动费用转账系统，使汽车不用停车就可以通过，以减少收费处的堵车现象和交通事故以及降低管理成本，确保道路畅通无阻。在美国加利福尼亚等 20 多处的高速公路已实现了自动收费、收税管理系统实用化，日本从 1999 年起也已开始实用化。

(3)安全驾驶支援系统(汽车行驶、警报、防止碰撞系统)

该系统利用各种传感器充分把握道路和交通的状况，通过道路基础设施与车辆、车辆与车辆之间的情报通信，实时掌握车辆周围的状况和交通事故情况，构成对驾驶员提出警告和辅助驾驶的控制系统以及完全自动驾驶的系统，以防止车辆发生交通事故和防止交通事故扩大，进一步提高车辆的安全运行性能。它包括安全情报提供、警告、控制系统，前方障碍物警报系统，周围车辆警报系统，视觉支援系统，车间距控制、自动巡航控制系统，防止逸出车道和路外以及车道自动跟踪系统，车辆、驾驶员安全监视警报系统，物流专用车道和自动驾驶专用车道的车辆自动驾驶系统等。

例如，通过小型雷达监视前后左右的车辆，自动保持车辆的车间距和行驶路线，使汽车更安全地行驶。当车间距小于安全距离时，将会自动控制车辆使其保持安全行驶所需的距离；当车辆脱离正常车道、车辆在交叉路口车速过高以及转向时，车辆都将会自动报警，并给予自动修正。

安全驾驶支援系统将来的目标是实现车辆的无人自动驾驶。在美国保持车间距防止撞车的雷达系统已经实用化，自动高速公路系统(AHS)已于 1997 年在美国圣地亚哥进行了实用化实验，2002 年完成系统基础框架构筑；欧洲现在正进行载货车群以非常小的车间距行驶的车队系统实验；日本正在进行自动高速公路系统和先进安全汽车的研究开发。

(4)交通管理的最优化

该领域包括交通信号智能控制系统、交通流引导分配系统、公共车辆优先通过控制系统和交通事故智能管理系统等。例如，通过对行驶所需时间的精确测量、交通状况的显示智能化、更精细的交通信号控制，确保道路交通的高效利用和畅通无阻。为了防止交通流的偏重，在道路上设置道路交通动态指示板以及通过卫星导航等进行交通流引导。日本开发了新一代的以交通控制为中心的通用交通管理系统，其中由计算机进行自动控制的交通信号系统已经在东京等地开始大量使用。

(5)道路交通管理的高效化

包括收集和提供路面情况、道路工程施工状况、特殊车辆通行许可申请和处理的自动化、特许通行实际路线以及载荷量的自动测定等，以提高道路利用效率，降低物流成本。日本目前正在研究迅速掌握道路损坏状况、及时维修，确保道路有完好的监控系统；对重型车和装载危险品的特殊车辆的许可路线和实际通行路线进行实时监管的系统。

(6)先进的公共交通系统

为提高公共交通的安全性和方便性以及公共交通经营单位的工作效率，要开发与应用先进的公共交通系统。该系统主要包括收集公共交通实时运行情况，实施公共交通优先通行措施。此外，通过向公共交通经营者提供基础数据，强化经营管理效率；通过向公共交通利用者提供公共交通信息，提高方便性，进而提高公共交通利用率。

(7)运营车辆的高效化

包括车辆运输管理、智能后勤系统、新物流系统等。例如，通过对业务车辆所在地的实时把握和切实运行管理，减少空载以及减少不满载车辆的运行。保证道路交通的畅通，对于紧急车辆和道路管理车辆进行管理，以实现更高效率的道路交通。此外，还开发了可以缩短车间距离的运营车群自动驾驶系统。

(8)行人引导系统

该系统的功能包括对视觉障碍者进行道路引导，灾害发生时进行避难地引导以及为行人提供路径选择和设施选择引导等。

(9)紧急车辆支援系统

当发生地震、洪水等灾害时，要求本系统可以迅速地收集灾害状况的情报，对于一般车辆的行驶进行限制和对救援车辆进行引导、优先通行控制，以确保即使在灾害地情报通信设施完全遭到破坏的情况下，紧急车辆支援系统仍能发挥备用功能的作用。

2. 智能交通管理系统对城市道路交通管理的影响分析

城市道路交通管理的水平主要体现在两个方面：一方面是具有先进性和前瞻性的城市道路交通管理理念；另一个方面是与现代化高新技术相结合的城市道路交通管理设施与体系，两个方面缺一不可。智能交通管理系统的发展对城市道路交通管理的影响主要表现在以下几个方面：

集成传统的交通工程学、交通管理理论与先进的信息技术、自动控制技术、计算机处理技术的智能交通管理系统(ITS)，通过从"人一车一路"整体的角度出发，将能有效地协调和保证城市交通系统内部道路、运力和运量三要素之间的动态平衡。其先进的交通管理系统(ATMS)、驾驶员信息服务系统(ATIS)、汽车控制系统(AVCS)、公共交通运行调度系统(PTOS)以及事故紧急处理系统(EMS)等，极大地提高了城市交通管理的科技含量。根据美国研究者的计算，采用ATMS后，美国高速公路的交通流量可以从1988年的1.9兆台/英里[①]增加到2020年的3.8兆台/英里；采用ATIS后，如果驾驶员比现在早0.5秒预知危险，就可以回避近50%的交通事故；同时由于ITS可以实时提供旅行、路线选择和停车场设置等情报，还可以大大提高出行的选择程度，减少无效行走距离。

先进的汽车制造技术等的不断革新也在不断扩大交通系统的通行能力、环境容量，减少交通的资源消耗和交通事故等副效应。例如，由于先进的替代燃料技术和尾气控制技术的应用，原有的汽车污染排放因子逐渐降低，这在无形中增加了城市环境容量下的交通容量。

3. 智能交通管理系统是城市道路交通管理系统的未来

现有的城市道路交通管理系统，无论是在管理与控制的范围，还是在管理与控制的力度上都不能满足未来智能交通管理系统全面实现后的需求。

在智能交通管理系统比较成熟的时期，交通指挥中心将会集成大量的道路检测数据

① 1英里=1.609344公里

和个体出行者数据，后者是全新的而且是相当庞大和复杂的，其需要的 GPS 定位和 GIS 路径引导的功能将会在控制中心与各个出行个体间产生频度很高、数据流量很大的信息交流，而实现这一点的基础就是有强大的中央控制系统。

同时，城市道路交通中央控制系统的强化，还在于道路交通控制的范围从原有的城市中心区域控制向整个城市区域拓展。各个组团均有各自的子控制中心，它们需要有一个主控制中心来统一协调。并且最明显的变化就是将联系城市的各个卫星城或各级组团的干路纳入到道路交通统一管理的范畴，从而实现组团间道路与市区道路的有效衔接，进而提高整个城市系统的运输效率。

此外，智能交通系统的引入还可以推进社会效用最大化目标的实现。在社会效用最大化而非个人效用最大化的最优目标下，城市道路交通控制系统不仅仅需要实施诸如信号配时、禁左、单行等控制，还需要依靠道路出行者自身的反应来调整网络流量的时间分布，更重要的是，该系统应当通过主动诱导方式对出行者的出行行为进行干预，从而引导决策向着社会效用最大化的方向发展，这种控制深度和模式的变化必然要求加强道路交通指挥中心的功能。

4. 智能交通管理系统下道路交通规划、建设与管理、维护的一体化

城市道路交通系统是由规划、建设、管理和维护等一系列模块所构成的复杂的系统工程。解决城市道路交通诸如交通拥挤、环境污染等问题，实现道路交通的可持续发展，自然也必须从系统的角度综合规划、建设、管理和维护。当前我国之所以在各个部分发展相对比较孤立，根本上是由在各个分系统之间信息传输、处理和协调机制的不完善所造成的。在未来智能交通管理系统的影响下，这种发展上的瓶颈会得到消除，实现规划、建设、管理和维护的一体化是必然趋势。因此在道路交通管理方面我们应当具有一定预见性地为这种一体化的进程做好准备。

10.2.2 城市智能交通管理系统

1. 城市智能交通管理系统的功能框架

随着高新技术的发展及应用，城市交通管理控制领域正发生一场深刻的变革。智能交通系统在全球范围内的兴起，从根本上改变了传统交通控制的思想观念。对交通流进行整体优化、全面控制、主动诱导等先进交通控制技术和管理方法在现实中逐步得以实施。城市智能交通管理系统是通过先进的交通信息采集技术、数据通信传输技术、电子控制技术和计算机处理技术等，把采集到的各种道路交通信息和交通服务信息，传输到城市交通控制中心，交通控制中心对由交通信息采集集成系统获得的实时交通信息进行分析、处理，并利用交通控制优化模型进行交通控制策略的优化。经过对交通信息分析、处理和优化后的交通控制方案和交通服务信息等内容通过数据通信传输设备分别传输给各种交通控制设备和交通系统的各类用户，以实现对城市交通的优化控制，为各类用户提供全面的交通信息服务。图 10-1 给出了城市智能交通管理系统的结构示意图。

通过图 10-1 所示的城市智能交通管理系统的结构示意图可以理解城市智能交通管理系统的工作原理。首先利用交通检测设备如环形线圈检测器、微波检测器、视频检测器等对路面的交通流进行检测。以环形线圈为例，检测到的是车辆通过线圈时所产生的脉

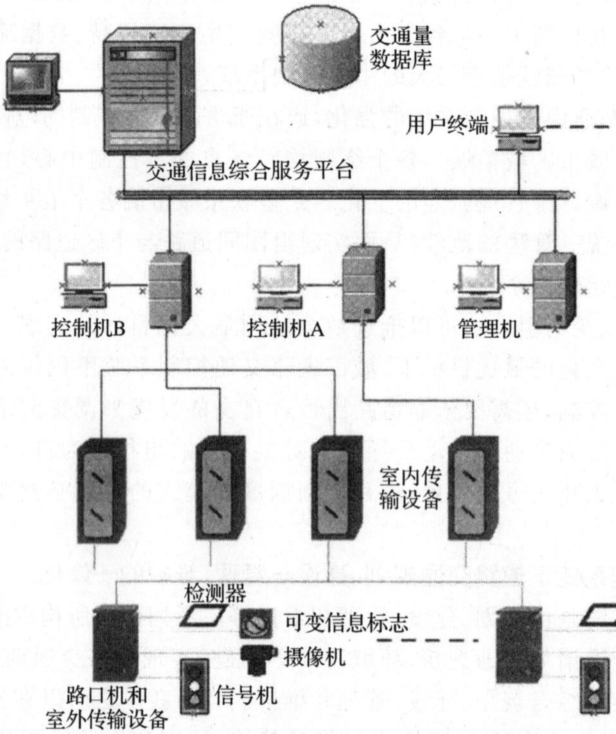

图 10-1　城市智能交通管理系统结构示意图

冲信号，脉冲信号经过处理就直接得到线圈的占有率、交通流量和车辆通过环形线圈的速度，这些是最基本的原始数据。交通控制中心通过数据传输设备获得这些基本数据后，结合车辆在各路段的行驶速度、路段长度、车辆到达交叉口的时间规律、交叉口的通行能力等信息，利用交通控制优化模型进行交叉口信号配时方案的优化，优化的配时方案通过数据传输网络又传到路口信号灯付诸实施，从而实现对交通流的实时优化控制。将由检测器获得的基本数据与车辆的行驶速度、路段长度、交叉口信号配时方案、交叉口的通行能力等结合起来，就可以预测出车辆在路段上的运行时间、运行速度、车辆的延误、拥挤指标等交通信息，利用交通控制优化模型对这些交通信息进行分析、处理、优化。经过分析、处理、优化的结果主要有两个方面的用途：一是制定交通优化控制策略；二是为交通管理者和交通参与者提供交通信息服务。交通信息服务的内容通过数据传输设备传到可变交通信息板，或者通过交通电台、计算机网络、车载导航设备等媒体进行交通信息发布，从而实现对交通流的诱导，为交通参与者提供全面的交通信息服务。

2. 城市智能交通管理系统的组成

城市智能交通管理系统把高新科技手段与最新的交通流优化控制理论研究成果相结合，对整个城市的交通系统进行全面实时监控，优化交通组织和控制，从而实现整个交通系统交通流的分布与交通网络通行能力的协调匹配，最大限度地发挥交通网络的通行能力，达到缓解交通拥挤、缩短运行时间、降低能耗、减少交通事故的目的。城市智能交通管理系统的建立将极大增强城市交通管理部门对城市交通的管控能力，改变城市交通管理混乱低效的局面，提高城市交通管理的科学化、现代化水平，城市交通系统的整体性能将得到根本改善。

城市智能交通控制系统将先进的信息技术、数据通信传输技术、电子传感技术、电子控制技术以及计算机处理技术等有效地集成运用于整个城市交通管理系统中，同时把先进的交通控制技术也融合进来。也就是说，它是硬件与软件的集成，是现代高新技术与交通控制理论的结合，是一项综合的系统工程。图 10-2 为城市智能交通管理系统的组成。概括地说，城市智能交通管理系统由智能交通监控系统、交通信息服务系统、交通信息综合管理系统、公共交通管理系统以及紧急事件快速反应系统等五大子系统组成。

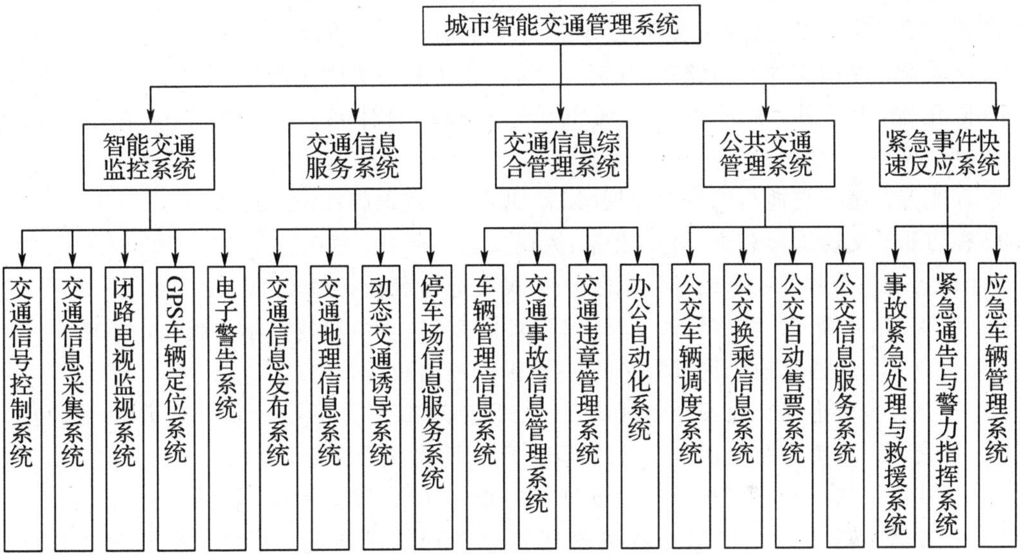

图 10-2　城市智能交通管理系统的组成

复习思考题

1. 简述新型公共交通。
2. 简述智能公共交通系统的含义。
3. 简述智能公共交通系统研究现状。
4. 简述智能公共交通系统结构框架。
5. 简述城市智能交通管理系统的组成。

参考文献

[1] 文国玮. 城市交通与道路系统规划[M]. 北京:清华大学出版社，2001

[2] 李江. 交通工程学[M]. 北京:人民交通出版社，2002

[3] 李江，傅晓光，李作敏. 现代道路交通管理 [M] . 北京:人民交通出版社，2000

[4] 胡思继. 交通运输学[M]. 北京:人民交通出版社，2001

[5] 倪本会，刘继泉. 交通工程概论[M]. 山东: 山东大学出版社，2005

[6] 李朝阳. 城市交通与道路规划[M]. 武汉:华中科技大学出版社，2009

[7] 陆化普，王建伟，李江平，等. 城市交通管理评价体系[M]. 北京:人民交通出版社，2003

[8] 汪光焘. 城市交通与可持续发展[M]. 北京:北京出版社，2002

[9] 徐吉谦. 交通工程总论[M]. 北京:人民交通出版社，2002

[10] 徐吉谦. 交通工程总论[M]. 北京:人民交通出版社，2006

[11] 顾保南，叶霞飞. 城市轨道交通工程[M]. 武汉:华中科技大学出版社，2007

[12] 佟立本. 交通运输概论[M]. 北京:中国铁道出版社，2001

[13] 王捷. 城市道路交通安全管理研究——以南通市为例[D]. 上海交通大学，2009

[14] 张之勇. 城市道路交通安全管理研究[D]. 西南交通大学，2003

[15] 李小果. 基于 GIS 的城市交通规划应用研究[D]. 重庆大学，2004

[16] 戴友锋. 基于 GIS 的城市综合交通信息管理技术研究[D]. 解放军信息工程大学，2008

[17] 杨少辉. 固定式配时车辆延误与排队长度计算模型研究[D]. 吉林大学，2003

[18] 张振明. 公路交通技术与管理[M]. 石家庄:河北人民出版社，2005

[19] 刘灿齐. 现代交通规划学[M]. 北京:人民交通出版社，2001

[20] 丁立民. 道路交通管理理论与实践[M]. 北京:人民公安大学出版社，2002

[21] 张部生. 交通工程学基础[M]. 北京:人民交通出版社，2002

[22] 林卫，唐翀，文杰，等. 迈向绿色交通:昆明城市交通规划与实践[M]. 昆明:云南科技出版社，2008

[23] 全永燊. 路在何方:纵谈城市交通[M]. 北京:中国城市出版社，2002

[24] 陆化普. 解析城市交通[M]. 北京:中国水利水电出版社，2001

[25] 高自友，宋一凡，四兵锋. 城市交通连续平衡网络设计:理论与方法[M]. 北京:中国铁道出版社，2000

[26] 韩彪. 交通运输学[M]. 北京:中国铁道出版社，2008

[27] 丁以中. 交通运输网络规划[M]. 大连:大连海事大学出版社，2000

[28] 李作敏. 交通工程学[M]. 2 版. 北京:人民交通出版社，2000

[29] 尹宏宾，徐建闽. 道路交通控制技术[M]. 广州:华南理工大学出版社，2000

[30] 马俊来. 城市道路交通设施空间资源优化研究[D]. 东南大学，2006
[31] 张好智. 城市道路交通网络设计问题的相关优化模型与算法[D]. 北京交通大学，2007
[32] 陈新. 城市交通网络布局与优化策略研究[D]. 华中科技大学，2005
[33] 韩强. 城市交通系统递阶优化的研究[D]. 山东大学，2005
[34] 樊大可. 我国大城市道路网等级结构优化研究[D]. 长安大学，2005
[35] 王炜，陈学武，陆建. 城市交通系统可持续发展理论体系研究[M]. 北京：科学出版社，2004
[36] 杨晓光. 城市道路交通设计指南[M]. 北京：人民交通出版社，2003
[37] 杨佩昆，吴兵. 交通管理与控制[M]. 2 版. 北京：人民交通出版社，2005
[38] 陈春妹. 路网容量研究[D]. 北京工业大学，2002
[39] 程琳，王炜，王京元，等. 城市道路网络容量、交通规划和交通管理[J]. 公路交通科技，2005，22(7)：118-122
[40] 郑毅. 城市规划设计手册[M]. 北京：中国建筑工业出版社，2000
[41] 尹红亮. 城市交通管理规划理论体系与关键问题研究[D]. 东南大学，2002
[42] 徐源. 我国大城市道路网络规划研究——网络等级级配及道路功能的优化[D]. 东南大学，2001
[43] 杨兆升. 城市智能公共交通系统理论与方法[M]. 北京：中国铁道出版社，2004
[44] 翟忠民. 道路交通组织优化[M]. 北京：人民交通出版社，2004
[45] 李清波，符锌砂. 道路规划与设计[M]. 北京：人民交通出版社. 2002
[46] 魏后凯. 中国大城市交通问题及其发展政策[J]. 城市发展研究，2001，(2)：27-32
[47] 赵童，孔令斌. 关于目前我国城市交通规划的若干思考[J]. 城市规划汇刊，2001(3)：64-67
[48] 徐家钰，程家驹. 道路工程[M]. 上海：同济大学出版社，2004
[49] 王炜. 城市交通管理规划指南[M]. 北京：人民交通出版社，2003
[50] 赵秀颖，蒋光胜，陈淑红，等. 城市道路交通系统分析与协调研究[J]. 交通企业管理，2009，(5)：38-39